◇ 21 世纪经济学类管理学类专业主干课程系列教材

生产与运作管理

(修订本)

马义飞　张媛媛　编著

清华大学出版社
北京交通大学出版社
·北京·

内容简介

本书共12章内容包括：生产与运作管理的概念理论体系、目标和任务，工农业生产概论，生产与运作系统的选择与建设，生产和服务选址，生产和服务系统布置，生产与运作计划，计划信息系统，物资管理，质量管理，工期管理，作业成本管理，设备管理，准时生产方式，石油企业生产管理概述，生产流程再造。

与其他一般的生产与运作管理的教材相比，本书没有写项目管理和供应链管理，因为这两个内容已经有独立的教材。本书的特色是将生产与运作管理的视角扩展到更广阔的生产系统，如矿业、冶金工业、石油工业，本书讲述的石油工业生产管理是其典型代表。每章都加入了与内容相关的案例。本书可以满足经济管理类本科生、研究生、MBA教学需要，也可作为非管理类教育背景的在职生产管理人员参考。

本书封面贴有清华大学出版社防伪标签，无标签者不得销售。
版权所有，侵权必究。侵权举报电话：010-62782989　13501256678　13801310933

图书在版编目（CIP）数据

生产与运作管理／马义飞，张媛媛编著. —北京：清华大学出版社；北京交通大学出版社，2009.11（2020.3重印）
（21世纪经济学类管理学类专业主干课程系列教材）
ISBN 978-7-81123-825-9

Ⅰ. 生…　Ⅱ. ①马…　②张…　Ⅲ. 企业管理：生产管理-高等学校-教材　Ⅳ. F273

中国版本图书馆CIP数据核字（2009）第192817号

责任编辑：赵彩云
出版发行：清华大学出版社　邮编：100084　电话：010-62776969　http://www.tup.com.cn
　　　　　北京交通大学出版社　邮编：100044　电话：010-51686414　http://press.bjtu.edu.cn
印　刷　者：北京鑫海金澳胶印有限公司
经　　销：全国新华书店
开　　本：185×260　印张：17　字数：425千字
版　　次：2020年3月第1次修订　2020年3月第5次印刷
书　　号：ISBN 978-7-81123-825-9/F·523
印　　数：7 501～8 000册　定价：45.00元

本书如有质量问题，请向北京交通大学出版社质监组反映。对您的意见和批评，我们表示欢迎和感谢。
投诉电话：010-51686043，51686008；传真：010-62225406；E-mail：press@bjtu.edu.cn。

前言

计划经济时期，虽然我国的管理教育比较落后，但是，车间管理在机械制造的相关专业还是受到重视的，生产计划与控制、生产管理已经有很好的基础。改革开放以来，学习西方经验，将车间管理扩展到服务业的运作，学科名称也发展到"生产与运作管理"；生产和服务运作没有本质的区别，为了书名简单，后来美国的教科书称"运作管理"的比较多。在我国，"生产与运作管理"已经流行起来，与出版社商议，本书的书名还是"生产与运作管理"，书中的叙述有时简称"生产管理"。随着我国经济的发展，生产与运作管理理论从引入到成熟，逐渐形成了自己的特色。并且融入了我国自己的管理实践经验和文化特色。在此期间，本书作者一直从事管理理论研究和教学工作，有幸熟悉我国矿业、冶金、石油等工业领域的生产管理情况，又有机会到美国学习西方管理思想，中西融会贯通，形成了自己的思想观点，借本书出版机会，试图总结现阶段具有中国特色的生产与运作管理理论与实践成果，力求内容简练，观点明确，概念清楚。

本书第 1 章讲述生产与运作管理的相关概念、理论体系、研究对象、目标和任务。第 2 章安排了工农业生产概论，以帮助学生了解整个社会的生产概况。第 3 章讲述生产与运作系统的选择与建设，设计和建设好生产和服务系统是生产管理的基础工作，这一点经常被忽视。第 4 章讲述生产和服务选址。在我国，这部分内容过去散布在各行业的工程设计学科中。第 5 章讲述生产和服务系统布置，除了常规布置的内容，还增加了建筑工地的布置。第 6 章生产与运作计划，主要讲述生产能力平衡的主要方法、服务系统的计划及工作的程序和方法。第 7 章计划信息系统，介绍了 MRP 和 ERP 的思想。第 8 章物资管理，包括了采办管理、库存控制和物资管理信息系统。第 9 章质量管理，包括质量的概念、全面质量管理、质量控制等内容。第 10 章工期管理，包括作业排序、工期管理的网络方法、劳动定额与学习曲线。第 11 章作业成本管理，包括作业成本管理的概念、基本原理、程序和实例演示。第 12 章设备管理，包括设备管理理论、设备的选择与评价、设备的使用与维护、设备的更新改造。第 13 章准时生产方式，包括准时生产方式的新理念、设计制造技术、看板控制技术等。第 14 章石油企业生产管理概述，包括石油及石油产品、石油生产流程、石油勘探生产管理、石油开发生产管理。第 15 章生产流程再造，包括生产流程再造理论、建模方法及评价。

张媛媛副研究员编写了第 13 章和第 15 章，其余各章由马义飞教授编写并统稿。

本书的特色有：

(1) 理论和实践相结合，从概念讲起，力求语言简练。注重基本概念的讲解和基本方法的展示。

(2) 视野更宽。生产和运作管理的核心内容一直是加工装配，后来扩展到服务业。现实的生产运作发生在各行各业，包括矿业、冶金、石油、运输、建筑业等，而且这些行业的生产管理更复杂。但是，以往的教材中加工装配和服务业以外的内容实在太少。本书将内容扩展到矿业、冶金、石油、运输、建筑业等。

(3) 全书多处都体现自己的观点。如"生产与运作管理在学科中的位置"、"建筑安装生产管理特点"、"酒店管理"、"公路运输系统包括路网的观点"、"生产和服务系统的技术经济分析"、"石油企业生产管理特点"。

(4) 将数量方法有机地结合在其中，并细致地展示了应用过程。如选址、生产能力的平衡、设备更新改造等都有所体现，并且构造了计算实例。

(5) 本书加入了许多与讲述内容密切相关的案例，并将最近积累的铁路行业、石油行业的改革等活生生的案例加入其中。

感谢北京交通大学出版社的赵彩云编辑，她对本书的出版做了很多工作。

作 者

年 月于北京

作者简介

马义飞（1954—）男，中共党员，中国石油大学工商管理学院教授，硕士研究生企业管理专业负责人。北京科技大学博士毕业，长期从事高校教学研究工作，通过科研合作，熟悉矿山和油田企业生产管理实际。2000年曾赴美做访问学者，系统学习了解了西方管理理论与管理实践。中西方理论和实践的积累，形成了比较符合实际的管理理念和思想。加上20多年的高校教学经验积累，这些都会体现在《生产与运作管理》的字里行间。

曾参加国家经贸委国有企业工商管理培训工程，参与了中国石油集团公司国际合作项目经理人员大型培训工程，多次为国际培训项目讲授《管理决策》，曾多次被邀请到大庆、辽河、胜利等各大油田公司、广州储能电厂等大型国有企业讲授《管理学》。现在负责研究生和本科生《管理学》、《生产与运作管理》等课程的讲授。

张媛媛（1978—），女，博士，1996—2000年就读武汉大学应用数学专业，获学士学位，2003年获武汉大学应用数学硕士学位，2006年获中国科学院管理科学与工程博士学位，2006年分配到中国石油大学（北京）工商管理学院，2009年晋升副研究员。2004—2009年期间曾多次到香港理工大学做访问研究。主要从事供应链管理、物流管理、供应链金融、能源系统模型等领域的研究。专长为数学建模、系统优化、决策分析等。现已独立讲授多门课程：《运筹学》、《经济统计学原理》、《生产管理》、《供应链管理》等。已经在"系统工程理论与实践"等刊物上发表"库存融资下的库存优化管理"等6篇高水平论文。

目　录

第 1 章　绪论

1.1　生产与运作管理的相关概念　/2
1.2　生产与运作管理的理论体系　/4
1.3　生产与运作管理的研究对象　/8
1.4　生产与运作管理的目标和任务　/12
本章小结　/17
讨论题　/18

第 2 章　工农业生产概论

2.1　农业生产特点　/20
2.2　矿业冶金生产特点　/23
2.3　建筑安装生产特点　/25
2.4　运输生产特点　/28
2.5　服务业运作特点　/31
本章小结　/37
讨论题　/38

第 3 章　生产与运作系统的选择与建设

3.1　生产与服务选择　/40
3.2　生产与服务设计施工　/48
本章小结　/54
讨论题　/55
练习题　/55

第 4 章　生产和服务选址

4.1　生产和服务选址理论　/58
4.2　生产和服务选址的影响因素　/60
4.3　生产和服务选址的方法　/61
本章小结　/70
讨论题　/71
练习题　/71

第5章 生产和服务系统布置

5.1 生产和服务系统布置的基本问题 /74
5.2 生产和服务系统布置 /76
本章小结 /84
讨论题 /85
练习题 /85

第6章 生产与运作计划

6.1 生产计划概述 /88
6.2 服务系统计划 /93
本章小结 /100
讨论题 /102
练习题 /102

第7章 计划信息系统

7.1 制造资源计划系统(MRPⅡ) /104
7.2 企业资源计划系统(ERP)简介 /108
本章小结 /114
讨论题 /114
练习题 /114

第8章 物资管理

8.1 物资采办管理 /118
8.2 库存管理 /122
8.3 物资管理信息系统 /127
本章小结 /132
讨论题 /133
练习题 /133

第9章 质量管理

9.1 质量概念 /136
9.2 全面质量管理 /139
9.3 质量控制 /143
本章小结 /148
讨论题 /150
练习题 /150

第 10 章 工期管理

10.1 作业排序 /152
10.2 工期管理的网络方法 /154
10.3 劳动定额与学习曲线 /158
本章小结 /163
讨论题 /164
练习题 /164

第 11 章 作业成本管理

11.1 作业成本原理 /168
11.2 作业成本管理过程及注意事项 /170
11.3 作业成本的应用 /172
本章小结 /178
讨论题 /178
练习题 /179

第 12 章 设备管理

12.1 设备管理理论 /182
12.2 设备的选择与评价 /185
12.3 设备的使用与维护 /188
12.4 设备更新改造 /191
本章小结 /195
讨论题 /196
练习题 /196

第 13 章 准时生产方式

13.1 准时生产方式理论基础 /200
13.2 准时生产方式的关键技术和方法 /204
13.3 看板控制系统 /209
13.4 MRP 与 JIT 的比较 /213
本章小结 /217
讨论题 /218
练习题 /218

第 14 章 石油企业生产管理概述

14.1 石油及石油产品 /220

14.2 石油生产流程 /221
14.3 石油勘探生产管理 /223
14.4 石油开发生产管理 /226
本章小结 /234
讨论题 /235
练习题 /235

第 15 章 生产流程再造

15.1 生产流程再造理论 /238
15.2 生产流程的特征和再造动因、步骤 /245
15.3 生产流程建模方法 /249
15.4 生产流程再造的评价 /255
本章小结 /259
讨论题 /260
练习题 /260

参考文献 /261

第1章

本章学习目标
1. 深入理解生产与运作管理的定义;
2. 初步了解生产与运作管理的理论体系;
3. 了解生产与运作管理的研究对象;
4. 了解当今社会的主要生产类型;
5. 了解生产与运作管理学科发展的历史和趋势。

绪　　论

经过几千年的发展，人类文明和文化有很大的进步，但是人类的基本活动，总结起来，还是基本的生产和生活活动，只不过现代社会的生产是社会化大生产，依赖现代化的生产设施，生产管理也十分复杂。还有，现代社会生活更丰富多彩，多了许多文体娱乐活动，为了提供这些活动就出现了服务业，服务的经营管理又称为服务业的运作（Operations）。人们在生产实践和现代服务业的运作中积累了丰富的经验，对这些经验的概括和总结就形成了本书的主要内容，主要涉及对生产和服务系统的设计、维护和完善，对生产过程的计划、组织、调度、控制等方面。

本章主要介绍生产与运作管理的相关概念、研究对象，以及本书的基本框架。

1.1 生产与运作管理的相关概念

早期的书名叫《生产管理》，英文"Production Management"，主要针对制造业车间管理或工厂管理问题展开研究，我国改革开放以后，服务业有了很大的发展，占整个经济的比重甚至超过一半，这样，不得不研究服务业的运作问题。我国近年来翻译的教科书以及课程设置一般均为《生产与运作管理》，英文"Production & Operations Management"，西方国家一般称为《运作管理》，英文"Operations Management"。生产和服务的界限已经越来越模糊，商品生产者也在设法提供维修服务，如汽车业的 4S 店，服务业在提供服务的同时也提供产品，如动物园熊猫馆每天售出大量熊猫玩具，而有些领域，如餐饮服务，同时提供服务和产品。然而，由于对生产管理的积累较多而服务运作管理积累较少的原因，流行的教科书中服务业的运作管理也只有一两章的内容，更多的是生产管理的内容。

1.1.1 生产与运作管理的定义

生产与运作管理的概念在人们心中并不陌生，但作为教材，面对的是没有社会经验的大学生，还是要给出生产与运作管理的严格定义。

本书给出的定义是：生产与运作管理是对生产和服务系统的设计、维护与更新，以及对生产和服务过程的计划、组织、协调与控制。

为了更好地理解生产与运作管理的内涵，下面给出几个权威的生产与运作管理的定义，供读者参考。

美国杰伊海泽（Jay Heizer）的定义是：运作管理是将输入转化为输出的创造产品和服务的一系列活动。

陈荣秋、马士华的定义是：生产与运作管理是对生产运作系统的设计、运行与维护过程的管理，它包括对生产运作活动进行计划、组织与控制。

丁慧平、俞明南的定义是：生产与运作管理是指对活动过程实行系统的指挥和控制，通过这些活动过程，人力、物力和资本投入被转变成产品和服务，这些创造产品和服务的活动发生在所有的经营组织中。

张彦宁的定义是：生产与运作管理就是生产与运作过程中的计划、组织和控制活动。

为了叙述简练，在不引起混淆的情况下，本书用"生产管理"代替"生产与运作管理"，用"生产系统"代替"生产与服务系统"。

从上面几个定义可以看出，生产运作管理包括两个方面：一方面是对生产系统的设计、建设与维护；另一方面是对生产过程的计划、组织、协调与控制。维护生产系统、生产过程的计划、组织、协调与控制是日常的生产管理工作，这方面谁也不会忽视。然而，生产的效果极大地依赖于生产管理的效果，因此，将生产与服务系统的设计、维护与更新纳入生产与运作管理的范畴。严格地讲，还有生产系统的建设过程，由于建设由专门的队伍完成，假如他们能够达到设计要求，生产管理人员只需参与设计就可以了。

1.1.2 生产与服务系统概述

可以说，生产与服务系统是生产工具的扩展。农耕时期的车马农具、织布机，制造车马农具、织布机的手工作坊，油坊、酒坊、皮匠铺、铁匠炉都可称作生产系统，餐馆、旅店都是服务系统。工业化以后，简单的工具变成了复杂的机器，进而变成流水线，作坊变成了现代化工厂，服务业也不仅仅是餐饮服务，出现了种类繁多的服务，如金融服务、物流服务、技术服务、咨询服务、物业服务等。随着业务规模的扩大和劳动分工的细化，生产率不断提高，使得生产规模进一步扩大，出现了提供生产与服务的组织，最具代表性的就是公司制。组织是管理学讲述的内容，但与生产与运作管理密不可分，因此，有些生产管理的教材也讲生产管理组织。下面简要介绍生产与服务系统。

生产系统（Production System）：狭义的生产系统是指生产车间，原材料经过生产系统的加工过程成为产品。生产系统是指能够将原材料加工成有价值的成品或半成品的系统。在加工制造业中，生产系统是由一系列生产车间组成的，如汽车生产中，发动机车间、底盘生产车间、车身生产车间、装配车间构成了汽车生产系统。广义的生产系统包括主生产系统和辅助生产系统。刚才提到的汽车生产系统就是主生产系统，辅助生产系统是为主生产系统服务的，如供热、供电、供压缩气系统，还有后勤生活系统。

生产系统进一步扩展到工厂之外，原材料产地和市场也应是广义生产系统的一部分。在这个层面上就涉及公司的运作，细节的内容由管理学、营销学等课程承担。

服务系统（Service System）：服务系统是指提供某种服务的全部设施。最常见的是餐饮服务，其生产系统相对简单，即后厨菜肴的加工和前端餐厅的服务。有些服务系统并不只是你见到的这部分，如邮局的邮递服务，你见到的只是成千上万个邮政网点，每个邮局负责接收和分发当地的邮件，庞大的中间分拣传递环节将上千万个邮政网点联系起来，形成服务系统，系统的整体运作使得邮件能传递到每个角落。为了邮递国际邮件，国家之间的邮局还要建立联系。

生产与服务系统的运作（Operations）：生产与服务系统的运作指的是系统的运行。生产系统经过选址、设计、建设过程，接着要试车、投产、运转起来，试运转要进行设备的调试，反复试验，直到达到设计要求，生产出合格的产品为止。然后进入正常生产时期。正常生产周期要靠计划推动。计划部门根据市场或订单下达生产计划给每个车间、每个生产环节，每个生产环节按照计划的要求安排自己的生产活动。生产期间还要有指挥和调度，指挥和调度的作用基本上是落实计划，如果因计划不周或环境因素出了偏差，则指挥协调将行动尽量平稳地进行下去，调度过程中，如果可能，应尽量回归到计划轨迹上去。

生产与服务系统的运作过程（Operations Processes）：生产与服务系统的运作是一个

抽象的过程，即由输入过程、生产转换过程、输出过程组成的生产过程。详见图1-1。

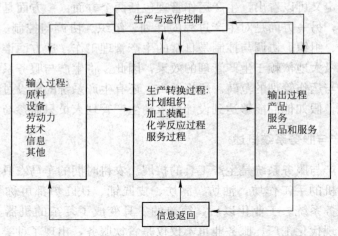

图1-1 生产运作过程示意图

1.2 生产与运作管理的理论体系

经过多年的发展，管理学科构成了很大的学科群。在管理学科群中，生产运作管理处于什么样的位置，应该是读者所关心的问题。下面来看看生产运作管理在管理学科体系中的位置，接着将介绍本学科理论体系的构成。

1.2.1 生产运作管理在管理学科体系中的位置

生产运作管理在管理学科体系中处于核心地位。生产运作管理的理论基础学科是经济学、金融学和管理学，平行的是投资学、技术经济学、会计学、采办管理、工程管理、物流管理、营销学，支持的是战略管理、人力资源管理等。这种提法可能不十分确切，因为生产运作管理还与一些学科有交叉。生产运作管理还与特定企业所涉及的工程技术学科密切相关。如机械制造业的生产运作管理离不开机械加工技术，石油企业生产管理离不开石油工程、石油炼制工程。目前，我国现场的生产管理人员更多地出身于工程师。生产运作管理在管理学科中的位置可用图1-2表示。

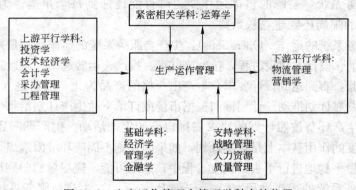

图1-2 生产运作管理在管理学科中的位置

1.2.2 生产运作管理理论体系的构成

生产运作管理是伴随着人类社会生产和服务发展起来的，人类早期的生产相对简单，没有独立的生产管理人员。工业化以后，社会化大生产使得生产规模、生产的空间范围扩大了，涉及的技术人员增加了，出现了专门从事生产管理的管理人员。同时，复杂的生产管理活动不得不采取计划方法和后来的信息化手段。早期生产管理的研究内容基本上是车间计划管理，就是车间加工计划以及工人排班等，现在这部分内容仍然是生产运作管理中最成熟的部分。生产技术的提高，使得工人更多借助于机器设备劳动，逐渐形成了大的生产系统，对设备和生产系统的维护就提上了议事日程。到了近代，跨国公司的出现，生产者从全球组织资源，产品也销往世界各地，要求生产运作管理解决生产决策问题，如用哪里的资源，工厂建在哪里，产品运到哪个市场等，使得生产管理从车间管理扩展到企业层的运作。生产过程中要求降低成本、提高质量，成本管理和质量管理的最新成果也应用到生产管理中来。生产过程需要处理的数据量越来越大，信息化成为历史的必然。在理论研究方面，排序问题、库存问题、设备更新问题、生产能力确定等都成为学术研究的课题，生产运作管理的理论与时间也不断丰富起来。

1. 生产管理发展过程

生产运作管理理论的发展是一个漫长的过程，杰伊海泽（Jay Heizer）总结了生产运作管理的历史，以及各历史时期的主要贡献者。他将生产的发展划分为三个阶段。

面向成本阶段：包括劳动分工（1776—1880）、科学管理（1880—1910）和大规模生产（1910—1980）。

面向质量阶段：精细生产（1980—1995）。

面向顾客阶段：按顾客需求生产（1995—）。各阶段的特点及主要贡献者见表 1-1。

表 1-1 生产管理发展阶段表

发展阶段	成本管理阶段		质量管理阶段	顾客至上阶段
	劳动分工和科学管理阶段	大规模生产阶段	精细生产阶段	按顾客要求生产
贡献者	巴贝奇（Babbage） 泰勒（Taylor） 爱尔朗（Erlang）	福特（Ford） 施瓦特（Shewhart） 杜邦（DuPont）	丰田公司等	数不清的学者
主要特征	劳动分工 工序分析 排队论	流水线生产 统计检验 线性规划/网络方法	准时生产方式 计算机辅助设计 全面质量管理	全球化/网络化 企业资源计划 供应链管理

2. 社会的生产类型

社会生产分为多种生产类型，每种生产类型都有自己的特点。产业经济学中将社会生产分为第一产业、第二产业和第三产业，分别指农业、工业和服务业，工业又进一步分为重工业、轻工业、建筑业、制造业等。服务业根据服务对象可分为生产服务和生活服务，有些服务横跨生产和生活，如供水、供电、通信、运输，这些又称公共服务，根据自身的特点分为通信、运输服务、商业服务、餐饮服务、咨询服务、旅游服务。服务业和工业的界限有时不太明晰，如发电、电网的建设又称电力工业。生产运作管理的主要研究对象是制造业和服务业,也为建筑安装和其他工商企业的运作提供有益的指导。这样可以将生产运作管理研究的生产类型分为加工装配型生产、流程型生产和服务生产三种类型。

1) 加工装配型生产

制造业基本上都是加工装配型生产。小到玩具,大到飞机,还有制造业、工业本身的生产系统都是加工装配型生产。其特点是,制造对象设计成多个部件和成千上万个零件,分别加工零件,零件组装成部件,部件组装成机器。对这一制造过程的运作管理包括设计、计划、组织、库存管理、成本管理、质量管理,可以说,这一领域是生产运作管理的发源地,也是研究成果最多最成熟的领域。

2) 流程型生产

流程型生产可以追溯到古代的酒作坊、醋作坊,原料是谷物、酵母和水,经过加工处理,产出的是酒醋。流程型生产的特点是大宗原材料进入生产系统,原材料经过处理,改变了物理化学性质形成产品。现在工业的化工、炼油化工、化肥、污水处理等属于流程型生产。流程型生产的另一个特点是,有一套装置,投资大、技术含量高,一般只用少量技术人员,生产主要依靠机器装备的运转。

3) 服务业生产

服务业是现代社会的产物。农耕时期,农民只出售少量的谷物换取农具、食盐,其他一切生活用品几乎都是自给自足。后来发现自己做鞋很费劲,还不如买的鞋好,服务也一样,买来的好就都去买,催生了专业化的生产和服务公司。另外,现代化的服务依赖服务设施,如搬家公司有专门的卡车、电影院的高级音响效果、旅游景点的索道、游乐场的过山车。大的服务要靠服务系统,如邮局的邮递系统,银行系统,现代连锁超市的集中采购、集中配送和分布式的店铺。所以服务业的服务要靠完善的服务系统。同时,顾客要身临其境,进入到服务系统里面与服务人员面对面地接触。交通服务、娱乐服务的高峰时间一般在早晚。

3. 生产运作研究的主要内容

到目前为止,生产运作管理的理论体系已经相当丰富,有的已经发展为一个独立的学科,如供应链管理、项目管理等,这里就不做叙述。总结起来,生产运作管理包括的内容有以下几个方面。

1) 生产系统的设计

现代化生产和服务极大地依赖于生产系统,提供产品和服务之前的首要任务就是建立生产和服务系统,建设生产系统由专业化的公司完成,但系统的重要参数都是在设计过程中确定的,如果有可能,生产运作管理人员一定要参与生产系统的设计。生产运作管理人员的任务是熟悉设计过程,提出适合生产管理要求的设计参数。

2) 制造与购买决策

某公司提供一种产品,并不是产品中的所有零部件都是自己生产的。如丹东黄海客车,发动机是辽宁朝阳柴油机公司生产的,轮胎是朝阳轮胎厂生产的。提供的产品中,哪些零部件自己制造,哪些购买,在什么条件下自己制造,什么条件下购买,这就是制造与购买决策。一般制造自己擅长的,购买自己不擅长的,但是,如果市场不能满足自己的要求,那么就要研究开发了。制造的和购买的组合起来,目标是满足质量要求和成本要求。

3）生产与服务计划

生产和服务计划是生产运作管理的核心内容，管理的核心工作就是计划，生产运作管理的核心工作当然也是计划。在加工装配领域，计划主要围绕车间管理和物料需求展开，现在生产计划逐渐扩展到工厂外面的物流，甚至涉及供应商的生产。服务业的计划比较难做，因为服务业的需求波动很大。如春运期间，火车票一票难求。假日酒店假期满客，平日入住人员很少。为了平衡需求，服务业都建立票务预售系统、客房预订系统，预订作为生产运作计划的基础。

4）物资管理

物资管理是指生产领域所需物资的采办、仓储、运输、分发。物资管理要将生产所需的原材料按时送到指定地点，以保证生产的顺利进行。物资管理已经发展为物流管理，也就是将工厂之外的物资的运送纳入到管理中来。本书还以物资管理为主。

5）质量管理

产品的质量是企业的生命，为社会提供高质量的产品和服务是企业追求的目标。质量管理已经形成一系列成熟的质量管理方法。同时质量管理还涉及质量认证和质量监督。通过权威部门的质量认证，证明某产品或生产系统的质量达到某一质量要求。现代社会产品的结构越来越复杂，普通消费者不能直接看出产品的质量，只能相信权威部门的认证，也靠企业长期建立起来的信誉。提供某产品或服务的企业有多家，社会根据当时的技术水平，指定基本的质量标准要求，质量管理人员要根据这些统一的要求组织生产，这也是质量管理的重要内容。

6）工期控制

对市场作出快速反应，及时上市，就能有个好价格，产品和服务对交货期都有要求，同时，缩短工期就等于降低成本。车间的排序、工期控制一直是生产管理研究的重要领域。工期控制已经有一些成熟的定量方法，如某些排序问题的解法、网络方法等。

7）成本管理

企业一般是要追求利润的，大部分企业不能左右市场价格，在既定的价格下，降低成本才能扩大利润空间。成本管理一直是生产领域永恒的主题。成本管理包括企业的低成本战略和成本控制的方法，本书重点讲述作业成本法，其他常规成本管理方法请参阅其他教科书。另外，质量和成本是相互矛盾的，怎样找到质量和成本的最佳平衡点，也是生产者所关心的。

8）设备管理

生产系统由一系列设备组成，设备管理的目的是保证系统正常运行。设备管理的工作有设备的选型采办、设备的日常保养维护、设备的更新改造决策等。设备管理有一套成熟的理论，称为设备综合工程学。设备综合工程学强调全寿命周期成本最低，而不是某一单项成本最低。

9）准时生产方式

准时生产方式是日本丰田公司创造的，它的理念是将原材料或半成品在需要的时候及时地送达需要的地方，最大限度地减少库存和浪费。它强调零次品、零库存，车间内部的拉动式，使用看板管理。准时生产方式是对车间计划管理的补充，有人称它是制造业的一场革命。

10）生产流程再造

一般地，生产系统都是由小变大的，在增长过程中，主要是新的部分迁就旧的系统，到了某种程度，从整体角度看，整个系统流程已经不再顺畅，需要做大的变革，这就是生产流程再造。与此类似，社会的发展有渐变和突变，社会逐渐发展，矛盾积累多了，要进行一场疾风暴雨式的革命，以打破旧有的观念和做法。生产流程再造是生产领域的一场突变。突变有积极作用，但也有一些负面影响。同理，生产流程再造有利有弊，只有在需要的时候才利大于弊。

11）生产管理信息化

在信息时代，生产管理的信息化是必然的趋势。生产管理信息化始于车间计划，现在也是信息化最成熟的部分。现在，生产管理信息化作为整个企业信息化的一个重要组成部分，正向制造执行系统、计算机集成制造系统、企业生产管理和整体运营决策的整合方向发展。服务业的信息化更是必不可少，借助于因特网的全球订票系统、全球订客房系统，以及电子商务、电子政务正在得到普及。

1.2.3 学习生产运作管理的意义

生产运作管理活动普遍存在于各种组织中，组织中的生产活动、技术活动和管理活动都与生产运作管理的活动有关。

学习生产运作管理，了解各种各样的商品是如何生产出来的。同时，了解生产运作管理人员都做哪些工作，以便能够胜任与生产管理相关的工作岗位。

组织中的生产运作，包括生产系统的建设、产品和服务的生产过程，是消耗最多资源的过程，企业要想降低成本、增加效益则必须搞好生产运作管理。

虽然生产运作管理是实践性很强的学科，但是学习生产运作管理理论知识是各级管理人员提高管理能力的重要途径。固然，好的生产运作管理人员是从实践中产生的，历史经验已经证明，生产运作管理理论的学习无疑会对生产管理人员的成长起着至关重要的作用。尤其是对在岗管理人员的培训学习，起的作用就更大。

生产运作管理与工程技术密不可分，工程技术专业的学生或有工程技术背景的研究生学习生产运作管理的知识会如虎添翼，在生产运作管理中发挥更大的作用。同时，也提醒一直学习管理的学生，一定要找机会参观了解工厂、公司的具体生产运作，以帮助消化本学科知识。

1.3 生产与运作管理的研究对象

生产运作管理的研究对象主要是制造业和服务业。在其他工业中也有类似的生产管理问题，生产计划和调度原理是一样的，只是在冶金、矿业、石油企业生产流程更加复杂，生产管理非常复杂，以至于不懂得这些行业的生产技术，无法研究生产管理问题。目前，市面上未见到冶金、矿业和石油行业的生产管理的教科书。本书补充一点石油行业生产管理的内容，以展示加工制造业之外的复杂生产系统的生产运作特点。

1.3.1 制造业生产类型

生产管理与生产类型密切相关。按产品生产的重复程度,将生产分为大量生产、成批生产和单件生产。

1. 大量生产

大量生产的特点是,生产的产品产量大而品种少,经常重复生产类似的产品。由于产品需求量大,其设计和工艺过程都已经高度标准化,在生产过程中实行很细的专业化分工,每个工作地重复进行相同的操作,重复生产相同的对象。有条件的时候,都采用专门的设备和专门的工艺装备,并以对象专业化原则组织生产单位,采用生产线或流水线的生产组织方式。这类生产的例子有玩具、文具、自行车等。

2. 成批生产

成批生产的特点是,生产产品的品种较多,每个品种的产量比较少。但一般为定型产品,有相同或近似的工艺路线,可按对象专业化原则建立多品种对象生产单元,并在这种生产组织下组织成批轮番生产。大多数设备要负责多种近似工艺的加工工作。工艺转换时需要中断生产。成批生产时要合理安排批量,保证连续生产时间较长,尽可能减少生产中断时间,提高设备的利用率。成批生产的例子有机床、水泵、轻工机械等。

3. 单件小批生产

单件小批生产的特点是,生产某类大型设备如飞机、轮船、电站设备,以及生产线、装配线本身的制造。一批只生产一件,生产周期长,一个月、三个月甚至是一年生产一件。此种生产一般是围绕着产品的装配,生产工艺相当复杂,技术要求很高,生产效率较低,但利润空间较大。一般是订货生产。单件小批生产体现一个国家的技术水平。在国际产业分工中,发达国家更多地制造单件小批生产的大设备。

以上划分只是为了研究方便,也得到了普遍认可。但是,如汽车的生产,就整车而言,可以算成批生产;而汽车零配件的生产,如万向集团,专门生产汽车的万向节,这一定是大量生产了。

1.3.2 服务业运作特点

与制造业生产相比,服务业的运作有自己的特点。详见表1-2。

表1-2 制造业生产与服务业运作的区别

制造业生产	服务业运作
有形耐用品的生产	无形非耐用品的生产
产出可以被储存	产出不能被储存
与顾客接触程度低	与顾客接触程度高
需求可以等待	需求不能等待
跨地区或国家经营	当地经营
生产设施规模较大	生产设施规模较小
质量水平易于衡量	质量水平难以衡量

应该指出，随着社会的进步，服务业向各个生产领域渗透，制造业生产和服务业的区别正在变得模糊。如制造业寻求售后服务，以便获得持续的业务，同时获得顾客对产品改进的信息，如汽车业的4S店，是集汽车销售、维修、配件和信息服务于一体的销售店，是一种以"四位一体"为核心的汽车特许经营模式，包括整车销售（Sale）、零配件（Sparepart）、售后服务（Service）、信息反馈等（Survey）。通过4S店的服务，将汽车制造厂商和市场紧密联系起来，同时，也延伸了汽车厂商的利润增长点。有些厂商采取订货生产模式。有些采取整车低价而维修配件高价的策略。4S店发源于欧洲，1998年以后才逐步传入中国。建筑开发商售楼之后，接管小区物业、出租写字楼，建一栋楼终生有业务。从这个意义上讲，服务是产品生产的延伸。

人们熟知的服务业是生活服务，如通信、餐饮、酒店、旅游、娱乐。这些与人们的日常生活息息相关。人们生活水平越高对这些服务的需求就越多。制造业的效率以及经济的发展会使得服务业繁荣起来，本质原因是人们有了钱会去追求更高质量的生活。

另一类占较大比重的服务业是直接为生产服务的，发展的原因基本属于经营专业化。企业为了降低成本，一些原来自己完成的工作委托专业化的公司来做，专业化的公司同时为多家企业提供相同的服务，技术设备的进步和专业化产生的规模效应，使得公司提供的服务比自己做成本还低，质量也有保证。比如，第三方物流的兴起，通过双向运输，可使运输成本大大降低。类似的为直接生产服务的还有金融服务、专项技术服务、咨询服务等，这些都和产品的生产密不可分。说到此，提醒读者，从理论上讲，可能有纯粹的产品生产企业，这是一个极端，也可能有纯粹的服务企业，这是另一个极端。而现实情况是很多企业既有产品也提供服务。下面展开讲述服务业的特点。

1. 服务不能储存

有些商品是可以储存的，所以可以备货生产，预测高峰需求之前生产出来，以备高峰之用。但是有些商品储存期较短，或者储藏成本较高，如食品类不宜长期储藏。机械类商品可以在较长时间内储藏，储藏成本不高，只是要付银行贷款利息。与之相反，服务基本上是不能储存的，因此，服务业生产能力的确定是一个大学问。需求经常波动，按最大需求量安排生产能力，就会有许多过剩，浪费严重，能力过小造成顾客的流失。服务业采取许多措施来调节能力不平衡问题。

2. 服务与顾客直接接触

顾客参与多数服务过程，服务人员与顾客直接接触。当然，服务类型不同，接触程度也不相同。如理发、美容有着紧密的接触，餐饮服务顾客可以见到服务人员，旅游、娱乐接触程度就差一些，汽车维修就更差一些，通信服务的接触程度有限。顾客接触服务员，可见到服务人员的行为方式，体验到服务员的态度。因此，对服务员的仪表、举止行为有严格的要求。与顾客接触这一特点决定了服务选址要靠近顾客群，或者至少在交通方便的地方，以便顾客容易到达。大城市是人口聚集的地方，也是各种服务云集的地方。北京的各大医院前来就医的都络绎不绝，好的医院挂号难，中档的住院也难，一般的医院也满负荷运转。大城市的其他服务业也与此类似。

3. 投资水平

对服务业的投资水平经常有误解，认为服务业的投资较低是不准确的。正确的说法应该是，投资低的和投资高的高档服务并存。投资低的有理发、盲人按摩、自行车维修服务、家政服务。投资高的有通信服务、医院、游乐场、旅游景点等。介于中间状态的有汽车维修服务等。有些服务看似简单，但是必须有覆盖面大的网络和配送系统支持，如快递公司的分拣中心、车辆和飞机。一般说来，现代化的服务背后都是投资较大的服务系统，维护和使用这个服务系统需要专门的知识和高技能的员工。因此，现代化的服务一般都是昂贵的。

4. 质量水平难以衡量

服务业另一显著的特点是服务质量水平难以衡量。产品的质量可以检验，可以货比货，而提供的服务往往是难以检验的。影响服务质量的因素有两部分，一部分是硬件，一部分是软件，硬件的质量与产品质量类似，容易检验，软件的质量一般是指与服务人员行为有关的活动，这些活动的质量的评定靠顾客的感受，而顾客一般是挑剔的，衡量标准也并不公允。这使得服务质量一直是顾客抱怨的话题。另外，我国服务业的员工素质参差不齐，如航空业投资高、待遇高，服务人员素质较高，服务质量很快赶上世界先进水平；餐饮业需求量较大，待遇一般，整体素质有待提高。

1.3.3 石油勘探开发生产特点

除了制造业和服务业，社会还有许多行业具有复杂的生产系统，生产运作管理也十分复杂。本书试图通过作者熟悉的石油勘探开发领域展示更复杂的生产系统的运作。矿业、冶金、石油行业有许多类似的地方，石油行业的生产运作也有一定的代表性。石油勘探开发的主要特点如下。

1. 生产依赖于资源

石油是地下资源，主流观点是，石油是远古时期的有机物在特定的环境下，经过复杂的演化过程生成的，并在特殊的地质构造环境下得以保存至今。有商业开采价值的地区称为油田。如大庆油田、辽河油田、胜利油田等。目前我国开采的油田埋藏在地下1 000～3 000米不等。石油生产首先要发现油藏在哪里，并证明有商业开采价值，这一过程叫勘探。为了开采有商业价值的油藏，就要布置和建设生产系统，生产系统的主要部分是从地表通向油藏的油井，建设生产系统的过程叫油田开发。建成生产系统以后进入正常开采阶段。石油陆续采出后，油藏的油越来越少，还有部分不能开采出来，油田的生产能力就会下降，油井下面没有石油继续采出，就要在有油的地方继续打井，这叫油田的持续开发，当然也要持续找油。石油生产系统围绕着找油采油打井、布置生产系统。另外，油田的赋存条件，也极大影响油田的生产效率，有的油井日产1万吨，一年就是300多万吨，有的油田几百口井，一年产出也是200万～300万吨。石油的质量差距也很大，有的采出来的原油含有较多汽油，有的含有较多沥青，还有人们不希望的硫分等也影响石油质量。

2. 战线长、投资大

油田一般在方圆几百到上千公里范围内分布有多个不规则的油藏，每个油藏建设有相应的生产系统。油田往往在偏远地区，石油人不仅建设生产系统，还要建设生活设施，供水、供电、供热、道路都自己修建。塔里木油田在塔克拉玛干沙漠里修了500公里的沙漠公路。20世纪80年代，石油人借16亿美元开始了开发塔里木油田的大会战。现在一个油藏的生产系统一般需要几十亿到上百亿人民币。在陆上打一口油井的费用是一亿人民币，在海上，打一口油井的费用是一亿多美元。地下的情况是千变万化的，如此大的投资，还可能见不到油，不见油的油井称为干井。所以，石油开发存在着巨大风险。

3. 存在诸多不确定因素、风险大

石油生产的风险主要来自地质风险。地质家根据有限的信息判断地下油藏的情况，难免有些不准确，如果实际发现的量与估计的量有很大缩水，可能收不回投资。还有，地下有足够的石油，但是，目前的技术条件不能开采出来，这些都是地质风险。此外，石油生产还要承担价格风险。石油是战略物资，在全球分布极不均匀，有时石油的价格不是由市场供求关系决定的，有许多政治的、石油利益集团的、金融炒作的因素，使得石油价格大起大落。2000年前的一段时间，原油价格曾降到十几美元一桶，2000年后逐渐涨起来，2007年曾涨到147美元/桶，金融危机后又回落到40美元/桶，2009又有上升的趋势。地质风险和价格风险足以将小公司排斥在石油勘探开发领域之外。剩下的是老牌的石油公司，像壳牌、埃克森美孚、雪佛龙，还有国家石油公司。国家石油公司背后是国家的支持，资源国是为了保证本国的石油利益，需求国则是为了获得足够的石油资源。

4. 石油生产涉及国家能源安全

太阳能、风能、核能可用来发电，补充了部分能源，可是，到目前为止，还没有发现可完全替代石油的新能源。以石油为原料的汽油、煤油、柴油是交通运输、工农业的主要能源。还有，石油化工产品、沥青也是工业和生活中不可缺少的。所以，石油是工业的血液的时代还没有过去。石油危机就可能引发经济危机，因此，石油关系到国家的经济安全，各国都将石油的生产贸易放在非常重要的地位。

1.4 生产与运作管理的目标和任务

明确生产运作的目标和任务是重要的。举例来说，某医院将创收作为首要目标和任务，导致医生为病人做一系列不太必要的检查，以收取费用。如果医院不以盈利为目的，目标和患者的目标一致，低成本地治疗，按症状做必要的检查，对症下药，费用则至少可以减少一半。

1.4.1 生产与运作管理的目标

生产运作管理的目标可表述为：设计和维护好生产系统，充分发挥系统效能，优质高效地提供顾客需要的产品和服务。

生产运作管理的目标也有各种表述，有人将生产管理的目标表述为：高效、低耗、灵活、准时地生产合格产品，提供满意服务。[①] 高效，就是迅速满足用户需要，缩短订货提前期，争取用户；低耗就是人力、物力、财力消耗最少，实现低成本、低价格；灵活就是能很快适应市场变化，生产不同品种和新品种；准时就是在用户需要的时间，按用户需要的数量，提供所需的产品和服务，合格产品和满意服务是指产品和服务质量达

---

① http://sw.pf168.com/shengchanguanli/20081202-90665.html

到顾客满意的水平。

相比之下，本文给出的生产运作管理的目标中特别强调了"设计和维护好生产系统，充分发挥系统效能"，这一点很重要，在现代化的生产和服务中，生产和服务极大地依赖生产系统，生产系统的正常运转是提供产品和服务的基本保证。在流程型生产和流水线生产更是如此。再一点是生产和服务团队的建设。按习惯，生产运作管理不讲人力资源问题，但是生产和服务管理者一定要重视团队建设、生产和服务系统中的员工的培训。下面介绍对生产系统的基本要求。

1. 生产和服务的连续性

流程型生产一定是连续的，对加工装配和服务而言，生产有间断性的特点，但要通过人为的努力使它尽量连续。连续生产往往会降低成本，减少能耗。生产系统中的多数设备也不宜开开停停。

2. 生产和服务系统各环节能力的匹配

某生产单元单位时间的产出叫作生产能力。生产和服务系统由多个子系统组成，要求每个子系统的能力基本相当就是匹配，否则就是不匹配。由于产品品种变化带来工艺上的变化，生产车间的能力不匹配是经常发生的。能力最小的环节成为瓶颈。生产管理中要采取措施，提高瓶颈的生产能力。顾客的需求出现扎堆现象会使服务系统的瓶颈凸显出来，要找出本质原因，通过价格杠杆平衡需求。

3. 生产和服务的均衡性

由于季节等因素，顾客对产品和服务的需求不均衡，生产和服务系统承担的任务有时多有时少，在生产系统中要通过合理的计划手段，达到任务分配在时间上的均衡。对服务系统，各季节客流、每周的工作日和周末的客流都是波动的。一般通过预订系统，以及打折与加价措施，使得客流尽量均衡。但是，有些商家例外，假日商店拥挤正是创造销售业绩的好时机，借助客流多的时机，采取合适的促销手段，扩大营业额。

生产运作目标的另一种提法是完成生产经营目标。例如，河北钢铁集团2009年的生产经营目标是：①坚持以效定产，集团全年产铁3 800万吨，钢4 100万吨，钢材3 910万吨，钒渣29万吨，铁精粉625万吨；②在目前市场条件下，确保全年不亏损，力争多盈利；③实现较大及以上事故为零，杜绝工亡事故发生；④全面完成与省政府签订的"双三十"节能减排责任书分解指标，实现节能34.75万吨，减少SO_2排放量11 380吨，减少COD排放量291吨。

可见，企业的实际生产目标注重具体生产指标、营业指标的完成，重视安全生产和节能减排。这与我们上面提出的目标并不矛盾。

1.4.2 生产与运作管理的任务

生产运作管理的任务就是完成生产运作的目标。具体来讲有：完善生产和服务系统，做好产品选择决策，降低生产成本，提高产品质量，把握市场机会准时生产。

1. 完善生产和服务系统

企业的生产系统是需要不断完善的。生产系统的完善分为四步：第一步，生产系统分析；第二步，引入先进的生产管理技术；第三步，完善生产服务技术；第四步，协调各管理环节。

（1）生产和服务系统分析。通过对生产的所有环节进行数据统计、监控和分析，了解生产的具体情况，发现实际存在的问题，对症下药。生产系统分析可采用走出去、请进来的方式，切实找出生产和服务系统的制约因素。

（2）引入先进的生产管理技术。先进的生产和服务技术的引入，不要贪大求洋，要符合自己的实际情况，要考虑自己原有的技术水平，引入的和原有的要很好地整合和接轨。主要的生产管理技术包括准时化生产管理技术、精益生产管理、生产现场5S管理、制造过程质量控制、SPC统计过程控制、现场物流管理、现场质量管理等。

（3）完善生产服务。生产系统的问题可能不是出在主要生产系统，而是出在辅助生产系统，或者辅助管理部门，如原材料供应、能源供应等。辅助管理系统的问题相对容易解决，能加强的加强，不能加强的引入第三方专业化服务队伍。

（4）协调各管理环节。生产系统的问题可能是出在各管理环节配合不顺畅。如果是这样，首先要从教育入手，强调机关生产服务部门的服务意识，绩效考评加上基层被服务单位的打分，限期整改，到期还不能改正的，主要负责人要辞职，从生产一线选派得力人员到管理部门工作。

2. 做好产品选择决策

产品决策的目的，就是要在多种可能的生产方案中选择出最适合自己的生产方案。在决策过程中要考虑很多因素，如市场供求状况、企业的生产能力、企业的财务状况、产品的经济效益等。

产品决策涉及多方面的内容，产品决策是企业战略决策的一部分，主要内容包括：

（1）产品对象决策，即生产什么产品或提供什么服务；

（2）产品批量决策，即每批生产多少数量的产品或提供多少数量的服务；

（3）产品生产工艺决策，即如何组织和安排生产或服务。

产品对象决策很复杂，不是简单地考虑生产什么，更重要的是考虑为谁生产、谁来购买这种产品和服务。一般考虑高端、中档、普通大众三个顾客群。高端需要技术和品牌优势，顾客数量少，销售量少，但是，利润空间大，如高档服装、金银首饰等。为大众服务辛苦受累，利润空间小，必须将量做大才能维持运转，薄利多销，超市及超市中的产品属于这一类。

3. 加强生产成本管理

在制造业中，生产成本主要是水、电、汽、风、原料采购、设备折旧、人员工资等。所以目前降低成本的主要措施还是节能降耗，降低原、辅料购入成本等。在厂家拼完服务、渠道、价格等以后，对生产部门压缩成本的要求越来越高。某公司领导在学习了降低成本的《十二把财务砍刀》后，提出了成本下个月下降20%的要求，具体就是向供给商要求降价20%、生产车间消耗降低20%、财务费用降低20%，由此引发了生产部门的一系列措施。

生产成本管理并不是只考虑压缩生产成本，生产成本是应该压缩，但是一定要与产品质量要求相联系，如格力空调采取优质优价，但绝对不在原材料上打半点折扣，承诺6年质保，产品做得8年不用维修。销售人员介绍格力产品时会说，买格力吧，贵点但做得结实。

生产系统的建设，要考虑全生命周期成本最低，而不是建设低成本、使用高成本。

设备材料的使用要考虑将零部件划分为永久部件、定期更换部件、随时更换易损件。通过及时更换零部件保持设备的高性能，同时，以多个轻巧的、成本低的部件代替一用到底的昂贵部件，达到降低成本的目的。

4. 提高产品质量

在当今社会，不论是制造业企业还是服务企业，要想在日益激烈的市场竞争中立于不败之地，就必须高度重视提高产品和服务质量，否则，将会被市场无情淘汰。因此，注重提高产品质量是一个现代成功企业发展的必由之路。

首先，保证持续稳定的质量品质体系，取决于企业领导和管理人员的质量管理水平。评价一个管理者的质量管理水平可从以下几个方面来加以衡量：其一，是否具备开发新产品和解决新课题的能力；其二，是否充分了解企业日常工作中碰到的问题及是否有解决问题的可行方案；其三，是否经常跟踪企业重要专案的进展和结果。这些都会影响一个企业质量管理的最终效果。

其次，保证持续稳定的质量品质体系，企业必须坚持不懈地改善环境。事实证明，环境是影响客户和吸引客户的重要手段之一。例如，广州本田汽车公司能够在建厂后短短四年跻身全国汽车工业前三名行列，离不开他们对环境的改善。他们的一个口号是"检测一个公司的管理如何请看一个公司的厕所"。从小事抓起，才能把影响产品质量的不利因素在发展初期就得以很好的控制。因此，企业应该坚持不懈地改善环境，如坚持开展 5S 活动就是一个好的做法。

再次，质量体系的维持并不是一朝一夕的事情，而要在企业日常工作中坚持不懈地按照 PDCA 管理循环来进行。所谓 PDCA，就是 Plan（计划）、Do（执行）、Check（检查）、Action（行动）。只要始终遵循有效的 PDCA 步骤来进行质量管理，并形成可视管理体制，就会使品质管理体系始终保持在一个良性循环的状态之中。

最后，要发挥企业团队的力量。最明显的例子就是 1998 年世界杯上的巴西队和法国队决赛，论技术、意识，巴西队无人能及，但最终没能战胜法国队，夺得大力神杯，其中一个最重要的原因就是法国队充分发挥了团队的力量，以 3∶0 痛快淋漓地击败了巴西队。因此，良好的团队精神对确保企业质量、保证系统的发挥有着极其重要的作用。保持高效的质量管理体系还有许多重要的因素，如品质管理策略、企业人才战略、采购物资的质量控制等因素，都对我们的质量管理起着重要的作用。[①]

5. 把握市场机会

德力西集团董事局主席兼 CEO 胡成中认为：[②]

我觉得现在就是很好的机遇期，如南水北调、西气东送、城市化推进、基础设施建设，等等，都给我们民营企业提供了非常好的发展机遇。关键是，我们如何把握市场机会？以下几点至关重要。

抓住区域结构变化的机会。区域结构的调整变化，其实就是经济板块的变化。长三角、珠三角、京津经济带、东北老工业基地，区域的调整，像我们浙江融入长三角，本身就是很好的商机。

---

① http://zhidao.baidu.com/question/4853459.html
② http://www.people.com.cn/GB/paper1631/12024/1082212.html

抓住所有制结构的转变的机会。我认为"国退民进"是最后的晚餐,国企在地皮地域、技术力量、原品牌价值、政府支持力度方面都有优势,民营企业在机制、资金、品牌方面有自己的优势,民企参与国企的改革重组,形成新公有制企业、混合型经济,可以达到双赢或多赢的效果。但收购兼并,也要对自己的口味。我们德力西收购了一些国有企业,也尝到一些苦头,要防止低成本进入,高成本消化。现在北京、南京,几百个国有企业推向市场,这里商机很多,但收购兼并什么,每个人的饭量不同,吃得太多,消化不掉,会生胃病。

抓住领域开放的转变的机会。市场准入问题,是民企最关心的事,党的十六届三中全会决定,只要法律法规没有规定禁止的领域全部放开,民营企业都可以进入,这应该是非常好的机遇。过去这些领域国有企业能进80个,外资能进70个,而我们的民营企业,只能进40个,还不如外资企业的待遇。大家都说我们德力西是大企业,我觉得我们的企业,在国际上只能算是中小企业。对民营企业准入的领域要求这么高,民营企业如何做大?大家对这一点呼声非常高,三中全会解决了这个问题。只有市场能够准入,民营企业才能有更大发展,才能与世界500强抗衡。

抓住俱乐部形成的机会。这就是企业家联盟。可以是同级企业整合,主业与非主业结合,主流与非主流结合。世界500强是国际队,就像梦之队一样。中国100强是国家队,地方强势企业是地方队。中国现在有许多新商帮兴起,如胶东商帮、浙江商帮、苏南商帮、珠三角商帮、长三角商帮,这些企业家俱乐部,就是结盟经济。企业与企业之间,可以是一种竞合关系。有一个寓言,说龟兔赛跑,这大家都知道。当然兔子不睡觉,乌龟是跑不过兔子的,但如果遇到一条河,兔子就束手无策了,乌龟就能游过去。如果两个能够合作,兔子能背着乌龟跑,乌龟能帮兔子过河,就达到了双赢的目的。

抓住微利化市场机会。市场不是一成不变的,肯定要洗牌整合,劣势产品要淘汰,优势产品要大批量生产,形成链条体系。格兰仕产品,价位非常低,全球市场占有率非常大,好多企业也想做微波炉,但他们的生产成本已经超过了销售价格,做起来就要亏本。格兰仕为什么价位这么低?这是他们搞社会化生产,专业协作,形成了产业链条体系。企业要有很强的研发力。人们说,报纸只有三个小时的新鲜感。产品也要不断创新,创新是兴旺发达的不竭动力,是永葆生机和活力的源泉。

法国科学家法伯曾做过一个著名的"毛毛虫"试验。法伯在实验笔记中写下这样一句耐人寻味的话,在这么多的毛毛虫中,如果有一只稍稍与众不同,那么它的命运也就会完全不同。这个实验之所以闻名世界,是因为它的意义不仅局限于生物学,而在社会学、经济学方面,都有着深刻的启发作用:因循守旧,必然导致可悲的结局;要生存发展,就要走创新之路。现在各种产品都像我们的低压电器一样,暴利时代已经过去,我觉得一定要占有独特模式,大家都在水底下憋气,谁憋到最后就是胜利。

案例

大庆油田天然气分公司完善生产系统 (OILNEWS.COM.CN)

大庆油田天然气分公司历时4年建设的生产指挥系统正式投入运行。这标志大庆油田油气初加工生产在管理指挥、安全评价、快速应急、安全实时监控等方面实现了远程实时作业。

记者在这个分公司调度室看到大屏幕上多台RGB工作站信号，不低于两路网络信号、多路视频信号及巡逻车辆GPS定位信号进行跨屏、缩放、移动和叠加显示。"这套生产指挥系统上连大庆油田9个采油厂，下连下游349家用户，是大庆天然气分公司进行产、供、销平衡调度的依据。"这个分公司领导一边点击进入生产运行管网中的地理信息图一边介绍。随着鼠标点击，分公司气、烃、油管线和装置在喇萨杏油田分布情况一览无余。

该生产指挥系统彻底改变了以往的信息传递模式。"以往每天到上报数据时，调度室电话响个不停，现在一点鼠标，装置、管网压力、运行温度、流量等参数、曲线一目了然。"当班调度打开油气加工一大队页面介绍道："这个是杏V-1油气处理站，日处理天然气30万立方米，日生产轻烃150吨。"该指挥系统已经精确到"点"。

为建设这套系统，大庆天然气分公司共完成主干网19条光纤链路及9条ADSL链路建设，铺设光缆102公里，覆盖范围遍及分公司所有生产站队。为实现实时数据采集，这个分公司共配置数据采集和人工录入计算机85台，实现了11个大队25套装置48套控制系统和26个计量系统8 137个生产数据的自动采集、组态、传输和发布，对生产过程进行实时发布。

为不断完善这套系统，这个分公司用近4年时间对生产装置重点部位进行视频监控。目前，生产运行、实时数据、平台维护和安全监控系统已基本完成。2009年年底，这个分公司将实现所有装置区近150个点的视频采集传输，全面完成对重要安全风险点的实时监控。

本 章 小 结

生产管理从制造业的车间管理发展起来，研究内容逐渐扩展到服务业的运作。本书给出的定义是：生产与运作管理是对生产和服务系统的设计、维护与更新，以及对生产和服务过程的计划、组织、协调与控制。为了叙述简练，在不引起混淆的情况下，本书用"生产管理"代替"生产与运作管理"，用"生产系统"代替"生产与服务系统"。狭义的生产系统是指生产车间，原材料经过生产系统的加工过程成为产品。广义的生产系统包括主生产系统和辅助生产系统。服务系统指提供某种服务的全部设施。生产与服务系统的运作视为一个抽象的过程，即由输入过程、生产转换过程、输出过程组成的生产过程。

生产运作管理在管理学科体系中处于核心地位。生产运作管理的理论基础学科是经济学、金融学和管理学，平行的是投资学、技术经济学、会计学、采办管理、工程管理、物流管理、营销学，支持的是战略管理、人力资源管理等。

可以将生产的发展划分为三个阶段：面向成本阶段和大规模生产阶段；面向质量阶段；面向顾客阶段。

社会生产分为多种生产类型，每种生产类型都有自己的特点。产业经济学中将社会生产分为第一产业、第二产业和第三产业，分别指农业、工业和服务业，工业又进一步分为重工业、轻工业、建筑业、制造业等。服务业根据服务对象可分为生产服务和生活服务，有些服务横跨生产和生活的又称公共服务，如供水、供电、通信、运输，根据自身的特点分为通信、运输服务、商业服务、餐饮服务、咨询服务、旅游服务。服务业和工业的界限有时很难分清，如发电、电网的建设又称电力工业。

　　根据生产和服务过程的特点可将生产分为加工装配型生产、流程型生产和服务生产三种类型。生产运作管理包括生产系统的设计、制造与购买决策、生产与服务计划、物资管理、质量管理、工期控制、成本管理、设备管理。

　　学习生产运作管理的意义有两个方面，了解生产运作的基本过程，以胜任与生产运作有关的管理工作；这方面的研究成果为现场生产运作管理人员提供有益的指导。

 讨论题

1. 以你目前对生产运作管理的认识，给出生产运作管理的定义。
2. 如何理解生产和服务系统？
3. 如何理解生产和服务密不可分？
4. 生产运作管理的基本内容是什么？
5. 学习生产运作管理的意义是什么？

第 2 章

本章学习目标
1. 了解工农业生产发展的基本过程；
2. 了解农业生产的特点；
3. 了解矿业冶金生产管理的特点；
4. 了解建筑安装生产管理的特点；
5. 了解服务业运作管理的特点。

工农业生产概论

可以说，生产运作管理与人类社会的生产生活密切相关，工业化和社会生产的信息化产生了生产运作管理学科，经济学家总结了推动经济发展的劳动分工，劳动分工带来的高效率进一步推动了社会分工，出现了提供专门产品和服务的公司，与此同时，出现了提供专门服务的大规模生产系统，如国家电网公司，电网覆盖全国每一个角落，将发电厂和千百万用户联系在一起。各行各业都在不断建设和完善自己的生产和服务系统，每个行业都有自己的特色。流行的教科书基本没有跳出制造业的圈子，也没有深入到任何一个服务业里面。本书试图从更大的视角看待生产，更具体地分析服务。本章将简练阐述工农业生产管理的特点。

2.1 农业生产特点

我国以占世界7％的耕地，养活了占世界22％的人口，这是中国共产党领导全中国人民创造的奇迹。根本在于土地的产量有了很大的提高，主要是因为：第一，土地政策，即对土地资源的管理政策；第二，农业投入；第三，农业科学技术。

2.1.1 农业生产概述

改革开放以后的联产承包责任制调动了农民的积极性，提高了农业生产效率，剩余劳动力进入工业，促进了工业化和城市化的进程。随着国家经济实力的增强，国家对农业的投入不断加大，种粮直补，免征农业税，兴修水利。从解放初期开始，我国的水利设施建设投资都是国拨、贷款、自筹三结合解决，国家用一亿元的投入，可拉动三亿元的投资。国家在农业科技方面的投入也非常大。农业科技的成果主要是育种、地膜覆盖技术、大棚栽培技术、滴灌技术、盐碱地治理技术、秸秆还田技术等。

农业生产投入的资源有土地、劳动力、生产工具、生产资料、生产技术几个方面。

1. 土地

土地是农业生产的第一资源。严格地讲，能够种植农作物的耕地或良田才是有效的农业用土地。2006年，我国有耕地面积19.51亿亩，2008年减至18.26亿亩，我国耕地面积总量居世界第4位，人均在126位以后。可以说，我国是耕地资源最贫乏的国家之一。

耕地的利用率和气候条件有关。在南方，气候温和，雨水充沛，一年三熟，中原地区两季收获，在北方，春季干旱少雨，只能一季耕种。耕地的产出与土壤质量有关。在同样条件下，优质的耕地可产出谷物1 000公斤，劣质的只能产100公斤。耕地中满足农作物养分需求的是表层土壤的有机质和氮磷钾成分，氮磷钾可以通过使用化肥来补充，但是，有机质必须通过使用农家肥料来补充。

水利是农业的命脉。耕地的产出还与雨水和水利设施有关。雨水充沛的地区收成好。能灌溉的农田收成也有保证。在新疆大部分地区，全年少雨，雪山的水能浇灌到的地方就是绿洲，浇灌不到的地方就是沙漠、戈壁。这种特殊的气候条件，使得新疆日照时间长，能够产出优质的瓜果、粮食、棉花。

2. 劳动力

中国有8亿农民，这是指户籍登记为农业人口的数量；减去老人孩子，只剩2亿劳动力，减去乡镇企业职工和进城务工人员，实际在农田劳动的也只能剩1亿多了，多数是妇女劳动力。农业劳动力不容乐观。另外，农田劳动辛苦，走出农田的青年，再回到土地上去可能性不大。如何保住农业劳动力，培育现代农民是农业生产面临的大问题。出路在于理顺农产品价格，增加农民收入，改变农村生活条件，建立覆盖农民的养老、医疗保障。以此吸引优秀青年从事农业生产。

3. 生产工具

新中国成立初期，我国农业以手工为主。由于农业作业的复杂性，机械化只能用在少数用量大、工序操作规范的领域使用，最早使用拖拉机翻地、种地，后来发展到机械化收割。田间管理工作很复杂，机械化需要逐渐研制。另外，一家一户的承包生产方式规模小，机械化受到一定的限制。国家出台优惠政策培育机械专业户，他们购买和维护农机具，以租赁的方式为广大农民服务，在一定程度上促进了机械化的发展。

现代生产工具应该扩展到生产系统，生产系统有两个方面，一个是人们熟知的农田水利设施，较大的灌区都是跨地域的，国家一直比较重视。我国著名的水利设施都江堰几千年来一直造福于人民。引黄灌区、红旗渠等都是举世瞩目的水利工程。

目前，我国开展了新一轮的土地经营权的合理流转，试图将零散的土地集中起来，这有利于农业生产系统的建设和利用。

4. 生产资料

农业生产资料主要有种子、肥料、农药等。以袁隆平为代表的一大批科学家在水稻、小麦等方面的突出贡献，使我国育种处于世界前列。这也是农业科技最大的贡献之一。我国育种从最早的优选到杂交育种再到太空育种，发展很快。还有转基因技术，也在争议中发展着。

肥料是农业生产中的重要生产资料。我国传统上只使用农家肥。农家肥的来源有生物的排泄物、秸秆、池塘、沼泽地的腐殖质等。农家肥中含有有机质，是化学肥料不能取代的，想培育出优质的蔬菜和粮食，没有农家肥是不行的。西方人首先使用化肥，最早是氮磷钾，以含氮的尿素为主，尿素的原料是石油或天然气，可以大量生产。化肥的使用也是农业的一场革命，可是，后来发现，过量使用化肥的蔬菜和粮食质量有问题，连年使用化肥土地肥力下降，土地产出也受到影响。现在广泛使用的复合肥效果好一些。农业应减少化肥的使用，尽量多使用农家肥。但是，农家肥的收集加工是个问题，本来，城市的厕所垃圾和生活垃圾大部分可以制成肥料，可是，现在还没有这样做，这可能是人类的一种最大的浪费。

农药是限制农作物病虫害的，可是，残留在蔬菜中，使人中毒，散发在空气中污染环境。所谓绿色食品，就是用不使用农药、少用化肥的农产品加工的食品。病害靠育种等其他措施解决。虫害靠抗虫害的品种、天敌等方法解决。

5. 生产技术

农业生产的技术非常复杂，主要有育种技术、栽培技术、防治病虫害技术。育种技术由专门的科研机构解决。栽培技术包括根据气候和土壤条件选择合适的品种，配合以地膜技术、大棚栽培技术、浇水施肥、养护、及时收割等。国家培养了很多农业技术人员，深入田间地头指导农民。

2.1.2 农业生产流程和特点

1. 农业生产流程

农业生产流程主要是春种秋收和田间管理。中国至少有三千年的农耕史，积累了丰富的经验。在北方大部分地区，一年一季，从生产管理讲，就是一年一个生产周期。生产流程有：春种、田间管理、秋收、农作物的储藏。

1）春种

如 24 节气农时歌中讲，清明忙种麦，谷雨种大田，过了芒种不可强种。这几句适合中国北方。种地讲究时机，种早了，地温不够，种子时间长不发芽，可能霉变，或受到害虫的咬食；种晚了，植物生长期不够，影响产量。北方春旱较多，春种主要是保苗，有了苗才有希望。水田要育苗插秧，首先要育好苗，插秧要组织人力机械齐上阵，尽快在几天内插完，插晚了，影响产量。

2）田间管理

农业的田间管理是辛苦的劳作过程，也有数不清的技术，除草、防病、施肥、浇水。各种操作要适时适量，如化肥施多了，靠近秧苗会将小苗烧死。浇灌刚完就下了大雨，可能导致涝灾。这样复杂的过程需要有责任心。为什么联产承包产量会提高？主要是责任意识上去了。

3）收获

有了机械化相助，收获简单多了。在中原和南方，收夏粮马上种秋季作物，农时是最关键的。庄稼不能早收，因为没有完全成熟影响产量，也不能晚收，晚了籽粒会脱落，也影响下季作物的耕种。

收获到家的作物要将粮食和秸秆分离，传统的方法是打场，在生产队时期，可能需要一冬天时间打场。现在借助于机械，几天就可以了。

4）储藏

粮食的储藏由国家粮食企业完成。但是，企业粮食仓储的能力是有限的，也有相当部分粮食储藏在农民家里，特别是产量区更是这样。如在东北平原，每家都有一个大的玉米仓。现在，国家扶持建设了标准的防鼠、防潮的玉米仓。从产区将粮食运输到市场也是有问题的。粮食生产的收获集中在秋季，时间非常集中，如何运输粮食是粮食产区头疼的事。

2. 农业生产特点

农业生产的特殊性导致了它独有的生产特点。总结如下。

1）农业生产非常重要

粮食是食品生产的主要原料，关系人的吃饭问题，国家每年的第一号文件都是有关农业政策的。手里有粮，心里不慌。粮食问题，不仅是生产问题，关系到社会的稳定，关系到农民的收入和稳定，如果粮食、食品短缺，也会影响城市居民的稳定。

2）农产品价格难以提高，农民收入低

农产品的质量差别很难鉴别，农产品打品牌非常难。因此，农产品的价格总是偏低，农业生产资料的价格总是上涨很快，主要工业化国家都给农产品补贴。

3）农业生产周期长风险大

许多工业品的生产周期短，可以根据市场及时调整生产策略。农业生产周期长，得到确切市场信息后再调整已经来不及了。还有，农业生产分散，生产厂家不集中，信息集中起来很困难，导致汇总信息不准确。而且，农业保险也不发达，农民自己承担全部价格风险。

4）农业生态环境建设没有受到应有的重视

农作物和饲养的家畜都需要在特定的环境下生存。可是，工业化和乡镇企业的发展，使农村生态环境遭到了一定程度的破坏，地下水位下降，植被减少，空气污染。国家应结合社会主义新农村建设，保护好生态环境。

2.1.3 农业生产的前景

农业生产极大地依赖于土地和气候资源，农业劳动复杂、辛苦，有些环节很难使用机械化，农产品本身很难形成差异化，提供者数量多而分散，竞争激烈，农产品价格一直偏低，导致农民收入较低。劳动辛苦收入又低，青年农民的目标不在土地上，而是走出土地，进入城市。农业的根本出路是现代农业。现代农业的特点是，集约经营、机械化、新品种、新技术。集约化的方式有多种，合作社、公司加农户、农业经纪人加农户、农机联合体等。现代农业不仅是农民的事，也关系到全国人民的吃饭问题，国家必须重视农业科技的发展，给出优惠政策，调动农民的积极性。

1. 农村生态建设

农业生产要有一个好的生态环境，种植、养殖才能发展。有条件的地方，率先建设生态农业示范区。封山育林，兴修水利，建设沼气池，既能变废为肥料，又能解决能源问题。种植、养殖一体化，粮食加工成饲料，养猪、养牛，制造肉食的同时制造优质肥料。还要努力解决农民取暖问题，建设节能保暖的房子，冬季取暖用少量的煤炭，省下秸秆养牛，或者直接生物菌处理还田，增加土壤肥力。

2. 集约经营，实现农业机械化

农业现代化是几代人的梦想，农业现代化首先是农业机械化。目前各家各户的承包制虽然解决了国人的吃饭问题，但也成为进一步提高劳动生产率的制约因素。必须进行改革。改革的方向就是集约化，将土地资源集中到善于经营的种粮大户手里，给转让经营权的农民以足够的补偿。

3. 推广农业新技术

农业育种技术、地膜覆盖技术、大棚栽培技术、滴灌技术、生物菌秸秆还田技术等都给农业生产带来很大变化。但是，这些技术的使用还不普及，如滴灌技术、生物菌秸秆还田技术还需要国家扶持和推广。

4. 加大农民教育投入，提高农民素质

农民的整体素质偏低，高素质的农民大多进入乡镇企业、进城务工，留在农业生产第一线的农民多数文化程度不高、思想观念守旧。每一项农业新技术的推广，都是从教育开始的。

2.2 矿业冶金生产特点

现代工业是从开采地球资源开始的。人们很早就学会利用煤炭、石油，冶炼金属。

煤炭、石油、铁矿石和其他矿物都是地上或地下资源，地质工作者先要找到它，然后布置生产系统将它开采出来，经过粗加工运到工厂进一步加工成工业需要的各种原料。矿业冶金的开采有类似性，放到一起讲述。石油工业有自己的特点，在第14章将详细讲述。

2.2.1 矿业冶金生产概述

矿业冶金工业包括煤炭开采、加工、炼焦，铁矿石的开采、生铁的冶炼、炼钢、成材的加工。金银铜等贵重金属又称有色金属，与钢铁生产有类似性，这里忽略不讲。

1. 煤炭开采概述

煤炭的用途很多，最重要的是制作焦炭炼钢用；其次是发电，目前，我国70%的电是用煤炭转化的；然后是取暖；煤炭还是重要的化工原料，可以制作化肥等多种工业原料。我国煤炭资源十分丰富，埋藏也较浅，找煤比较容易。

煤炭采出之后，运到炼焦厂炼焦或者到洗选厂洗选成精煤，有的直接运到电厂发电。

2. 钢铁生产概述

铁矿石的开采与煤炭的露天开采类似。我国铁矿石品位较低，一般在40%以下。对大量低品位的矿石，开采出来以后要经球磨、磁选，除去杂质，进入钢铁厂炼制。炼制包括烧结、炼铁、电炉炼钢、转炉炼钢、轧钢、动力、制氧等多个生产环节，每个环节承担不同的生产分工，具有不同的生产过程，每个过程都有一些相关的过程控制系统。炼钢过程比较复杂，简单介绍如下。①

原料可以是铁矿石也可以是废铁，这取决于工艺过程。首先熔化成钢水。以矿砂为原料的炼钢须使用高炉，而以废铁为原料的工艺则使用电弧熔炉。

然后，钢水被倒入连铸机中凝固。这样就生产出了半成品。这些半成品可以是具有矩形横截面的扁钢锭，也可以是具有正方形截面的块钢或者钢坯。它们都是一些坯料，用于加工制造成品。

2.2.2 矿业冶金生产管理特点

钢铁行业是我国国民经济的支柱产业之一，为国民经济的持续发展做出了积极的贡献。当前钢铁行业所面临的生产经营环境，具有如下特点。②

1. 按订单生产，多品种、小批量生产是钢铁行业的发展趋势

钢铁行业本来是以大批量生产见长的。近十年来，钢铁企业面临的市场竞争环境发生了巨大的改变，客户对钢材的品种、规格（如板材的宽度、厚度、镀层和机械性能指标等）的需求越来越多样化，客户需求呈现多品种、小批量特点。

在这种局面下，钢铁企业对用户需求的预测越来越困难，为了减少库存，节约成本，最有效的运作策略是将传统以预测为主的推式系统（Push System）改为以需求计划（Demand Planning）为主的拉式系统（Pull System）。企业生产将减少预测性生产，而变成主要按订单生产（MTO）；生产模式也由过去大批大量生产方式改变成多品种、

---

① http://hi.baidu.com/dongfung/blog/item/6fe319a9769c2cf81f17a203.html
② http://www.cape.org.cn/com.hd.DoServlet?func=SY_HOME_EA&act=showEA&pdefCode=032127&@infoCode@=11129860

小批量生产方式。

在这种生产模式下，企业的销售部门应该对生产部门的情况非常了解，掌握生产线的实时数据，避免签订不合理合同，避免出现合同价格低于生产成本、交货期根本无法保证等问题。生产调度人员要能够及时掌握生产的历史情况和现时数据，方便根据实际产能进行小订单合并，制订科学合理的生产调度计划，对生产部门进行科学指挥与协调；而生产部门也需要及时掌握当前的各项订单情况、生产计划指令，能够快速准确地根据销售合同和调度计划安排班组生产。

2．生产管理的信息化[①]

采用信息技术，实现从订货合同开始，经过生产计划、制造作业计划、制造作业指令，直到产品入库出厂发运的全程信息化，使得生产与销售连成一个整体，计划调度和生产控制有机衔接。即使不改变工艺技术和设备也能缩短交货期、提高准时交货率，显著加速生产营销流程。

3．质量设计进入制造，质量控制跟踪全程

质量是产品的生命，但是，质量管理和生产两张皮的现象经常发生，为了将质量管理落到实处，质量控制就必须跟踪全程。

4．成本管理覆盖生产流程

成本控制贯穿企业全部业务活动，不仅有事后审计，而且有事中监控，还有权威的刚性预算。

5．仓库管理的信息化

通过仓库管理的信息化使得异地分散的实物实现就近存放和统一管理，避免重复储备。信息化后的仓库，实物和账目相符，可使库存合理化，压缩冗余。

6．设备维修信息化

使用信息化的设备维修系统，减少非计划检修对生产的影响，提高设备作业率和完好率。

7．加强人力资源管理

除了劳动工资、人事、档案之外，现代的人力资源还应体现企业的人本思想，把对员工的考核、任用、培训结合起来，利用网络技术，建立一个学习型的企业文化环境。

8．搞好各管理环节的配合

固定资产投资项目的管理、设备管理、能源中心管理以及计量、检验化验、监测监控的网络化等，都是很重要的。

2.3　建筑安装生产特点

建筑包括民用住宅建设、基础设施建设，还有工厂和生产系统的建设，工厂的建设有许多设备需要安装，所以叫建筑安装工程。美国的工业工程主要研究建筑安装工程的管理，我国的项目管理、工程管理等学科均研究这个方面。建筑安装涉及甲方投资单位、乙方建设单位、设计单位以及第三方监理单位，生产管理复杂，协调困难。建筑安

---

① http://www.22jc.com/news/html/20080130/1535435367_2.html.

装采用项目管理模式。重点工程都采用有资质的建筑公司总承包模式。

2.3.1 建筑安装生产概述

建筑安装工程包括土建工程、机械设备安装工程、电气设备安装工程、热力设备安装工程、工艺金属结构制作安装工程、工艺管道工程、消防及安全防范设备工程、给排水采暖燃气工程，通风空调工程等。

建筑安装工程还包括：在建设项目设计范围内的场地平整，土石方工程；各种房屋建筑及建筑内部的供水、供热、卫生、电气、燃气、通风空调、弱电、电梯等设备及管线工程，各种附属设备所需的建筑构造（如基础、地沟、水池）以及外部绿化工程；铁路专用线、厂外道路、码头等建设工程。

安装工程包括：主要生产建设以及辅助生产等单项工程中所需安装的电气、自动控制、运输、供热与制冷等设备及装置的安装工程；管道安装及管道衬里、防腐、保温工程；管线（如供电线、通信线等）的安装工程。

建筑安装需要大量人工工时和材料。材料包括构成工程实体的材料、构件、成品、半成品材料；为了完成建筑工程和安装工程所需的周转性材料；施工工地临时围墙所用材料；施工机械和运输工具使用过程中所需要的燃料和其他附属的材料；施工企业为了组织和管理生产而建造的生产、生活所需的临时设施材料。

2.3.2 建筑安装生产主要流程

建筑安装工程生产周期长，耗费大量的人力、物力和财力。建筑安装工程生产全过程还要受到工艺流程和生产程序的制约，使各专业、工种间必须按照合理的施工顺序进行配合和衔接。建筑安装工程施工活动的顺序是固定的，必须服从力学自然规律，从基础、框架到设备，然后装修。建筑安装施工的流程见图2-1。

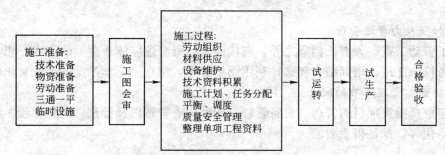

图2-1 建筑安装施工流程示意图

2.3.3 建筑安装生产管理特点

由于建筑安装生产的固定性、类型的多样性和体形庞大等三大主要特点，决定了建筑安装生产的特点与一般工业产品生产的特点相比较具有自身的特殊性。其具体特点如下。[①]

---

① http://www.studa.net/Constructs/080910/14543571.html

1. 建筑安装生产的流动性

一般的工业产品都是在固定的工厂、车间内进行生产，而建筑安装生产是在不同的地区，或同一地区的不同现场，或同一现场的不同单项工程，或同一单项工程的不同部位组织工人、机械围绕着同一建筑安装进行生产。因此，使建筑安装生产在地区与地区之间、现场之间和单项工程不同部位之间流动。

2. 建筑安装生产的单件性

一般的工业产品是在一定的时期里、统一的工艺流程中进行批量生产，而具体的一个建筑安装应在国家或地区的统一规划内，根据其使用功能，在选定的地点上单独设计、单独施工。即使是选用标准设计、通用构件或配件，由于建筑安装所在地区的自然、技术、经济条件不同，也使建筑安装的结构或构造、建筑材料、施工组织和施工方法等要因地制宜地加以修改，从而使各建筑安装生产具有单件性。

3. 建筑安装生产的地区性

建筑安装的固定性决定了同一使用功能的建筑安装因其建造地点的不同必然受到建设地区的自然、技术、经济和社会条件的约束，使其结构、构造、艺术形式、室内设施、材料、施工方案等方面均各异。因此建筑产品的生产具有地区性。

4. 建筑安装生产周期长

建筑安装的固定性和体形庞大的特点决定了建筑产品生产周期长。建筑产品体形庞大，使得最终建筑产品的建成必然耗费大量的人力、物力和财力；建筑安装的生产过程受到工艺流程和生产程序的制约，使各专业、工种间必须按照合理的施工顺序进行配合和衔接；建筑安装地点的固定性，使施工活动的空间具有局限性，从而导致建筑安装生产具有生产周期长、占用流动资金大的特点。

5. 建筑安装生产的露天作业多

建筑安装地点的固定性和体形庞大的特点，决定了建筑安装生产露天作业多。因为形体庞大的建筑安装不可能在工厂、车间内直接施工，即使建筑安装生产达到了高度工业化水平的时候，也只能在工厂内生产设备部分的构件或配件，仍然需要在施工现场进行总装配后才能形成最终建筑安装。因此，建筑安装的生产具有露天作业多的特点。

6. 建筑安装生产的高空作业多

建筑安装体形庞大，决定了建筑安装生产具有高空作业多的特点。特别是随着城市现代化的发展，高层建筑物的施工任务日益增多，使得建筑安装生产高空作业的特点日益明显。

7. 建筑安装生产组织协作的复杂性

由上述建筑安装生产的诸特点可以看出，建筑安装生产的涉及面广。在建筑企业内部，它涉及工程力学、建筑结构、建筑构造、地基基础、水暖电、机械设备、建筑材料和施工技术等学科的专业知识，要在不同时期、不同地点和不同安装上组织多专业、多工种的综合作业。在建筑企业外部，它涉及各不同种类的专业施工企业、城市规划、征用土地、勘察设计、消防、七通一平、公用事业、环境保护、质量监督、科研试验、交通运输、银行财政、机具设备、物质材料、电、水、热、气的供应，劳务等社会各部门和各领域的复杂协作配合，从而使建筑安装生产的组织协作关系错综复杂。

2.4 运输生产特点

运输是一个庞大的体系，包括海运、空运、铁路和公路运输，涉及机场、港口、仓储管理，与远洋船运公司、航空公司、物流公司、货物代理公司业务相关。可分为客运和货运，货运又有大宗矿物、煤炭、石油的运输，有集装箱运输、零散货物运输等。货运有海运、空运、铁路、公路运输，虽然运载工具不同，但共同点都是利用运载工具将货物运达目的地。它们都需要购置、维护运输工具。海陆空运输各有特点，各自都形成了专门的管理理论和实践。

工业生产离不开货物运输。现代化大工业生产的发展促进了生产专业化，分工越细，越需要各行业之间的协作，一个最终产品，往往是几百家、几千家企业通力合作的结果，这期间少不了原料、材料、半成品及产品的运输。

国际长距离运输一般选择海运和空运，大宗、沉重的物资选择船运，轻便、少量、急用的药品、高档鲜活食品、精密仪器选择空运。铁路线覆盖的地方选择铁路运输。我国国内长距离的石油、煤炭、机械设备运输大部分都采用铁路运输。与公路相比，铁路运输经济、安全、运量大。但是，铁路受到铁路线和车站的限制，货物往往不能到达指定地点，此时，公路运输是必要的补充。公路运输以其机动灵活的特点成为中短距离运输的首选，也是长距离铁路运输、船运的延伸。货物到达港口车站后通过公路分发到目的地。

运输涉及面很广，本书只通过铁路和公路运输展示运输生产管理的特点。

2.4.1 公路运输

公路运输依赖于公路网。我国在计划经济时期就建成了国道、省道、市县三级公路网，国道是跨省的主要公路干线，改革开放以后，除了加强偏远地区的公路建设以外，主要发展了高速公路。

值得一提的是，高速公路是美国人的创新，美国高速公路是国家修建，免费使用。我国引入了新的高速公路管理模式：利用民间资本和贷款修路，高速公路管理公司管理，收费还贷模式。实践证明，此管理模式是成功的，它促进了我国高速公路的快速发展。短短10年间，北京就修建了八达岭高速、京承高速、京石高速、京津塘高速、京沈高速、京沪高速、京开高速，正在修建的还有京四高速。2008年全国高速公路里程6万公里，国道3.5万公里，公路通车总里程已经达到357.3万公里。其中高速公路发展最快，占世界第二位，第一的美国有高速公路里程10万公里，修了将近50年。我国仅用了20年的时间。到2020年，规划高速公路里程到达12万公里，可能居世界第一。"十五"规划的"五纵七横"公路国道主干线，以及45个公路主枢纽、130个公路集装箱中心站和中转站、18个铁路集装箱中心站、43个主枢纽港口已经建成。西部开发8条省际通道建设已完成总量的80%；苏通长江大桥、杭州湾跨海大桥、舟山岛工程西堠门大桥相继合龙。

任何事情都是有利有弊，收费高速公路模式促进了公路的修建，但增加了运输企业的负担，目前，高速公路收费标准是按具体路段由发改委制定的。有的高速公路过了收费期还在继续收费。另外,收费排队,限制了高速的通过能力,特别是在节假日交通高峰时段,特别影响通过能力。随着高速公路的建设到达一定程度,国家应该逐步取消收费公路,进入用纳税人的钱修路、养路,人民免费使用阶段。现在,海南省的高速采取的是免费模式。免费模式进出都没有关卡,避免了收费口排长队的现象,提高了高速公路的利用率。

公路运输的另一个重要方面就是卡车和集装箱,近年来我国的汽车业有了长足的发展,货物运输的集装箱卡车运输已经相当普及。但是,与美国相比,集装箱卡车还缺乏标准化。在美国,几乎是清一色的标准集装箱卡车(trailer),集装箱和车头可以分解,车头放下这个车厢,立即可挂另一个车厢,提高了卡车的利用率。车厢上一头是固定的8个轮子,另一头两个腿,腿在挂车时起固定作用,卸下来时起支撑作用。火车也专有配合这种集装箱的车体。现在我国也有了这样的集装箱卡车,但是还不普及。我国目前使用的货运卡车杂七杂八,各种类型都有,这样就使制造和维修成本都会上升。

2.4.2 铁路运输

改革开放后,铁路的管理体制没有发生大的改革,主要是取消了铁路分局这个中间管理层。现在的管理体制表面上看与计划经济时期没有变化,还叫铁道部,下设铁路局、站、段。但是,观念上已有了实质的改变,积极应对公路运输的竞争及日益增长的客运和货运需求压力。

铁路系统是规范的生产管理的典范。铁路的管理机构是铁路局,全国有18个铁路局,如北京局、沈阳局、哈尔滨局、郑州局、武汉局、成都局等。铁路局下设几个段,每个段分管一部分铁路基层管理,如工务段、机务段、电务段、客运段、货运段、公安段等,工务段修路,机务段负责机车的运转,电务段负责信号的维护,客运段负责卖票、服务人员管理,货运段处理发运货物、编组货车,公安段负责铁路公共方面的安全。各基层段在统一的全国列车运行图下各负其责,分工合作,保证每一趟列车都安全、正点到达指定路段。

我国铁路运力和运量的矛盾一直很突出。解决这一矛盾的方法:一是修铁路,二是提速。我国铁路营运里程已经达到8万公里,经过了6次大提速。第一次,1997年4月1日,开行最高时速140公里的40对快速列车和64列夕发朝至车;第二次,1998年10月1日,最高时速达到140公里至160公里;第三次,2000年10月21日,重点是亚欧大陆桥陇海、兰新线、京九线和浙赣线;第四次,2001年11月21日,实施新列车运行图,全国铁路实行联网售票;第五次,2004年4月18日,开行19对直达特快列车,部分列车时速200公里;第六次大提速以动车组、直达特快、夕发朝至列车为重点,进一步提高客运服务水平,打造了铁路快速客运新品牌。其中,最突出的亮点就是开行时速200公里以上的动车组列车。现在,许多大城市之间都有夕发朝至列车。最早北京到新疆的列车需要一周时间,现在仅用2天时间,大大提高了运输效率。提速并不是简单地开得快一点,要火车跑得快,要有强大的牵引力和足够的制动力,动车组就是每节车厢都有制动力。高速度对铁轨造成巨大冲击,铁轨承受能力需要加强,转弯半径需要改造。

2008年,我国第一条城际高铁——京津高铁通车,标志着我国进入高速铁路时代,北京到天津仅需半小时。目前规划中的高铁有北京到上海、北京到沈阳等线路。

从铁路的发展看到，解决生产问题一是管理体制要适应行业生产的要求；二是必须扩大生产系统能力；三是采用新技术。就管理体制来说，铁路系统适合集中化管理体制，计划经济时期延续下来的铁道部的管理体系比较适合铁路的管理。即铁路系统内部要计划占主导，列车才能按时按点运行。当然，在外部，要适应市场经济的需要，积极面对来自公路及方方面面的竞争和压力。缓解运力紧张的矛盾很简单，就是修路、提速，借用到生产领域，就是扩大生产能力、提高生产效率。

运输还有航空、水运和管道运输。近年来，我国航空事业得到了空前的发展。1990年前后，在我国坐飞机旅行是高级别干部的事情。现在，很多家庭条件好的学生都乘飞机回家。我国航空业发展之快谁也没有预料到。北京奥运会前夕，首都机场2号航站楼刚交工不久，马上就修建了3号航站楼。目前，我国主要城市都建有现代化的机场。

水运从港口发展可见一斑，目前，在渤海湾地区拥有亿吨大港4个，即大连港、秦皇岛港、天津港、青岛港，分别地处辽宁省、河北省、天津市和山东省。其中，秦皇岛港以煤炭为主，大连、天津和青岛市在城市未来规划中提出建设我国北方航运中心和集装箱枢纽港。环渤海湾地区中小港口，如营口港、沧州港（黄骅港）、唐山港、烟台港、日照港、丹东港、威海港、锦州港、龙口港等，发展迅速，形成了渤海湾港口群发展的新亮点。有的港口吞吐量逐年大幅攀升，直逼亿吨大港。2008年，我国港口（不含台湾和港澳地区）货物吞吐量完成58亿吨，集装箱吞吐量完成12 626万标准箱，连续三年位居世界第一。有10个港口的吞吐量已超过亿吨，上海港吞吐量跃居为世界第一大港。我国已建成煤炭、原油、矿石、集装箱四大货种的专业、高效、运输系统，以及环渤海、长三角、东南沿海、珠三角、西南沿海五大地区的规模化、集约化港口群体。初步测算，我国沿海港口每百万吨吞吐量可创造1亿元以上的GDP和2 000多人的就业机会。渤海湾港口群分处三省一市，辐射面广，因此，推进渤海湾港口群的持续良性发展具有重要的战略意义。

2.4.3 运输生产主要流程

运输生产过程是指从准备运送货物开始到将货物送达目的地为止的全部过程。运输生产的全过程可划分为运输系统建设和维护过程、运输计划和准备过程、运输系统运转过程、运输服务过程。①

1. 运输系统的建设和维护过程

运输建设和维护过程往往被人忽视，因为铁路的建设和营运是分别进行的。现在，铁路的建设归铁道部统一管理，而公路建设与运输公司分别属于不同企业。这样的管理体制，表面看起来似乎公路运输与公路建设无关。但实际上，公路运输也很依赖公路网和路况的好坏。近年来，重量级卡车将道路、桥梁压坏，国家就治理卡车超载。其实，本质的原因还是道路和桥梁的建设水平赶不上卡车运输的需要。路和桥都按50吨级的标准修，20吨的车怎能压坏？我国已经基本形成公路网络，现在尤为重要的是公路的保养维护。

---

① http://www.buildbook.com.cn/ebook/2007/B10042396/6.html

除了路还有车，车辆归运输公司自己管理，一般采取承包责任制，车况有保证，车辆安全和运输任务就有保证。

2. 运输计划和准备过程

运输准备是指在运送货物之前所进行的一系列物质、技术和组织准备工作。在这些工作中，有些需要在运输之前做较长时间的准备，如运输经济的调查与预测、营运线路的开辟与确定、运力配置、班期安排等；运输计划则是经常性、不间断进行的工作，如货源的组织与落实，营运车辆和装卸工具的准备工作，装卸工艺的设计以及车辆运行作业计划的制订等。铁路列车的计划非常严格，京广线上，每分钟都有列车驶过，如何将几百列车比较密集地跑起来，单轨对面来车不能碰头，双轨同向行使慢车要避让快车，在运动中互不干扰，就要编制列车运行图表。将铁路分成若干路段，每一段两端有信号控制，同一时刻，路段上只能有一辆列车行驶。对所有运行的列车，规定好了它们在一系列路段上的行使或停留时间区间，就构成了列车运行图表。

3. 运输系统运转过程

铁路列车的运输过程就是严格落实运行图表的过程。列车只能正点不能早点，没有信号不能进入下一路段，只能等待，晚点的列车按调度执行，有条件赶上来，继续按计划图表行使，赶不上来的，要避让正点列车。要完成这一过程，需要几十万人通力合作，修路的、调度的、开车的、装卸货物的、买票检票的等。

从货物角度讲，运输过程是指货物从起运地至到达地实现空间位移的全过程。它可分为验货装车，车辆负载按规定线路、站点行驶，货物卸车交接三个主要环节。运输生产过程是构成运输过程的主体，也是核心过程。因为只有货物在途运行这一段时间才是货主的运输消费时间，才是运输企业创造运输工作量、取得营运收入的生产时间。

4. 运输服务过程

运输服务过程是指为基本运输过程和辅助运输过程服务的各种运输服务活动。如维修用的原材料及工具设备等的供应和保管工作。

运输过程的各个组成部分是相对的，它们之间既有区别，又有联系，成为运输生产过程的有机整体，共同完成货物运输任务。其中运输计划过程在整个运输过程中处于主导地位，是运输企业生产过程中不可缺少的部分。

2.5 服务业运作特点

服务业可分为生产服务和生活服务两大类。供电、供水、供气、通信生产生活都需要，而生产需要量更大一些。供电、供水涉及面广，又称作公共服务。企业将其划为生产服务。这几个方面的社会需要广泛，成就了电力工业，由电力公司管理，供水由水务局、供气由天然气公司、通信由通信公司管理。它们的生产管理专业化程度高，其建设和维护覆盖了整个社会的网络，有自然垄断的特点，即独家经营效率较高，一家先入为主，建设了网络，另一家很难进入。所以，公共服务缺乏竞争，经营者可能没有积极地降低成本，也可能滥用垄断权力，获得超额利润。公共服务关系到大众利益，政府补贴运营和政府定价运营是经常的，应在政府和大众的监督下运营。

生活服务有餐饮酒店、商业、旅游、娱乐等，下面略作展开。

2.5.1 餐饮酒店运作管理

餐饮企业一般单一经营餐饮服务，而酒店既有餐饮服务，也提供住宿服务。酒店更具代表性。下面以酒店为主讲述。

1. 酒店的发展历程

酒店业是中国发展最迅猛的服务行业之一。在数量众多的酒店中，大多数是单体酒店，主要依靠出租客房和床位来创收，缺乏现代网络营销技术与管理。90 年代后，中国酒店业虽然经历着由单体经营向集团化经营的转化，但仍然处于高度分散的状态。事实上，中国酒店业虽然在规模和技术水平上已经得到了快速发展和提高，但过度分散的产业结构已经严重限制了产业的发展，由于产业利润空间十分狭小，企业的创新和发展受到限制，进而影响到产业的可持续发展。另一方面，中国入世以后，国际酒店集团加快了对中国市场的渗透步伐，这些国际知名酒店品牌网络发达、经济基础雄厚、技术和管理方法先进。有关统计资料显示，国际酒店集团在中国管理的酒店数为 14%，却占有利润的 81%。显然，我国的酒店管理水平有待提高。

国有酒店方面，我国的国有酒店群体一直扮演着辅助角色，无论是早期的政务与商务接待、内部人员培训、疗养，还是旅游市场发展起来以后为旅游者提供住宿与餐饮服务。90 年代中期及以后，这一状况发生了变化。在资本的推动下，众多大型企业集团都把酒店集团化整合放到一个比较重要的位置，并进行相关的战略布局，从总体上推动国有酒店业向产业集群转化。

20 世纪 40 年代末期，欧美诞生了酒店集团，按照其发展规模和管理方式划分，大体经历了连锁经营阶段、特许经营阶段、兼并收购阶段，并正在经历着多元化经营的跨国集团发展阶段。

1) 连锁经营阶段

连锁经营形式是所有子公司属于同一资本所有、经营同类商品和服务、由母公司统一进行集中管理的经营方式。酒店连锁经营是经营绩效较好的酒店为取得更大市场获利机会而直接在异地投资建设酒店来扩大企业规模。连锁经营形式最初主要是铁路公司为了保证并不断扩大旅客运输业务在铁路沿线建造并经营一些连锁酒店，这些酒店主要接待来往旅游者，并形成了在规模、设备、服务上大致相似的酒店系统。随着民航业的发展，又出现了航空公司建立的连锁酒店。这些酒店使用统一的名称、同样的标志及统一的经营管理规范和服务标准。

2) 特许经营阶段

以斯塔特勒为代表的直接投资的扩张形式在第二次世界大战后蓬勃发展的大众旅游时代已无法满足酒店业的规模经济化。20 世纪 50 年代，假日集团的创始人凯蒙斯威尔逊和华莱士约翰逊将特许经营制引入酒店业，开创了酒店业的特许经营时期。特许经营通过特许权所有者向受权人提供特许经营权利，并在组织、经营和管理方面提供支持，使受权人加入到酒店集团中。通过契约关系，以极少的投资迅速占领市场。集团的品牌、管理模式、销售网络等无形资产价值可以实现酒店集团扩张的低成本和高利润。假日集团在短短几年内的迅速扩张证明了利用特许经营方式建立酒店集团的可行性，并一直作为酒店集团成长的主要方式。

3）兼并收购阶段

伴随着特许经营形式，兼并收购形式也于20世纪五六十年代开始出现。进入80年代后，其成为集团扩张的一个重要形式，出现了业内集团的进一步垄断化趋势，大型酒店集团通过兼并收购小的、新的集团使自己拥有不同价位的不同品牌。通过集团共享，在组织机构、成本、技术等方面具有不可衡量的实力。

4）跨国集团发展阶段

20世纪中期出现的特许经营、管理合同等集团扩张形式的应用使得酒店克服了酒店产品无法移运所造成的国际市场拓展方面的困难。因此，酒店集团的国际化经营发展迅速，尤其是进入90年代以后。欧美著名酒店集团纷纷向亚太地区扩张占领全球市场，形成酒店业的全球一体化。

相比之下，我国的酒店集团起步较晚，兴起于改革开放以后，大致经历了吸收借鉴、发展创新两个过程，具体可以划分为三个阶段。

(1) 开放引进阶段（1978—1987年）。

1984年，国务院批准了国家旅游局《关于推广北京建国酒店经营管理方法有关事项的请示》，我国酒店业开始实现向现代经营型酒店的过渡。1987年，国家旅游局正式颁发了关于发展国营酒店管理公司1987［40］号文件，这些相关文件的颁发及各项优惠政策的执行，促进了我国酒店集团的迅猛发展阶段之大规模的模仿阶段的到来。

(2) 吸收模仿阶段（1988—1997年）。

进入90年代，我国开始涌现出一批具有一定规模、经营业绩参差不齐的国有酒店集团。这些国产酒店集团或管理公司凭借其了解国情、占据地利、崇尚人和、收费适中、成本低廉、沟通便利等先天优势，逐渐占领并巩固了中国内陆城市和沿海中小城市的酒店市场，并为中国内陆城市和低星级酒店的现代化管理和集团化管理进程立下了汗马功劳。

(3) 推陈出新阶段（21世纪初期）。

各界人士达成共识：根据强强联合、优势互补、公平竞争和优胜劣汰的市场规律，打破条块分割的格局，依托一部分影响较大或经营状况良好的酒店集团，组建一批中西合璧、古今交融的超级酒店集团，是我国酒店集团实现"二次集团化"并在21世纪的酒店市场竞争中站稳脚跟的必由之路。

从中外酒店的发展可以看出，单体酒店已经很难生存。因为，人们对酒店服务质量的要求不断增长，提高服务档次就需要较大的投资，要收回投资，要有客人入住，这需要广告宣传、需要预约网络，单体酒店独自承担这些费用负担太重。集团化后，分布在各地的多家酒店共同承担广告、网络服务费用，并且容易打出品牌。

2. 酒店的发展前景

酒店分为商务酒店、高端酒店、度假型酒店、经济型酒店，各自发展态势分别如下。

1）商务酒店竞争激烈

根据国家旅游局的统计，进入21世纪以后的中国商务旅游消费正在以每年20%的增长率持续扩大自己的市场基础。为了占有更多的商务旅行市场份额，国际知名的酒店集团和国内都市区域的单体酒店正在给自己的企业注入更多的商务元素。如国际酒店管理公司开始引入其品牌谱系中更多的高端商务品牌，国内的管理公司则试图通过品牌延伸或规模扩张的方式寻求更多的商务旅游市场份额,一些在区域市场上知名的单体酒店也在抓紧制订自己的集团化运营方案,以期能够借助更多的客源和资源优势培育新的战略增长点,而更多的酒店则在改变酒店内部的产品线,特别是提供有针对性的功能齐全的商务楼层。正是上述不同运营主体的进入和扩张使得中国商务酒店市场在发展初期就面临着极为剧烈的竞争压力。

2) 高端酒店增长势头强劲

国内按四五星级标准在建或已建成并将在2010年前投入运营的酒店有1 057家,其中五星级标准的就有507家。随着宏观调控政策对住宅地产开发的影响不断明显,预计将会有更多的资本分流到高档酒店物业开发。

3) 度假型酒店前景看好

随着汽车关税的降低和轿车国产化水平的提高,轿车进入家庭的步伐还会加快。在这一背景下,沿高速公路一线有可能成为酒店业态创新的增长点。度假型酒店业有从边缘状态向中心转移的趋势。经济的发展必然带来消费的升级,随着旅游休闲的观念逐渐深入人心,旅游消费业势必成为消费升级的必然之选,度假型酒店在不远的将来很可能会成为资本市场追逐的对象。

4) 经济型酒店方兴未艾

据中国酒店协会的调查报告显示,"2006年经济酒店平均出租率下降约7%,平均门市价下降119元",这是数年来,经济型酒店市场首次出现出租率和门市价双下跌。经济型酒店市场在吸引越来越多资本进入的同时,其竞争业日趋激烈,为了进行差异化竞争,众多商家开始在细分市场上寻求突破。

2.5.2 商业管理特点

商业为人民提供各种各样的商品,中国计划经济时代商业系统建制齐全,各市县有商业局,下属百货公司、五金公司、食品公司、日杂公司、煤炭建材公司,还有大众看不到的三级批发站。在农村,建有供销合作社,负责收购和销售农民需要的生活用品和生产资料。

改革开放以后,只有大城市的百货公司幸运地保存了下来。地方上的商业体系没有经受住市场的冲击,除了个别批发企业和有些地方的供销社,统统让位于个体经营者。市场繁荣的同时也有几分混乱。市场经济催生了专业化经营的商品市场,如白沟的箱包市场,北京木樨园服装市场,各地都有的建材市场、蔬菜批发市场。商品集散市场基本上取代了三级批发,个体经营部分取代了百货、五金、食品等公司的门市。现在,大城市都规范到室内经营,如超市和家电专营店的兴起。

这两种方式通过集中采购降低成本,且因采购批量大,与厂家有谈判优势,与厂家形成利益共同体。

2.5.3 服务业运作管理特点

1. 酒店管理要点

1) 大力发展经济型酒店、主题型酒店

随着国内大众旅游的兴起,酒店市场呈现出新的变化特点;国内游客市场规模逐渐壮大，成为我国酒店市场的主体之一；休闲度假旅游的兴起使消费者对度假型酒店需求日益增长，传统的城市型酒店已经不能有效满足其特质需求；消费者更加追求个性张扬，对差异化的酒店产品倍加推崇。因此，必须因势利导，大规模投资开发经济型酒店以占领国内旅游者市场、中档消费者市场，针对性地开发主题酒店以有效满足不同类型宾客的需求。

2) 重点开发特色产品项目

在具体项目开发方面，酒店要依托其自身的资源优势开发具有差异性、创新性的特色产品项目作为其吸引市场的亮点与卖点，以塑造产品的比较竞争优势，如热带地区的酒店可开发水吧、滑水道、大型游泳场等项目；有温泉资源的酒店可以将温泉与景观相结合，让顾客体验文化的独特魅力；在手工艺发达地区的酒店可以开发顾客参与制作工艺纪念品的项目，既给人全新的劳动体验，又避免了旅游纪念品千人一面的状况；有饮食特色的酒店可以开辟现摘、现学、现做的烹调学习活动。

3) 努力打造高品位、个性化的服务

酒店在服务质量控制上应坚持规范化、标准化与个性化的和谐统一，应重点提高个性化服务水平：酒店应将个性化服务制度化、长期化；强化个性化服务培训的力度，在员工心目中树立个性化服务理念，提高其个性化服务能力；建立旨在规范个性化服务质量的监督部门，加强服务检查督导和经验总结。

4) 建立信息网络体系

应重点建立自己的预定网，并加入全球预定网络，加大对高科技技术与设备的投入与宣传。

5) 利用信息技术，加强内部管理

应用信息技术打造管理与营销平台网络，增强集团的凝聚力和竞争力。内部管理体系、市场推广与营销体系及服务体系形成统一体。以酒店管理公司为平台，建立连锁经营体系和分销网络体系，从单一营销到整体策划包装营销，从分头突破到集中攻关，降低营销成本，扩大市场影响力；整合内部资源，实现内部企业的物流统一配送，降低采购成本。

6) 实现多元化发展，构建酒店品牌

有选择地将企业有限的资金用于有发展前途的业务领域，实行多元化经营。多元化经营要求酒店企业同时涉足多个产业领域，实施多种产品和业务的组合经营。酒店可以集中优势资源与核心业务项目，选择与自身品牌、档次、组织文化等匹配的外包商，外包不属于其核心业务的经营项目，以利用外包商的技术、经营经验、成本等方面的优势，转移经营风险，满足顾客的多元化需求。一是根据实际，开发、培育不同的服务产品，突出特色，打造系列品牌；二是通过特许经营、委托管理等方式，输出品牌、输出管理体系、输出管理人才，实施网络布局；三是总结和积累经验，加大委托管理、特许经营的市场开发力度，寻求适合自身发展战略的酒店和合作伙伴。

7) 重视员工管理，提升服务质量

唯有满意的员工才能创造忠诚的顾客。酒店如果希望为真正宾客创造愉快的经历，使宾客成为酒店的忠实顾客，必须首先使全体员工都感到满意，热爱自己的工作，只有这样，员工才能把顾客当作"上帝"。如有的酒店集团定期给员工发放笔和纸，让他们把对酒店的建议写下来，不定期地邀请部分员工和最高管理阶层在一起沟通交流，组织中、下层管理人员到远离城市的乡村参加有利于情感沟通的游戏和活动，为每个员工过生日，邀请其他员工参加，给员工较多的学习和深造机会，等等。如此，员工对企业越满意，酒店质量自然就会提高，酒店的信誉、形象就会变好，久而久之，则有利于实现酒店集团品牌扩张的根本目标。

2. 商业管理特点

商业经营的关键有几点。

1) 选址很重要

地址不同的两个店，经营业绩相差很大。当然，选址制约因素太多，好的地段要么地价太高，要么被人占用。综合考虑，沃尔玛传统上选择大城市的郊区，北京最早的沃尔玛店是石景山店，中国的国情有些特殊，后来进入城区的知春路店，最近的昌平店经营都很好。选址中要注意商业集聚现象。集聚以后，虽然相互竞争客源，似乎此消彼长，但是多数商业集聚区都繁荣起来。

2) 加强采购管理

商业不能断货。超市一般是集中采购，集中配送。也有分散采购的，因为超市的发展，吸引了一些厂家专门制造超市产品，厂家自己负责往超市配货，超市只需要与其保持联系就可以了。通常是集中和分散相结合。

3) 创造良好的购物环境

商业经营的重要任务是为顾客创造良好的购物环境。包括硬件环境和软件环境，服务人员要礼貌得体。

4) 百货分品牌经营

百货经营中的困难是商品的挤压，如果进货不对路，就造成了商品挤压，降价处理就赔钱了。为了分散风险，百货将店铺分配给某服装品牌，每月收取租金。租金可以由两部分组成，一部分是固定的，另一部分是按销售收入提取，一般是销售额度超过某个谈判的数额，按百分比收取。

5) 合理定价

定价是商家的学问。要考虑顾客的消费心理，将顾客群分为高端、中端、普通顾客。高端顾客买贵不买贱，采取优质优价策略。低端顾客买贱不买贵，要达到物美价廉。

6) 品种齐全

经营商业的一个要点是货全。由此理念产生了购物中心（Shopping mall），如北京金源购物中心。

案例

横跨矿业、复合肥、钢铁多个行业的农民企业家

周福仁是一个典型的中国传统式的名字，"福"这个字给周福仁带来了幸运，每当他遇到困难或在前进途中遇到阻力时，用他自己的话讲就是都会如有人相助一般顺利过关，可谓之福；仁，则是周福仁做人的立身之本，仁义之心、仁义之举、捐资助学、扶贫帮困、投资公益……不胜枚举。

在别人眼中，拥有60多亿元资产的老板的生活，绝对不是周福仁的真实生活，他最喜欢吃的不是龙虾，不是鲍鱼，而是猪肉炖粉条；他没有花园别墅，依然住在和村民一样的住宅里。周福仁不是一个天生的富翁，他所拥有的财富不是与生俱来的。他降生在一个穷山沟中，"种一坡、拉一车、打一簸箕、煮一锅，吃一顿、剩不多"是"穷"字的真实写照。早年丧父更使周福仁早早懂得了生活的艰辛，全家5口人一年只能收入百十元，他每天天不亮就要起床去打柴，放学回家还要割草喂猪。现今，当有人问起周福仁荣登中国大陆富人榜后有什么变化，他并无惊喜之色而是坦诚地说，"上了榜我还是舍不得吃，舍不得穿。"

"永不安分"的周福仁

周福仁是一个"不安分"的人，他的眼睛也总是向远看，他的脑子总是转个不停，他的双脚总是停不下来。他曾说，现在不是我带动企业发展了，而是企业的不断发展在推着我向前走、向前快走，推着我向前跑、向前飞跑。投资1.2亿元兴建锦州西洋时，从考察到签约仅用了15天。曾有人说，按常理都是年纪大的人担心年轻人冒失，西洋咋倒过来了，得年轻人担心年老的冒失。

投资9亿元在贵州兴建我国最大的复合肥生产企业就是最好的证明。仅仅在复合肥领域摔打了3年的"西洋"，从一个小弟弟一下子就成了龙头老大，人们不得不惊叹周福仁的魅力。当初在计划阶段，曾有晚辈们跪下苦求："大爷呀，那可是9个亿呀，100万吨咱上哪去卖呀，要是不成，我们不就全完了吗？"而周福仁却以其机敏的市场头脑、锐利的发展眼光、入情入理的分析、诚恳的语言完成了自己的壮举，实现着自己的诺言："企业要快速发展，不能等到条件具备了，要抢抓机遇，快抓机遇。"

周福仁现在又有了新的目标——登陆美国，他已经站在了奔向美国纳斯达克市场的战车上。他下一步要做些什么，只有他自己明白，他一心追求的就是发展，发展就是他永恒的追求，追求是永远无止境的。他说，人活100岁也难逢跨世纪，更何况跨千年呢，我都赶上了，我能干到70岁，还有时间干大事业，我要为社会创造财富。为自己安逸、享乐和名望而奋斗，这只是一时的，只有以事业的永恒发展为动力，才是永恒的动力。

"2006年，我们制定的'十一五'规划的总目标是：到2010年实现销售收入1 000亿元，实现利润和税收双双过百亿元。目标宏伟而艰巨，鼓舞人心，催人奋进，更体现出我们新增的勇气和自信。"这是周福仁向他的员工们作的2006年元旦献词。相信这个"永不安分"的富翁，会在自己的万里长征中，踏踏实实地走好每一步。

本 章 小 结

社会上的各行各业都在不断建设和完善自己的生产和服务系统，每个行业都有自己的特色。本书试图从更大的视角看待生产，更具体地分析服务。

农业生产极大地依赖于土地和气候资源，农业劳动复杂，有些环节很难使用机械化，农产品本身很难形成差异化，提供者数量多而分散，竞争激烈，农产品价格一直偏低，导致农民收入较低。很多农民走出土地，进入城市。农业生产周期长，品种决策困难。农业的根本出路是现代农业。现代农业的特点是，集约经营、机械化、新品种、新技术。集约化的方式有多种：合作社的形式、公司加农户的形式、农业经纪人的形式、农机联合体的形式。现代农业关系到全国人民的吃饭问题，国家补贴发展农业科技、政策扶持、调动农民的积极性是必需的。另外，要下力气发展生态农业，提高农民素质和技术水平。

　　矿业冶金工业生产的特点是生产依赖资源，生产环节多，战线长，技术复杂，生产系统的建设和维护十分重要。

　　生产系统的建设需要建筑安装生产。建筑安装生产有流动性、单件生产、生产周期长、露天作业、高空作业、施工组织复杂等特点。建筑安装涉及甲方投资单位、乙方建设单位、设计单位以及第三方监理单位，生产管理复杂，协调困难。建筑安装采用项目管理模式。重点工程都采取有资质的建筑公司总承包模式。

　　货物运输是一个庞大的体系，包括海运、空运、铁路和公路运输，涉及机场、港口、仓储管理，与远洋船运公司、航空公司、物流公司、货物代理公司业务相关。本书通过铁路和公路运输展示运输生产管理特点。

　　公路和运输公司是分开经营的，但是，公路运输的车和公路应该是一体化的。没有路网就没有便捷的公路运输，两者是互相促进的。我国国道和高速公路网络的形成为公路运输的发展奠定了坚实的基础。除了路，货源的组织、装卸、车辆的维护、调度都是公路运输管理要注意的问题。集装箱运输的普及，提高了运输效率，进一步提高效率要求使用标准化的集装箱卡车。

　　中国铁路是稳健改革的典范。在名称、管理机构没有大的变化的情况下，改变经营观念，通过技术创新，6次提速，基本上满足了国民经济发展的需要。同时，铁路又是管理分工协作的楷模，通过严格的分工，工务段、机务段、电务段、货运段、客运段有机配合，在全国统一的运行图下，保证每一趟列车有序快速、安全、正点运行。客运专线、高速铁路的开通，标志着我国进入高铁时代。

　　酒店服务是服务业的一个重要部分，酒店既有餐饮也有住宿服务。酒店的发展经历了单体经营、特许经营、集团化经营阶段。酒店的巨大投资需要有实力的酒店集团承担，提升品牌的广告支出，全球的预订系统都要求集团化经营。现在的形势是，商务酒店竞争激烈，高端酒店增长势头强劲，度假型酒店前景看好，经济型酒店方兴未艾。

　　商业的发展一度由集散市场加个体经营模式取代了计划经济时期的批发加专业化公司模式。

 讨论题

1. 如何解决农业生产劳作辛苦而农产品价格偏低的问题？
2. 什么是农业生态建设？它的意义是什么？
3. 矿业冶金生产与制造业生产有哪些不同？
4. 如何理解公路网络在公路运输服务中的意义？
5. 为什么说铁路是劳动分工与协作的楷模？
6. 什么叫商业模式？

第 3 章

本章学习目标
1. 理解生产和服务选择的定义；
2. 了解生产和服务选择的程序和方法；
3. 了解生产与运作系统设计的原理；
4. 了解生产与运作系统建设的一般程序；
5. 了解生产与运作系统运行准备应注意的问题。

生产与运作系统的选择与建设

顾客是企业生存的基础。只有顾客愿意为企业的产品和服务付款，产品和服务才能转化为财富。因此，顾客的需求和购买力决定了产品和服务的价值。产品和服务的选择正是为了满足顾客的需求和潜在需求。选择决策就是发现需求、创造需求和满足需求。

创新贯穿于产品和服务的选择全过程，创新有多个方面，包括：创造一个从来就没有的产品或服务项目，较大地降低已有产品和服务的成本，创造一种新的商业模式，使各方面都受益。创新是合理配置资源、创造经济效益、增加社会财富的强有力手段。

3.1 生产与服务选择

产品和服务选择需要从行业选择入手，摸清行业现状，接着做市场预测、市场划分，最后选择产品和服务项目。分析行业产业链各环节，根据自己的资金和技术实力，选择切入点。如石油行业，从勘探开发、炼油、石油化工到油品销售，产业链很长。作为后起之秀的中国海油，先做勘探开发，后来逐渐投资炼油、液化天然气业务，2009年，得到了油品销售业务经营权。民营企业资金少，首先选择投资少、技术相对简单、风险小的环节，如安东石油公司，先选择开展石油勘探开发中的技术服务业务。

3.1.1 生产与服务选择的宏观程序

产品和服务的选择程序包括宏观选择程序和具体项目选择程序。宏观选择程序见图3-1。

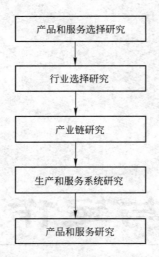

图3-1 宏观选择程序

3.1.2 生产与服务项目选择程序

具体生产和服务项目选择要经历信息搜集、策划、风险分析、运作、技术准备等程序。程序也就是项目的选择过程，即淘汰许多不可行的项目，最后找到可行的项目。产品和服务项目的选择程序如下。

1. 生产和服务信息搜集

信息是一种珍贵的产品,但寿命有限,而且随着信息的广泛传播,其价值也随之降低。因此,搜集信息要及时准确。

在分析过程的最初阶段,搜集信息的主要作用就是"剔除"那些不符合企业发展目标的产品和服务,同时找到适合企业经营的产品和服务。

2. 生产和服务策划与开发

策划与开发是产品和服务决策的重要组成部分,是正确决策的首要保证;在产品和服务决策中居重要地位,对产品和服务的成功起决定性作用。策划从市场分析入手,选择合适的顾客群体,选择适合这个顾客群的产品和服务,找到适合企业运作又能满足客户要求的商业模式。接着,进入风险分析。

产品和服务策划的基础是信息,要准确及时地掌握行业政策信息和市场信息,使决策建立在坚实可靠的基础之上。政府行业政策对产品和服务影响极大,政府鼓励的产品和服务可以得到多方面的优惠。市场信息有原材料和产品价格,近年来,市场价格波动频繁,正确预测价格的变化趋势是产品和服务选择的关键。另一方面,产品和服务的策划需要分析自己的实力及可能获得的资源、好的市场机会,如果自己力所不能及,那么就不是自己的好机会。

3. 生产和服务的风险分析

机会与风险并存,风险分析就是抓住机会的同时降低风险,规避风险。产品和服务的风险有国家宏观政策风险、国内外法律政策环境风险、行业政策法规风险、市场风险、财务风险、技术风险几个方面。

1) 国家宏观政策风险

国家宏观政策风险包括:货币政策风险,财政政策风险,行业政策风险,地区发展政策风险,环保政策风险等。政策风险的发生主要是政策的变化,有利的变化会降低风险,不利的变化会增加风险。

2) 国内外法律政策环境风险

国内外法律政策环境风险包括:竞争对手知识产权,影响企业的法律法规,重大合同法律纠纷案件。

3) 行业政策法规风险

行业政策法规风险包括:行业准入政策,行业环保标准,行业技术工艺,行业其他政策。

4) 市场风险

市场风险包括:上下游产业链价值风险,上游原材料供给风险,产品服务供需变化风险,竞争格局风险。竞争格局包括:市场集中度,市场竞争的激烈程度,市场竞争的方式,进入壁垒等。竞争风险要考虑现有企业竞争力、技术与品牌优势、排他性联盟、用户对后进入者的认可程度等。

5) 技术风险

技术风险包括:产品结构和产品研发,市场开发能力,中高层管理人员知识结构经验,产品和服务质量水平,替代品的威胁。

6）财务风险

财务风险包括：产品和服务的偿债能力、现金流、赢利能力、核算及会计政策。财务分析要进行不确定性分析、敏感性分析和盈亏平衡分析，即在价格变动的基础上对各财务指标的影响分析。

4．生产和服务的运作

生产和服务运作过程大致分为九个阶段。[①]

1）客户规划与电话预约阶段

联系目标客户的第一步是准备好客户基本信息和联系人基本信息，更重要的是尽量掌握对方决策人的基本信息，这有助于推进产品和服务的进行。在客户的初步规划过程中，对潜在客户要加倍关注。为了节约费用，初步规划采取电话联系，如果有了初步的进展，可以预约面谈。

2）客户拜访阶段

在第一次正式拜访客户时，向对方提供一些本公司宣传产品、成功案例的材料，将有利于客户对自己的了解和认可。在了解客户端基础上，绘制客户内部组织结构图和内部决策角色关系图，进一步作出客户关系评估分析，在不断了解客户需求的基础上，有针对性地强化和客户的关系。

3）提交初步方案阶段

了解了客户对产品和服务档次和价格的要求，接下来就进入初步方案设计，设计一定符合行业标准，要有针对性，要反映出对客户需求的把握程度。要使顾客感觉到自身的技术和能力能够满足他们的要求。

4）技术交流阶段

为了确保技术交流达到预期效果，要事先准备好技术简报的相关PPT。展示的内容包括公司做的类似的项目，公司的实力、技术特长、技术团队等，并由有经验的技术权威讲解。同时，征求客户意见，进一步了解客户需求，如有必要，改进初步方案。

5）产品和服务评估阶段

一个出色的产品和服务评估方案是赢得评估小组认可的最大筹码。掌握多方面的信息，制定出竞争对手的优劣势分析表、影响因素分析表和强化客户关系的计划表，取长补短之后，才能使自己的方案好上加好，更胜一筹。

6）协议谈判阶段

谈判就是讨价还价，此阶段决定了提供给客户的产品和服务的档次及企业的利润空间。协议谈判的成果是拟订相关合同和协议条款。这一阶段，要求公司的法律顾问参与进来，以防止出现法律纠纷。

7）签约成交阶段

只要双方还没有签署书面的合同，产品和服务的销售就不算成功。这个时候市场部人员尤其要注意把握异常客户信息，把优质的客户服务坚持到底，以确保顺利签约并最终实现交易。

---

① http://blog.sina.com.cn/s/blog_4e8232050100atoq.html

5. 生产和服务中期公关

产品和服务中期公关就是经过产品和服务的前期沟通,已经有了合作意向,提交了初步方案,客户内部在评估产品和服务。企业此时若被动等待,则合作有可能落空。应该采取适当的措施,积极主动地寻找决策者或有影响力的人。赢得最终决策者是最直接的方法。

6. 生产和服务的技术准备

首先选择提供产品和服务的初步技术方案,技术选择要有一定的超前性,不要贪大求洋,要结合资金实力和拥有的人才情况综合确定。选定后,技术支持要贯彻产品和服务的始终。

7. 生产和服务的支撑

产品和服务的支撑非常重要,越来越多的客户开始把支撑基础视为产品和服务的一个关键考虑因素,很多企业的产品和服务成功也都归功于支撑基础的特色。因此,服务支撑要有针对性,要个性化,要超前。

3.1.3 生产与服务的选择决策

产品和服务选择的方法很多,主要集中在市场预测方法、技术经济分析方法、决策方法、风险评估方法。每个方法都已经是一个独立的学科,这里不展开讲述方法的本身,只讲述选择应注意的问题。

1. 预测方法

决策依赖于预测的准确性,技术经济分析需要预测许多参数,风险分析也需要预测风险因素未来的发展趋势。预测是产品和服务选择的基础,如果谁能准确预测某种产品和服务的原材料和产品的价格,那么决策就再简单不过了。可是,环境瞬息万变,预测是非常困难的,预测不准是必然的。例如,2000 年之前,几乎所有预测机构都预测原油价格会上涨,可很长一段时间就是涨不起来。直到 2000 年以后才有所增长,2005—2007 年一路走高到 100 美元/桶以上。

预测方法有定量方法和定性方法两类。定量预测是指依据过去发生的一组数据,假定这组数据的规律性会延续到未来一段时间,找到已有数据的规律,以这样的规律外推出未来这段时间的结果。显然,预测时段的规律与过去采集数据时段的规律相同或者接近,预测可能是准确的;如果不同,预测结果与实际可能会差距很大。另外,某个时间的结果是由于多种不确定因素导致的,定量预测很难全面考虑这些因素。因此,定量预测只作为定性预测的补充,作为决策的参考。定量预测方法有:时间序列分析(Time Series Forecasts)、趋势分析(Trend-long-term Movement in Data)、趋势分析考虑季节性(Seasonality)、经济循环周期(Cycle-wave Like Variations of More Than One Year's Duration)、不规则变异(Irregular Variations-caused by Unusual Circumstances)、随机变异(Random Variations-caused by Chance)、因果分析(Causes & Results Analysis)。定性预测方法主要有:高层主管意见(Executive Opinions)、销售人员意见(Sales Force Opinions)、消费者意见访谈(Consumer Surveys)、外人之意见(Outside Opinion)、德尔菲预测法(Delphi Method)、管理者及员工之意见(Opinions of Managers and Staff)。下面介绍德尔菲预测法。

德尔菲法又叫专家调查法。一般认为,德尔菲法要比一个专家的判断预测或一组专家开会讨论得出的预测结果好一些,一般用于较长期的预测。德尔菲法的程序和方法如下。

1) 成立预测小组

小组负责草拟预测主题、编制预测事件一览表、选择专家,以及对预测结果进行分析、整理、归纳和处理。

2) 选择专家

选择专家是关键。专家一般指掌握某一特定领域知识和技能的人。人数不宜过多,一般8~10人为宜。专家互不见面,与小组以信函方式单线联系,可避免当面讨论时容易产生相互干扰等弊病,或者当面表达意见,可能受到约束。

3) 阐明预测问题

根据预测任务,制定专家回答问题的提纲,说明作出估计预测的依据及其对判断的影响程度。

4) 预测程序

第一步,提出要求,明确预测目标,用书面通知被选定的专家。要求每位专家说明有什么特别资料可用来分析这些问题以及这些资料的使用方法。同时,请专家提供有关资料,并请专家提出进一步需要哪些资料。

第二步,专家接到通知后,根据自己的知识和经验,对所预测事件的未来发展趋势提出自己的观点,并说明其依据和理由,以书面答复主持预测的单位。

第三步,预测领导小组,根据专家预测的意见,加以归纳整理,对不同的预测值分别说明预测值的依据和理由(根据专家意见,但不注明哪个专家意见),然后再寄给各位专家,要求专家修改自己原先的预测,以及提出还有什么要求。

第四步,专家接到第二次信后,就各种预测的意见及其依据和理由进行分析,再次进行预测,提出自己修改的意见及其依据和理由。如此反复往返征询、归纳、修改,直到意见基本一致为止。修改的次数,根据需要决定。

德尔菲法与集合意见法相比,有三个明显的特点:一是匿名,不公开预测专家的姓名与职务;二是采用函询的方式,专家们不必集中到一起讨论,而是通过函件往来发表自己的意见和了解别人的意见;三是反馈,预测主持人将搜集到的各位专家的意见加以集中整理后,再反馈给各位专家,让专家们参照别人的意见不断修正自己的判断,经过数次反馈后,专家们的意见相对集中,预测主持人再进行统计分析,计算综合预测值,一般以平均数或中位数来表示专家意见的倾向性。

例3-1 用德尔菲法对未来10年原油价格的变化作出预测。

原油价格受到多种因素的影响,如供求关系、石油利益集团、主要产油国政局的稳定、金融炒作等,波动很大,实际上很难有一个简单方便的数学模型描述它。对于石油企业来说,预测石油价格变化可以采用德尔菲法。具体的做法是每年初或年末,采用专家调查法预测以后5~10年内的价格变动趋势。由于石油投资周期较长,往往投资回收期在10年以上,预测期10年以上才能满足实际需要,但是,很难保证长期预测的准确性。

在本例中,石油公司委托研究院进行专家调查,对未来10年内原油价格变化进行预测。选择的专家分布在中科院、高等学校、石油企业高管共 10 人。给专家发送的"征询函"的内容有：

征询的目的和要求，即要求专家预测 10 年原油价格变化趋势。

向专家提供一些必要的资料供预测时参考，主要有历年国际原油价格、原油生产数据、原油销售数据、数篇原油价格影响因素分析的论文。经过四轮征询，最后的结果专家的意见集中认为，5 年内国际原油价格不会有大的上涨，基本保持在 50～60 美元/桶，5 年后，有两种可能，一种是平稳上升，一种是波动上升。

2. 技术经济分析方法

技术经济分析将技术方案和方案的经济效果结合起来考虑。基本的步骤是：列出所有可行的技术方案，估计每个技术方案可能的投资、生产经营成本，计算每个技术方案的净现金流，根据净现金流计算方案的净现值、投资回收期、内部收益率等经济指标。考虑技术上的可行性、可靠性程度，结合方案的经济效果综合分析作出决策。

技术经济分析是可行性研究（Feasible Study）的重要组成部分。技术经济分析主要解决技术方案和经济效果的可行性问题。不过，技术经济分析和可行性研究有趋同的趋势，只是提法不同。重大的项目都要做可行性研究，研究结果形成可行性研究报告。下面结合首都博物馆新馆的建设说明可行性研究的基本内容。

1) 项目背景概况

主要包括项目背景资料、可行性研究报告编制的依据、项目预期目标、主要技术经济指标等。

2) 需求分析与建设规模

需求分析包括国内外博物馆概况介绍、需求情况、观众类型分析、参观人次预测等，建设规模方案必选和推荐建设规模。

3) 馆址选择

包括选址原则概述、具体地址方案比较分析，主要是北中轴方案和复兴门外大街方案的比较，选中复兴门外大街方案，该方案距离天安门 6 公里，北临长安街，地上道路宽阔，地下有地铁 1 号线，交通方便。并且，该土地已经被原机械部征用建设用地，多方面原因原拟建项目未能上马，市政府已经与国家机械局达成土地置换协议。

4) 建筑方案选择

包括建设指导思想、项目总体规划、建筑方案比选、建筑技术经济指标。指导思想是立足现在，面向未来，要求建筑具有现代气息和首都传统文化特色。总体设计构思是首都博物馆同时具有藏品陈列、保管、文化教育、学术研究的综合功能。设计要充分考虑周围建筑对本馆的影响。设计应考虑公共广场、绿地和综合服务设施。

5) 环境影响评价和节能措施

要求完成环境现状调查，对本馆的地下车库的尾气排放、厨房废气排放以及文物修复用的化学用品的污染作出合适的评估。节能方面要达到北京市节能型建筑指标要求。

6) 投资估算与财务评价

首都博物馆属于公益性建筑，不仅仅要考虑经济效果，还要考虑社会教育效果。从长远来看，社会对文化的需求有逐渐增长的趋势，就经济效果本身而言，至少要达到盈亏平衡。

3. 决策方法

决策方法是指人们在进行决策时所使用的技术和手段。决策方法的宗旨是处理复杂的信息，得出直观明了的易于判断的结果。根据是否有数值计算将决策方法分为定量决策法和定性决策法。定量决策法主要有线性规划法，即把要决策的问题用一个多元线性函数来表示，在满足约束条件的情况下，求函数的最大值或最小值。非线性方法，即当所决策的问题的约束条件和目标函数不全是线性时采用的数学规划方法。根据对未来情况的把握程度将决策方法分为确定型决策和风险决策。实际上，所有的决策都是风险决策，只不过有时候将其简化为确定型决策来处理。确定型决策也要依靠技术方案比较和经济指标的优劣来决定。

1) 风险决策方法

风险决策考虑未来的各种不确定性，数学处理上复杂，目前，还不能得出确定的决策结果，依赖于决策者对待风险的态度，可以有多种选择。

(1) 最大可能法。

最大可能法的实质是将概率最大的那个投资结果看成是必然事件，即发生的概率为1，而将其他结果看作不可能事件。这一方法适用于某一投资结果比其他结果发生的概率大得多的情况。投资者的决策行为也就此变成了确定性决策问题。该方法的前提是投资者掌握了足够的信息来判断投资结果发生的概率。如果仍然存在许多不确定性因素影响对概率的判断，则不适宜采用这种方法。

(2) 期望值法。

利用期望值法进行风险决策要考虑投资者的风险偏好程度。其步骤是在收集相关资料后，列出主要的可行方案，算出每个可行方案的期望值来加以比较。如果投资者是风险厌恶型，目标是损失最小，则应采取期望损失最小的行动方案。如果投资者是风险偏好型，目标是收益最大，则应选择期望收益最大的可行方案。该方法结合了概率分析和投资者对风险和收益的态度。但是，期望值来源于赌博，如果你按期望值多次下赌注，总起来你是赢家，可是，产品和服务的选择不会重复多次。这样只能理解为，多人做同样的投资决策，赢的人比输的人多。因此，依据期望值选择决策，不能肯定你是赢家，只能说你赢的可能性比较大。

(3) 概率不确定情况下的风险决策。

现实中，有时很难估计出事件发生的概率，而只能对风险后果进行估计。这时，投资者是在一种不确定的情况下进行决策，故决策结果在很大程度上依赖于决策者对风险所持的态度。

2) 直觉决策方法

面对决策问题，凭着自己的第一感觉快速作出决策就叫直觉决策。直觉决策并不是独裁，它是决策者根据多年经验的积累，对环境作出的快速反应。实践已经证明，人们的第一感觉往往是正确的。高明的决策也往往是直觉决策。例如，UPS（United Parcel Service）的创始人史密斯（Frederick Wallace Smith，1944—），早在1965年大学还没毕业的时候，就在他的学期论文中预言——对时间特别敏感的邮件，如药物、电子设备配件，在提供高效运输服务方面存在着巨大市场空间。1971—1975年UPS度过了艰难的创业阶段，经过不懈的努力，终于发展成世界级包裹快递公司。再如，慈济体检医院管理有限公司的韩小红女士，在国内当了军医，去德国留学，看到发达国家人们对体检的重视，回国后创办体检医疗机构，头两年医院门庭冷落，但是，她没有灰心，她的直觉告诉她，随着人们生活水平的提高，人们必然重视身体健康，健康体检预防疾病的业务一定会繁荣起来。果然，业务很快开展起来，在北京开了多家体检医院。

但是，并非每个管理者都是直觉决策高手，只有那些悟性高的人的直觉是正确的。管理者可能使用直觉决策的情境一般是：

（1）环境高度不确定；
（2）缺少同类决策先例；
（3）未来变化难以科学地预测；
（4）信息数据有限；
（5）几个被选方案难分伯仲；
（6）必须在短时间内作出决策。

4．风险评估方法

风险分析是产品和服务选择的重要环节。一般分为风险因素分析和风险综合评估两部分。石油勘探开发是风险较大的行业，下面以石油勘探开发为例来说明风险综合评估方法。

1）风险因素分析

地质风险。地质风险主要是勘探工程见到油藏的可能性，油藏的量够不够商业开发，以及油藏的地质特征决定的油藏的开发难度。

政治风险。国际勘探项目要考虑政治风险。例如，伊拉克有丰富的石油资源，可不可以去做风险勘探？要看伊拉克未来的政局，如果不能肯定它的政局是稳定的，最好不要去伊拉克投资。

技术风险。产品和服务的技术风险来自技术的成熟度，大批量生产是不是成熟的？换代技术和创新技术都有技术风险，但是，如果能够克服技术难关，则会带来丰厚的回报。选择成熟技术，技术本身没有风险，但是，会面临激烈的竞争，竞争是另一种风险。

商业模式风险。新的商业模式可以创造竞争优势。但是，与创新技术一样，有很大风险。一般来说，经济实力小的企业选择模仿别人，在别人的基础上做得更好。

经济风险。经济风险是指经济环境的变化。环境的改变会使产品和服务的原材料、产品的价格有较大的波动。国际原油价格的波动一直很大，导致石油勘探开发领域只有大型石油公司和国家石油公司经营。实力不足的小公司抗风险能力差，只能从事技术服务，收取劳务费。当然，如果抗风险能力强，在油价较低时有足够的资金支持勘探投资，等到油价高时，会得到丰厚的回报。

2）风险综合评估

风险综合评估方法就是将上述风险因素逐一分析，分别得到一个估计值，然后，再将这些分项结果综合起来，得到整体风险评估结果。常用的方法有主观概率法、三级风险估计法、随机模拟法。

主观概率法。主观概率法的基本做法是由专家分析各单项因素的风险程度，分析各单项风险对整体风险的重要性次序，给出相应的权重，依据分项数值和权重汇总出整体风险水平。这种方法道理简单。但是，结果依赖专家的水平和对项目本身的理解程度，也与能获得的信息有密切关系。

三级风险估计法。三级风险评估对分项因素分别分析，取三个值，最大值、最小值、最可能值，如考虑4个影响因素，得到$3^4=81$种可能，对81种可能的结果再做统计分析。得到概率分布，此分布即为综合评估结果。相比之下，三级风险估计法比主观概率法有进步。

随机模拟法。三级风险估计法考虑分项风险程度的3个值、4个因素得到81个结果，如果使用计算机，可以假设分项因素的连续分布，计算机模拟得出整体概率分布的结果。比较真实地综合了多个因素共同作用下整体风险的概率分布。与前两种方法相比，此法更科学。当然，结果准确与否取决于分项因素概率分布类型和参数是不是和实际相符。

3.2 生产与服务设计施工

产品和服务都要经历研究和开发、设计、生产系统施工、产品制造、销售几个环节才能到达消费者手中。产品和服务的技术水平体现在各个环节中。研究与开发，简称研发，是发明创造过程，由各级研究机构完成。我国国家级研究机构有中国科学院，下属若干研究所，主要分为基础研究和应用研究两类。还有设在高等学校的国家级实验室。再就是行业研究院，如勘探开发研究院、煤炭科学研究院、冶金研究院，虽然体制经历了几次改革，但是其行业研究的主体地位并没有改变。现在，我国改变过去零散的科研项目立项，采用产学研一体化的方式。这种方式集中了基础研究、应用研究和制造应用企业的科研实力，瞄准世界先进技术难题，组织攻关研究，研究成果很快转化成产品。这种研究模式的国家863项目、973项目获得成功后，2005年酝酿、2008年启动了国家重大项目，研究领域涉及许多专业知识。有了技术，产品和服务系统的设计和施工也是重要的。

3.2.1 生产与服务设计阶段

1. 设计基础资料准备

设计需要的基础资料包括：经批复的项目可行性研究报告，设计委托书，资源与材料的物理化学性质，厂址的气象资料、工程地质资料，厂区交通运输概况，厂区水文地质、水源，厂区公共设施概况等。

2. 设计单位选择

设计单位选择是保证设计质量的关键环节，常规的做法是招投标选择，但是设计院的水平反映在其以往的作品中，如果可能，尽量选择国内顶级的设计院。当然，大的生产系统有多个环节，根据专业特长，选择多家设计院，例如，总体设计选择国家级或国际顶级设计院，工艺设计选择本行业设计院，配套工程分别选择相应的专业特长设计院。

3. 设计过程

设计的基本过程分为总体设计、工艺设计、施工图设计、工艺装备设计、配套工程设计、设备选型设计。总体设计的依据是可行性研究报告,总体设计主要搞清系统生产能力、各环节的生产能力、各环节之间的配合、各单项工程或装置的布局、与配套工程的衔接等。工艺设计与总体设计紧密配合,主要根据所采用的技术和选择的生产工艺流程,对装置和单项工程提出具体要求,包括生产能力、技术指标、输入什么、输出什么、上游是谁、下游是谁等。施工图将建筑物具体化,以备施工之用。工艺装备设计将装置具体化,以备制造之用。生产系统的核心装置在厂家制成后运到现场,多数装置在厂家制成半成品到现场组装。配套工程设计不能忽视,主要是供电、供水、供气、通信、道路、管线。偏远地区的能源开发甚至要建设发电厂、卫星通信设备等。

4．工艺技术选择

工艺设计的关键是工艺技术选择,同样一种产品,可能有多种生产方案。例如,前几年原油价格高涨,导致原油的制成品汽油、柴油价格随之上升。我国煤炭资源丰富,催生了煤制油工程。煤炭可制成甲醇,汽油添加15%的甲醇,制成甲醇汽油代替汽油。由煤炭制成的二甲醚,可在柴油里添加30%制成甲醚柴油替代柴油。煤制油时根据煤炭的性质可选择直接液化和间接液化工艺路线。

5．设备选型

生产系统中有许多设备,分为专用设备和通用设备。专用设备需要设计定制,通用设备则根据质量要求选择合适的型号就可以了。

6．设计服务

设计图纸完成了,设计工作顶多进行到一半。主要设计人员需要在施工现场全程跟踪服务,与施工人员一起解决实际问题,直到装置试车成功、投产达到正常生产。在设计合同中要明确写明设计院在施工期间的全程服务。

对设计工作的基本要求是：整个设计工作符合可行性研究报告的要求,不能出现设计失误,工艺设计水平先进,设计规范、标准选择准确,设备选型合理,自动化控制水平较高,装置布局合理,设计概算基本准确,设计进度能够满足现场施工进度的需要,设计图纸质量高,现场设计代表能够及时配合现场工作,设计服务水平能够确保装置在建设期间及开工期间的各项工作顺利进行。按时交付图纸,根据现场需要,分期分批交付图纸,有力地保证了施工及开工试运的顺利进行。

3.2.2 生产与服务系统施工管理

施工的关键是施工队伍的选择。选择好了施工队伍,施工的组织方式也是值得仔细考虑的。为了保证质量、降低成本,设备和材料的采购是非常重要的。

1．施工队伍选择

项目要严格按照项目建设管理有关规定,通过招投标择优选定设计单位、施工单位、监理单位,签订相关合同,明确工程建设工期、工程质量、材料和设备供应责任、工程验收等内容,条款清晰、明确,符合合同签订程序。通过项目建设全程检验及考核,该项目的设计水平较高,满足工程总体工期要求,施工单位的施工组织有力,现场施工措施得当,确保施工总进度符合总体统筹、监理公司管理到位,保证工程进度、工程质量、工程投资在受控状态。

2. 施工管理方式

施工管理模式有 EPC 管理模式、PMC 管理模式和 PMC＋EPC 管理模式 3 种。

1）EPC 管理模式

所谓 EPC 管理模式，是指工程项目中的设计（Engineering）、采办（Procurement）和施工（Construction）统一管理模式。即投资方以合同的方式将项目中的设计、采购和施工全部和部分委托给专业化项目管理公司进行管理，将质量控制和施工进度控制全部和部分委托给监理公司进行管理的一种项目管理模式。EPC 项目管理是尽量通过专业化管理来实现投资控制的最小化和质量控制的最大化，从而实现项目管理中性价比的最大化，进而使得项目管理的各项目标实行 EPC 管理模式，设计、采办和施工具有更大的灵活性。在 EPC 的统一管理下，可以明确设计、采办和施工三方之间的责任界限，从而各个环节均有保障。同时，由于在 EPC 管理下的设计、采办和施工可以并行，故而可以大大缩短项目的建设周期，有可能更大程度地降低项目总成本。EPC 管理下可以采用分阶段施工，从而使业主有机会提前获得效益。EPC 管理模式能够最大限度地发挥工程项目管理各方的优势，从而实现工程项目管理的各项目标。EPC 就是组织工程项目中的设计、采办和施工。大型综合性项目是一个复杂的系统工程，在项目的各个环节上需要协调管理，EPC 管理模式就是将大型综合性项目进行任务分解和过程分解，发挥专业化管理的优势，责任明确，管理有效。

2）PMC（Project Management Contractor）管理模式

PMC 是指项目管理承包。PMC 是由业主通过合同聘请管理承包商作为业主的代表，对工程进行全面管理。对工程的整体规划、项目定义、工程招标、选择 EPC 承包商、工程监理、投料试车、考核验收等进行全面管理，并对设计、采购、施工过程的 EPC 承包商进行协调管理。PMT 是投资方，对整个项目的投资和质量负有全面责任，它通过监理公司来实现项目控制的目的。PMC 是质量控制和投资控制的专业化公司，其目的就是通过对 EPC 全过程监督，实现 PMT 所要达到的项目管理的各项目标。PMC 项目管理主要具有三方面特征：一是实现专业化的工程建设项目管理。业主聘请著名工程公司承担项目管理，承包方保证有丰富项目管理经验的专业人员参与项目管理；二是合同承包金额多采用"成本加酬金"的形式，形成承包商与业主共同承担风险的机制；三是对履约信用具有高度的依赖性。

3）PMC＋EPC 管理模式

将上述两种管理方式结合起来就形成 PMC＋EPC 管理模式。PMC 比较适合于发达国家市场机制完善、合同管理系统完备的工程建设环境。而在我国目前的客观形势下，该管理模式照搬到国内则暴露出不少问题。一是 PMC 采用的是"成本加酬金"的合同方式，导致 PMC 承包公司及其执行人员普遍存在拖延进度的倾向，合同执行时间越长、成本越高，PMC 承包公司赚钱越多；二是 PMC 承包的成本费用高（特别是国外承包商人工成本高）；三是对各种合同履约信用的依赖性太强，施工过程中缺少对 EPC 承包商和各分承包商的过程监督，缺少制约机制。该模式实际执行的结果是项目管理成本高，对安全、质量、进度、投资、合同执行等方面缺乏有效控制和制约。

3. 设备和材料采购

在工程建设项目招投标中，无论是工程施工招标，还是工程设备材料采购招标，都要严格按招投标程序进行。每次招投标活动，都有审计监察部门的人员参加，对招投标活动的全过程实施监督。为了保证上述目标的实现，要认真总结经验，进一步加强工程建设招投标的管理，完善各项招投标管理制度；对招标的方式的采用，要多样化，以利于在投资节约方面，取得更大的成效；继续完善公司物质供应内控制度，进一步理顺采购程序，主要着重于考核制度的完善和落实；进一步完善供应网络，紧紧贴近市场，掌握市场动态，全力做好集中采购，分批供货的工作，在保证质量的前提下，努力降低采购成本。

3.2.3 生产与服务系统营运准备

生产和服务系统建成后马上进入投产准备工作。主要包括组织人员准备，规章制度建立，原材料准备，公用设施准备，设备备品、配件和专用工具准备。

1. 组织人员准备

主要有组织准备，包括建立组织、管理制度，管理人员和操作人员的培训。组织部门需要调度指挥、生产准备、工程建设、事故处理、生产技术、安全保障，并规定了各部门的分工配合和具体职责。在项目建设期间，组织技术人员和操作人员培训学习，召开技术协调会，解决开工运行中可能存在的重大问题。

2. 建立健全的系统运行的规章制度

生产系统试运行前需要准备好系统运行的规章制度。制度由若干操作规程组成，如某化工装置至少有仪表操作规程、分析仪操作规程、工艺车间操作规程、电器操作规程、机修操作规程等。还有一系列试运行方案。所有这些操作规程，都要组织操作人员学习，并进行严格考核，考核不合格者不准上岗。

3. 生产原料准备

例如，炼油厂要准备足够的原油，为此要建设储油罐或者输油管线，并组织足够的货源供应。除了主要原材料，还要准备辅助材料，如催化剂等。服务企业要准备足够的食品原料货源或稳定的供应渠道。

4. 公用工程准备

外部系统要依托公共系统供给。开工前要检查各系统是否满足开工试运行要求和以后的长期生产要求。主要是电力、循环水、软化水、非净化风、瓦斯、蒸汽等介质引入装置。

5. 设备备品配件及专用工具

对设备的备品配件和专用工具进行清点、登记、造册。

案例

王建华餐饮服务牛肉加工一体化经营见成效

王建华，女，70后的年轻人，御香苑集团董事长。1995年，王建华从新加坡进修归国后，就创办了御香苑饮食有限公司。2005年进入中国成长企业百强行列。2006年，荣获第五届中国青年创业奖。王建华也多次被评为全国及北京市优秀企业家、劳动模范，并当选为北京市肉类协会副会长、长春市第十二届人大代表。

王建华22岁大学毕业获得财会、外贸双学位后，又自费到新加坡进修英语。工作几年之后，她又去中国人民大学读MBA，获得硕士学位。现就读于美国普莱斯顿大学管理哲学博士。她是学业和事业双丰收的典范。

对于御香苑的肥牛火锅，有一个御香苑的铁杆"食迷"是这样形容的：

御香苑的肥牛颜色是鲜红的，红得鲜活，滋润，透着亮光，透着生气，要有青菜在旁边衬托着，就像是一幅诗画。肉片切得薄如熟萱，大如阔叶，以白瓷盘托上来，展开放置的如层峦叠嶂，卷着的似卧石磷峋，红肉上还带点白云样的肥肉，一丝一絮的，红是红白是白，像是山色的纹理、书法的飞白、音乐的和弦。

第一家御香苑肥牛火锅店的开业，让不少喜好吃牛肉的人先是一惊，原来牛肉竟有如此众多的名堂！

在王建华看来，做生意就是要推陈出新。别人做了，不见得你不能做；别人做火了，不见得你就不能再火，关键看你自己有没有本事，能不能一指点到"死穴"。靠着对牛肉的细分再细分、体味再体味，御香苑肥牛火锅店，至今已在北京建立了9家连锁店，其肥牛质量让顾客赞不绝口。

向上游延伸，保证牛肉质量

随着连锁店越开越多，肉源就成了王建华最急于解决的问题。要保证质量，又保证优势，王建华想到了从源头做起。

开火锅店的办农场？这看起来似乎有点夸张。但是御香苑形成连锁后，王建华就开始着手这个工作了。

这两年王建华跑遍内蒙古、甘肃、吉林等的艰苦偏远的地方，为的是寻找合格草场；她经常钻牛棚羊圈，为的是培育优良品种。为了实现"从养殖到餐桌一体化"，拓宽养殖—加工—销售—出口"一条龙"渠道的经营战略。

"牛"生意越做越大

由于牛养殖业的蓬勃发展，促进了肉牛饲料研制及加工业的发展。为解决肉牛育肥的饲料配制，御香苑集团畜牧公司与中国农业大学联合建立饲料加工基地。使饲料研制开发、加工有了科学的保障，为提高肉牛的质量打下了坚实的基础，促使本地农业向以种植肉牛饲料原料为主的农业产业化调整。以在当地年养殖肉牛6万头为例，一年可转化10万多吨玉米，给农民带来了3亿元的收入；同时，可造牛粪近10万吨，形成了一个良性循环且多方面受益的环保生态环境的农牧业共同发展格局。

为发展御香苑集团的肉牛屠宰业，王建华从德国率先引进了先进的屠宰加工设备，拥有7个排酸库，可一次性容纳1 000头牛胴体及四间可容1 500吨产品的冷藏库，年屠宰肉牛可达10万头以上。已形成快速屠宰、优质成品、大冷藏以及肉牛副产品（牛骨、牛血、牛油）深加工的现代化规模企业。而且，经过数年的发展，御香苑集团公司销售总额超过了1.85亿元。

一个小小的肥牛火锅店演变成了在职员工1 800多人，集肉牛饲养、屠宰加工、产品销售、出口外销及餐饮服务业于一体的综合性企业集团。

"牛人"的牛意识

王建华说："人的一生是短暂的，稍不留意，就虚度过去，我要抓紧人生几十年时间，实现我的理想。"

王建华从第二次世界大战后日本人提出"每人每天一杯牛奶，强健一个民族"的饮食发展战略，想到中国人曾被称为"东亚病夫"的耻辱和根源；从牛羊肉与猪肉的营养成分对比，再想到自己一个女子为什么会走上搞养殖、办餐饮的思想历程和创业经历。她觉得无形中身上多了副担子。

王建华说："中国人有钱后，第一任务应该是掌握科学知识，其中包括懂得食品营养保健。"对目前很多老百姓只认猪肉，不认或忽视牛羊肉的价值，国民健康指数不能更快上升的现状，她着急上火。王建华拿出一组科学数据表明食牛羊肉有助于化痰清肺，有助于人体健康。

食品产业是道德产业

王建华说：食品产业是道德产业，产品如人品，我们御香苑今年去了一趟欧洲，当然我发现欧洲这个食品标准包括，因为我们跟欧洲有一系贸易壁垒，因为我想企业发展利益最大化，我们企业可以说是打破了一二三产，因为自己养殖、加工，能够把健康绿色的牛肉产品献给千家万户，我觉得中国人吃牛肉吃得少，去欧洲、去美国，我感觉外国人都喜欢吃牛肉，如果让中国人都吃上绿色健康无污染的牛肉，御香苑有一个远景，就是开百家连锁，开百年老店，筑国际品牌，争当中国牛业第一。

御香苑在肉类行业率先做了一个项目，就是食品安全可回述体系，欧洲2005年已经列入法律了，就是食品安全回述体系。现在我们中国好多包括沃尔玛，也相应有这个需求，包括前些日子，日本红十字社希望从我们进口一些牛肉，返销日本去，因为中国有一些优势，是世界加工厂，我今年率先跟德国公司签约做食品安全追述体系，当时我们公司很多员工反对。因为上这条体系成本是非常巨大的，大家知道成本增大了可能会影响企业，但是我觉得我们这个产业是关系到全人类健康的食品产业，那么这个东西，欧洲做了，他们需要我们也做这些东西，包括我们出口有一个标准，他们已经列入法律了。

让百姓吃上高质量肥牛

王建华从营养学角度，从集约化养殖的益处"启蒙"市场。她认为，现在牛奶的价值已没人否认，牛肉的价值也应通过加大宣传，让更多人认识，又说，真正按科学方法排酸处理的牛羊肉根本没膻味。对于黑心商人贩卖注水肉，普通百姓难以吃到质量上乘、价格合理的好肉，她更是痛心疾首。王建华说："食品行业是道德行业，是能提升国民健康素质的行业，必须由高素质的人操作。"在北京的9家连锁店里，其肥牛质量让顾客赞不绝口。很多人问她："你的餐馆肥牛肉这么好，又这么便宜，能不能永远这么好、这么便宜？"

为了实现"从养殖到餐桌一体化"，拓宽养殖—加工—销售—出口"一条龙"渠道的经营战略，王建华的公司将农户请进大型养牛场参观，组织农民走合作发展之路，由集团公司统一购牛、供料、防病治病、收购肉牛，使农户养牛不承担风险，还提高收入，城里餐馆需要的肥牛也得到质量保证。为此，御香苑肥牛获得北京市商委颁发的"肥牛特色奖"、"绿色安全食品"标志，企业还被农业部等八大部委评为"国家农业产业化重点龙头企业"。获得这些荣誉并非王建华的目的，她还有更长远的目标，就是带动农户建集约化养殖场，在全国开千家连锁店，创百年不衰名牌企业，与世界强手比高低。

王建华坚持以人为本、科学管理、质量第一的原则，严格执行HACCP和GMP标准，使公司率先在同行业中通过了ISO 9002国际质量体系认证，并荣获了北京市政府批准使用的"安全食品"标识和国家内贸部颁发的"牛国放心肉食晶"证书。与此同时，北京御香苑畜牧集团总公司于2002年也被国家计委、经贸委、农业部、财政部、外经部、中国人民银行、国家税务总局、中国证监会、中华全国合作总社联合认定为"农业产业化国家级重点龙头企业"。

千家连锁谋划未来

为了形成"从农场到餐桌"的完整产业链结构，御香苑在大力发展肉牛饲养、加工的同时，借助御香苑优质牛肉的品牌打造中国餐饮千家连锁名店，她先后在北京、深圳、南宁、兰州、郑州、石家庄、山东临沂、呼和浩特、哈尔滨、青岛、长春等地组建"肥牛火锅"名店60多家。特别是在2001年投资2 800万元，组建了长春御香苑大酒店，营业面积一万平方米，是集餐饮、娱乐、洗浴、美容、住宿于一体的大型饮食服务企业。御香苑大酒店自建店开业以来，以其豪华富贵、高雅大方的优美环境，为春城人民提供了一个舒适、廉价的婚礼宴会、生日庆典、商业聚餐和企业涉外活动的最佳场所。该店年营业收入达3 000多万元，建店以来已上缴税金300多万元，同时安排就业人员500多人，为长春经济的发展，特别是带动第三产业的发展，增加地方财政收入做出了积极贡献。2003年王建华经过充分的市场调查，在长春市人民大街2818号又投资1 000万元组建了第二家御香苑肥牛火锅大酒店，当年就开业迎宾，年营业收入可达1 500万元，上缴税金100万元，安排就业人员200多人。

　　王建华两次在长春大规模投资的实践证明，她不仅为各地经济的振兴、增加地方财政收入、安排下岗就业人员做出了积极的贡献，而且以她自己公司生产的绿色、营养、美味、安全的"御香苑肥牛"，为各地人民的健康长寿献上了一份爱心。

　　目前，王建华正带领全集团员工，向着做百年品牌、开千家餐饮名店的战略目标阔步前进！

　　资料来源：http://www.pinsou.com/news/2006/3/21/20063211112532691.htm，笔者做了编辑简化

本 章 小 结

　　生产与服务系统的宏观选择要先选择行业，再选择产业链上的环节，然后通过一系列的研究工作选择好进入的切入点。经过生产和服务的选择程序之后，开展具体项目投资可行性研究、设计、施工及试运行准备工作。

　　生产和服务的选择程序有信息搜集、策划与开发、风险分析、运作过程。生产与服务的选择决策，先要预测，预测方法很多，定量方法给出的结果依赖于过去的数据，假定这样的发展规律能延续到未来，如果真是这样，定量分析的结果是有用的。遗憾的是，环境瞬息万变。定性预测方法中，较典型的有德尔菲法。

　　生产和服务的技术经济分析是投资前的重要步骤。技术经济分析主要解决技术方案和经济效果的可行性问题。不过，技术经济分析和可行性研究有趋同的趋势，只是提法不同。重大的项目都要做可行性研究，研究结果形成可行性研究报告。文中结合首都博物馆项目说明了可行性研究的内容。

　　生产和服务都存在各种风险。有了技术经济分析的结果，就进入风险决策程序。风险决策方法有最大可能法、期望值法等，但是，每种方法只能说你成功的可能性较大，最终是否成功，依赖于你的运气。不过，通过理性的思考，占有更多的信息，问题分析得更透彻，增大了决策成功的可能性。直觉决策是决策者根据多年经验的积累，对环境作出的快速反应。实践已经证明，人们的第一反应往往是正确的。高明的决策也往往是直觉决策。决策时一定要做风险评估，如石油勘探开发的风险影响因素有地质风险、政治风险、技术风险、商业模式风险。分析各单项风险影响因素后，还要找到综合风险评估方法。有主观概率法、三级风险评估法、随机模拟法。

　　生产和服务的设计经过设计基础资料准备、设计单位选择、工艺技术选择、设备选择、设计服务等过程。对设计工作的基本要求是：整个设计工作符合可行性研究报告的要求，不能出现设计失误，工艺设计水平先进，设计规范、标准选择准确，设备选型合理，装置布局合理，设计概算基本准确，设计进度能够满足现场施工进度的需要，设计图纸质量高，现场设计代表能够及时配合现场工作。

生产和服务的施工需要选择施工队伍和施工组织模式，进行设备和材料的采购。施工队伍要达到资质要求，信誉好，有相关施工经验。施工组织模式有设计（Engineering）、采办（Procurement）和施工（Construction）统一管理模式，PMC（Project Management Contractor）管理模式。

试运行投产准备需要组织和人员准备、规章制度的建立和人员的培训、生产原材料和特殊工具设备的准备、配套工程准备。外围准备就绪后，根据多个试运行方案试运行，直到达到预订质量和产量水平为止。

1. 生产和服务的选择程序有哪些？
2. 技术经济分析解决的主要问题是什么？
3. 风险决策的一般程序是什么？
4. 风险决策的最大可能法和期望值法的本质区别是什么？
5. 生产和服务设计的基本要求是什么？

3-1：某煤制油项目建设在政治稳定的地区，不存在政治风险，原料供应充足，工艺技术虽然经过工业实验，但仍然存在技术风险，经专家评估，开车成功的可能性为90%。假设国际油价低于50美元/桶项目有利可图，经评估，高于50美元/桶的可能性有30%，请评估项目的综合风险水平。

第 4 章

本章学习目标
1. 理解生产和服务选址理论；
2. 了解生产和服务选址的影响因素；
3. 了解生产和服务选址的一般步骤；
4. 学会生产和服务选址的常用方法；
5. 理解商业集聚现象对生产和服务选址的影响。

生产和服务选址

生产与运作管理

生产与运作管理主要涉及以下几个方面：选择生产和服务项目；选择生产和服务的地址；设计、制作及维护生产和服务系统；开发新产品，面向市场销售及售后服务；做好计划调度，达到能力平衡，编制车间工艺计划；生产与运作控制，库存控制、质量控制、成本控制、工期控制；还需要先进的生产与运作管理理念和方法，重视组织和人的因素。第3章讲过了生产和服务项目的选择，从这一章开始，将讲述生产和服务的选址、计划及控制。

4.1 生产和服务选址理论

地址选择关系到生产和服务项目的成败。对生产型企业和服务型企业都至关重要。

商业服务选址的重要性，吸引了一些学者的研究，形成了选址理论。主要有：中心地带理论、区域相互作用理论、土地价值理论和最小差别理论。

4.1.1 生产和服务选址的中心地带理论

中心地带理论是发展最完善最标准的零售选址理论。该理论由德国的克里斯泰勒于1935年提出，后来由罗斯等人进一步发展。克里斯泰勒提出了该理论的两个基本概念：限程和限需。限程（也叫上限）是指消费者为购买某种商品愿意出行的最远路程，也就是某一店铺经营的最大市场区域范围。限需（也叫下限）是指某一店铺能维持收支平衡的最小需求量，也就是拥有的最低顾客数量，从空间概念上看，相当于能满足最小需求量（通常指人口）的市场区域范围。克里斯泰勒认为任何商店要保证收支平衡必须是限程大于限需。

在以上概念的基础上，克里斯泰勒和罗斯提出了著名的商圈理论，即在一个理想的完全均匀的市场环境里，出售某种商品的商店会均匀分布，而且每一个零售商所服务的商圈都是等边六角形。如图4-1所示。

此外，克里斯泰勒还指出应根据商品品种的多少来划分不同的区域。最低的层级是代表最小中心地带的区域，提供最基本的商品品种和服务，即生活必需品。较靠上的层次是较大的中心地带，既经营必需品又经营非必需品。罗斯的层次理论更加灵活，他提

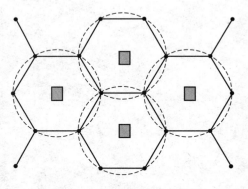

图4-1 中心地带理论示意图

出聚集法则，认为中心地带的商品和服务可以是多样化的，因为现实中有很多外在的影响因素，所以这些零售店会边界模糊，融为一体。

中心地带理论的意义在于它把消费者行为和零售企业的区域分布联系在一起，把交通成本算入商品的"真正价格"中，认为顾客来去中心地带的时间是决定中心地带位置的关键因素。汽车时代的到来，使得商圈扩大了，只要交通方便，停车方便，即使稍远一点，有车族也愿意前往购物。

4.1.2　生产和服务选址的区域相互作用理论

零售区域相互作用理论的创始人是威廉姆·雷利。他模仿牛顿的物理学理论提出"零售引力法则",认为两城市从中间地带吸引顾客的数量同两城的人口数量成正比,同两城的距离平方成反比。

康帕斯修订了雷利法则,试图确定城市交易区域的分界线,即两个城市的顾客可能到任何一个城市购物的分界点。

雷利法则和康帕斯的修正理论的假设是:两个地区同样地接近主要公路;两城可被利用的商品或服务的多少以城市人口的多少为标志;两个地区的零售商经营能力一样。顾客之所以被吸引前往人口较多的城镇,主要是由于当地的商店设施和商品种类较多,值得多花时间前往。这两种理论既可用于不同城市商业区之间的定量分析,也可以用于同一城市内不同商业区的定量分析,而且其划定商圈的计算较简便,资料的要求也不是很高,所以在欧、美、日广泛应用。但其使用也有一定的局限性,仅以人口和距离作为分界点的影响因素,而且距离方面考虑的是里程距离,没有考虑具体的行程距离给顾客的心理感受。从零售类型来看,只适合于出售日常用品的商店,并不适合于出售挑选性强的高档消费品商店。此外,若存在广告的影响,或顾客对某特定商店的忠诚和某些商店有特殊吸引力时,会减弱它们的有效性。

20世纪60年代,美国零售学者戴维·赫夫继雷利和康帕斯之后提出了城市区域内商圈预测的空间模型,为区域相互作用理论体系注入了新鲜血液。具体内容是,在数个商业区(或商店)集中于一地时,顾客利用哪一个商业区(或商店)的概率,是由商业区(或商店)的规模和顾客到该区(或商店)的距离决定的。

4.1.3　生产和服务选址的土地价值理论

土地价值理论(竞租理论)最早是由海格在1926年提出的。他认为城市中所有可选的地点都会被出最高租金的商家占有,因此土地资源得到了最好的使用,体现出其最高价值。该理论假设不同零售业态的选址依赖于他们竞投的租价。后来,阿伦索在此理论基础上提出了竞租曲线,认为城市最中心地点因为能吸引整个城市的客源,所以竞租价格最高,但是随着距离增加,价格逐渐下降。真正把该理论应用到零售领域的是费雷和加纳。费雷认为在假设零售商有完全的信息而且没有法律和社会的障碍的条件下,系统的零售布局模式应该是由零售商能支付和愿意支付的最大租价决定的。加纳认为中心地点的高价土地体现了高竞租能力,而这种较高的竞租能力和中心地带理论中的限需的作用类似,都设定了最低的准入条件。因此,证明了中小地区和社区的商业类型应有所区别。

4.1.4　生产和服务选址的最小差别理论

最小差别理论把哈罗德·霍泰龄的竞争模型应用到了零售环境。该理论认为,处在同一市场环境中一定数目的商铺如果聚集在一起,将获得最好的经营效果。在不同国家的一些实证研究证明了该理论的假设,即经营同种或类似商品的商家趋向于紧密地聚集在一起。但是这一理论在不同等级零售业的适用程度不同。通常较高等级的商业,像女性时装店等特点明显,但像便利店和私人服务等较低等级的商业就不倾向于聚集。而且对于郊区超市兴起,其经营状况通常好于聚集在市中心超市的情况,该理论也缺乏足够的解释。

在这四个理论基础上,目前国外常用的选址方法主要有列举法、雷利模型、哈夫模型、多元回归分析、GIS商圈分析模型等。

4.2 生产和服务选址的影响因素

生产和服务选址主要遵循以下四个原则。

(1) 费用原则。企业首先是经济实体,经济利益对于企业无论何时何地都是重要的。建设初期的固定费用,投入运行后的变动费用,产品出售以后的年收入,都与选址有关。

(2) 集聚人才原则。人才是企业最宝贵的资源,企业地址选得合适有利于吸引人才;反之,因企业搬迁造成员工生活不便,导致员工流失的事实常有发生。

(3) 接近用户原则。对于服务业,几乎无一例外都需要遵循这条原则,如银行、邮电局、电影院、学校、零售业的所有商店等。许多制造企业也把工厂建到消费市场附近,以降低运费和损耗。

(4) 长远发展原则。企业选址是一项带有战略性的经营管理活动,因此要有战略意识。选址工作要考虑到企业生产力的合理布局,要考虑市场的开拓,要有利于获得新技术新思想。在当前世界经济越来越趋于一体化的时代背景下,要考虑如何有利于与国际间的竞争。

在遵循以上四个原则的基础上,生产和服务选址的主要影响因素有:资源、市场、运输条件,人力资源、政治税务环境等社会环境,水源、土地、气候等自然环境。

4.2.1 资源、市场、运输

首先考虑的是资源、市场、运输条件。依赖自然资源的生产企业要选择自然资源丰富的地区建厂,依赖市场的服务型企业要靠近市场建设服务系统。靠近资源建厂,产品要运往市场;靠近市场建厂,资源要运往生产企业,不论哪种情况,运输都是重要的因素。既不靠近资源,也不靠近市场,原材料和产品都要运输,运输就显得更加重要。

能否保证原材料供应,能以尽可能低的成本保证供应,对于一些对原材料依赖性强的企业尤其重要。如水果加工业、油田、煤矿、铁矿等矿山生产企业。这些企业都必须在资源所在地建设生产系统。如克拉玛依市,依托石油工业的兴起,在戈壁滩上建起了百万人口的石油城。

有了资源的保证,必须配套建设相适应的运输系统,如铁路、公路、管道运输,有条件的地方还选择合适的地方修建港口。如鞍山钢铁附近的营口港、锦西石化附近的锦州港,都是因附近有大企业的运输需求而建立的。

服务型企业要靠近市场,如服务业、商店、医院都靠近市场而建。长途运输不方便的啤酒、食品的加工生产也要靠近市场。大城市是人口密集的地方,市场潜力巨大,服务需求巨大,服务系统多数都建设在大城市,或者繁华的小城市,大城市的卫星城也是选择的好地方。

机动车发明以前,方便的运输方式是水运。靠近水路港口就兴起了大城市,天津、上海、武汉、南京、重庆都属于这类城市。北京、西安、洛阳是历代皇城。北京为了往城里运粮，兴修了京杭大运河。

4.2.2 社会环境

人力资源、政治税务环境属于社会环境。人是最宝贵的资源，具有就地就业的习惯。人力资源是选址考虑的重要因素之一。宝钢是我国建设较晚的钢铁基地。其最大的特点是，没有建在铁矿附近，而是靠近港口，需要的铁矿石从澳洲运来。再一个就是上海丰富的高技术人才。可靠的铁矿石供应和人力资源基础，使得宝钢保持行业领先地位。

政治环境是建厂要考虑的重要因素，在国外建厂更是如此，首先要求政局稳定，税收制度也是企业建厂要考虑的问题。一些小国家和地区靠优厚的税收条件吸引投资。即使在同样的税收条款下，各地政府和税务部门掌握的宽严程度也不相同。各地区税收的宽严程度是个学问，掌握宽松些，吸引大量的企业入住，税收总量可能会增加；从严掌握，暂时多收了一些税，会使企业到别处建厂，损失是惨重的。

4.2.3 自然环境

水源、土地、气候等属于自然环境。严格地讲，原材料也属于自然资源。工业需要用大量的淡水资源。我国是淡水资源贫乏的国家之一。目前，我国有一半的城市缺水，甚至严重缺水。许多城市花巨资建设引水工程，如克拉玛依投资近50亿人民币从几十公里外引水。现在正在建设的南水北调工程，就是要解决北京、天津的缺水问题。

工业需要土地建设工业广场和生活区。我国人口众多，耕地减少和工业发展用地的矛盾十分突出。工业用地的原则是不占良田，少占农田；尽量利用盐碱地、山区不适宜耕种的土地。城区服务业的选址要考虑地价因素。繁华地段，寸土寸金，写字楼、商铺设在繁华闹市区可吸引顾客。工厂、仓库没有必要建在市区，应选择交通方便的郊区。运输量不大的产业，还可选择更远一些。

生产和服务系统的建设需要考虑气候条件。北方冬季寒冷，自来水管线经常冻裂，生产系统要考虑防冻。北方气候干旱少雨，也不适合纺织工业。南方要防止雨水淹没矿井和生产设施。沿海要防止台风的侵袭。

4.3 生产和服务选址的方法

4.3.1 生产与服务选址的商圈分析法

商圈（Trading-area）是指以服务设施所在地点为中心，沿着一定的方向和距离扩展，形成吸引顾客的辐射范围。一般地，顾客离某服务设施越远，他们光顾该服务设施的可能性就越小，反之光顾的可能性就越大。根据这种"距离递减功能"现象，可按顾客距离服务设施的距离，将一个商圈分为三个距离带：核心商圈、次级商圈及边缘商圈。

核心商圈是最靠近服务设施的区域，在这一区域内的顾客来店方便，与其他区域相比，服务设施在这一区域具有竞争优势。这一区域的顾客占服务设施顾客总数的比例最高，会高达55%～70%，商店从这里吸引到主体客流并实现其大部分业务。次级商圈是环绕在核心商圈外围的距离带，占服务设施顾客总数的10%~25%。边缘商圈辐射剩余的极小一部分顾客，这类顾客往往是分散的、次要的。他们之所以成为该服务设施的顾客，可能是偶然碰巧来到这里，也可能是因他们对该服务设施的忠诚或个性所致。

除了寄生性小服务设施外，任何一家服务设施都拥有自己的商圈，但商圈的形态与规模却各不相同。下面以加油站选址为例，展示商圈分析方法。

商圈分析的内容概括起来主要包括外部环境因素、内部因素、消费者因素以及竞争对手因素四个方面。

1. 外部环境因素

1）城市布局

商圈要受到城市布局的影响，如果选址于市级商业中心，其商圈范围大，可能涉及全市；如果选址于区域性商业中心，则可能仅覆盖该区域。

2）城市规划及变迁

城市规划及基础设施的建设始终是大中型零售商所关注的，它影响着不同层次消费者群体地理上的迁移和分布，进而影响已有商圈的销售和未来店址的选址方向。很多零售企业都设有政府事务部或相关部门，任务之一就是研究政府将来的城市规划和基础设施建设情况，以便为企业将来的战略部署提供必要信息。

3）产业结构

加油站所处的外部环境是农业区、工业区还是商业区，对商圈的形成有着重要的意义。一个地区产业结构发生优化和升级，如以第一产业为主导向第二产业为主导发展，或以第二产业为主导向第三产业为主导发展，将引起商圈的较大变化。

4）交通地理状况

交通状况对商圈的形成十分重要。要考虑加油站所在地是否有公共汽车或电车停靠站，是否有地铁站连接等。位于交通便捷的地点，其商圈规模会因此而扩大，反之会限制商圈规模的延伸。自然和人为的地理障碍，如桥梁、铁路、过街天桥、地下通道等都会截断商圈的界限，成为商圈规模扩大的障碍。此外，地势（即道路状况）的好坏，对商圈及选址有很大关系。

5）集中客源

加油站周围有无集贸市场、娱乐场所，是不是商业集中区或居民区，是否靠近大型机关、单位、厂矿企业，这些因素影响着商圈及站址的选择。如该加油站周围是否有饭店、24小时药店、咖啡店、公园、茶艺馆、酒吧、影剧院、体育馆、学校、医院、银行、邮局、洗衣店、冲印店、社区服务中心、社区文化体育活动中心等集客力较强的品牌门店和公共场所。

6）车流量

主要分析加油站所在地的车流量、车流的状态、方向、速度、车流的目的以及本加油站的吸收量。如果所选择的站址交通便利、车辆来往频繁，无疑会给加油站带来可观的经济收益。

2. 内部因素

1）商品因素

加油站的油品种类、价格和品质是影响该加油站商圈大小的一个重要因素，影响顾客的购买行为。

2）经营规模

加油站自身的规模与商圈覆盖范围成正比，规模越大，其市场吸引力越强，商圈越大。当然，并非规模越大越好，应保持在与商圈购买力相适应的范围之内。

3）员工情况

加油站的站长、技术人员、普通加油工的学历水平、整体素质，以及接收培训、再教育程度，直接影响了员工的服务态度和质量，进而影响到加油站的销售额和商圈大小。

3. 消费者因素

1）人口数、户数及家庭构成

一定商圈范围内的人口数、户数、平均每户人口数、家庭人口构成、家庭户数总数的变动情况、家庭人口的增减状况、人口增长速度、自然增长率等基本情况，对于商圈的规模及选址具有决定性意义。

2）人口结构及人口密度

人口结构，包括现有人口的年龄结构、性别、职业构成、受教育程度、婚姻状况等。一个地区人口密度越高，则加油站的规模可相应扩大。人口密度高的地区，到商业设施之间的距离近，可增加加油频率；而人口密度低的地区吸引力低，且顾客到加油站的次数也少。

3）收入水平

收入水平包括个人及家庭的收入情况，如平均工资水平、家庭可支配收入。收入水平是影响油品消费需求的基本因素。

4. 竞争对手因素

1）竞争对手的个数、规模及地理位置

对一定商圈范围内的竞争店的个数及规模予以了解，来明确该加油站可达到多少商圈市场占有率，有怎样的销售效果。竞争对手距离本加油站的远近也会影响本加油站的销售额，一般来讲，竞争店距离本加油站越远，影响越小。

2）竞争对手的商品能力

包括对竞争对手油品品种齐全的程度、价格、品质、货源供应等情况的分析。

3）运营管理状况

竞争对手的员工素质和服务态度，是否经常进行宣传和促销活动，站内的环境卫生，配送体系的健全程度等在很大程度上决定了消费者是否选择该加油站加油。

4）其他状况

竞争对手的优势与弱点分析、竞争的短期与长期变动趋势、市场饱和程度等。

4.3.2 生产与服务选址的综合评分法

综合评分法又叫专家综合评判法，在方案比选时，几个备选方案都没有严格的缺欠时采用。换言之，如果某个方案已经发现有致命的缺欠，那就先行剔除，在余下的方案中采用综合评分法。下面举例说明。

例 4-1 假定某工厂有 3 个备选方案 A、B、C。考虑原材料供应、劳动力、运输、水源、土地价格、环保法规、税收等因素。原材料供应 B 最好，C 次之，A 最后；劳动力 A 好一些；运输条件 A、B 好于 C；水源 B 好一些；土地价格 A、B 略好于 C；环保法规和税收方面 B 好于 A、C。为了比较出结果，要将上述描述性的因素转化成定量指标，为此，需要依据重要性次序确定每项的最高赋分值。认为原材料最重要，给它 300 分，劳动力紧随其后，给它 250 分，环保法规和税收最后考虑，给它 50 分。其他见表 4-1 的第二列。再按原始实际条件分别给 A、B、C 3 个候选厂址的每项选址因素打分。如原材料 B 最好给 250 分，C 次之给 220 分，A 给 200 分。其他影响因素的打分见表 4-1 的第三、四、五列。

表 4-1 选址综合评分表

选址影响因素	最高赋分	候选厂址		
		A	B	C
原材料	300	200	250	220
劳动力	200	190	180	180
运输	200	160	160	140
水源	100	80	90	80
土地价格	100	90	90	80
环保法规	50	30	40	30
税收	50	30	40	30
合计	1 000	780	850	760

各影响因素的第三、四、五列求和，分别得到 A、B、C 3 个方案的总分值，A 得 780 分，B 得 850 分，C 得 760 分。因此，可以得出结论，C 被淘汰。A、B 两个还要考虑是什么类型的生产企业，如果原材料很重要，选择 B，如果是研究开发型企业，人力资源更重要，选择 A。

最高赋分本质上就是个权重，考虑影响因素的重要性次序，给出各影响因素的权重，见表 4-2 第二列。这样，每项每个因素的实际得分就可以按百分制给出。同样的问题打分结果见表 4-2 第三、四、五列。加权累加 ABC 的总得分，A 得到 81 分，B 得到 88 分，C 得到 78 分。结果与上面本质上是相同的。

表 4-2 选址综合评分表（权重）

选址影响因素	各因素权重	候选厂址		
		A	B	C
原材料	0.3	70	90	80
劳动力	0.2	90	80	80
运输	0.2	90	90	80
水源	0.1	80	90	80
土地价格	0.1	90	90	70
环保法规	0.05	70	90	70
税收	0.05	70	90	70
合计	1	81	88	78

综合评分法选中的方案是考虑多因素平衡的结果。以加权平均值决出胜负是常用的方法。对打分表的处理还可以用关键因素法。因为在诸多影响因素中，起作用的往往是关键因素。关键因素法的具体步骤如下。

第一步，考虑权重最小的影响因素，看看打分最小的方案能不能过得去。所谓过得去，就是一旦厂址选在这里，是可以接受的。如果可以接受，将这一影响因素划掉。这样划掉多个权重较小的影响因素，剩下3个影响因素，进入下一步。

第二步，在各方案各因素的打分中选择最小打分，将对应的方案划掉，重复选最小、划掉相应方案，直到只剩一个方案即为选定方案。

对上面的例子，执行第一步，得到表4-3，只剩3个影响因素。执行第二步，首先划掉A方案，然后划掉C方案，得到B方案。结果与前面一致。

表4-3 选址综合评分表（关键因素法）

选址影响因素	各因素权重	候选厂址		
		A	B	C
原材料	0.3	70	90	80
劳动力	0.2	90	80	80
运输	0.2	90	90	80

4.3.3 生产与服务选址的线性规划法

在厂址选择中，运输是重要的影响因素之一。线性规划的运输问题可以用来解决选址问题。显然，在选址的诸多影响因素中，线性规划法只考虑运输一个因素。只不过考虑得比较细致，将它放在整个运输系统的调运方案里考虑。

例4-2 某公司已经有两处生产厂A、B，现在扩大生产能力，需要新建厂，在可选的C、D两处选择一处。假设公司的产品全部运往铁路货站和港口，各厂的生产能力已知，生产厂以及备选厂到货站、港口的运费已知，运量已知，详见表4-4。

表4-4 厂址选择基础数据表

生产厂	货站运费	港口运费	生产能力
现有厂A	50	100	600
现有厂B	60	120	600
拟建厂C	80	100	600
拟建厂D	70	120	600
需求量	600	1 200	

解决问题的思路如下：将拟建厂C和已有的A、B共同组成生产运输系统，用线性规划法找到最好的调运方案，再将拟建厂D和已有的A、B共同组成生产运输系统，用线性规划法找到最好的调运方案，比较两个调运方案，选择使运输费用最低的方案。见表4-5和表4-6。

表 4-5 选择 C 厂调运方案运费

生产厂	货站	港口	生产能力
现有厂 A	50	100	600
现有厂 B	60	120	600
拟建厂 C	80	100	600
需求量	600	1 200	

表 4-6 选择 D 厂调运方案运费

生产厂	货站	港口	生产能力
现有厂 A	50	100	600
现有厂 B	60	120	600
拟建厂 D	70	120	600
需求量	600	1 200	

使用线性规划运输问题的最小元素法求解这两个调运方案。得到表 4-7 和表 4-8 的结果。

表 4-7 选择 C 厂调运方案

生产厂	货站	港口	生产能力
现有厂 A	600	0	600
现有厂 B	0	600	600
拟建厂 C	0	600	600
需求量	600	1 200	

表 4-8 选择 D 厂调运方案

生产厂	货站	港口	生产能力
现有厂 A	600	0	600
现有厂 B	0	600	600
拟建厂 C	0	600	600
需求量	600	1 200	

计算两个调运方案的总费用：

$C = 50 \times 600 + 120 \times 600 + 100 \times 600 = 162\ 000$

$D = 50 \times 600 + 120 \times 600 + 120 \times 600 = 174\ 000$

显然，C 方案好一些。

仔细分析两个备选厂的数据，方案 C 运往货站的费用 80，运往港口的费用 100；方案 D 运往货站的费用 70，运往港口的费用 120，也就是说，单独考虑运往货站，D 好于 C；单独考虑运往港口，C 好于 D。这种互相矛盾的事情，定性分析也能解决，根据调运常识，货站需要的量很少，原来的 A 厂就能满足，新厂只能运往港口，选其中距离港口近的一个。当然，这里的例子是简单的，实际的情况可能很复杂，多个厂，运到多个目的地。这时，用线性规划会得出满意的结果。下面补充线性规划运输问题的最小元素法的求解过程。

求解过程第一步见表4-5。可见，三个厂的生产能力都是600，总共1 800单位，就是供应量是1 800，货站的需求600，港口的需求1 200，总共也是1 800，供求相等，这是个平衡运输问题。运输方案安排工厂和货站、港口之间的6条运输路线的运量，使得总的运输费用最小。最小元素法的基本原理是，这6条线路，哪条费用最小，尽量多运，满负荷后，再找次最小的线路，这样下去，直到将所有的供货都运到需求地点为止。

第一步，在所有的运输费用中选最小，即 min{50，60，80，100，120，100}=50，对应的运输线路是A厂运到货站，满足它，给600运量，刚好A厂生产600，货站需求也是600。如果满足了需求就划去一列，满足了供方，就划去一行，进入下一步。

第二步，剩下的再选最小，参见表4-10，这时第一列已经划掉，第一行已经划掉，只有120和100两个数字，最小是右下角的100，对应的地方给出最大运量600，第三行已经满足，划去这一行，进入下一步。

表4-9　选择C厂调运方案求解过程（第二步）

生产厂	货站	港口	生产能力
现有厂A	(600)		600
现有厂B		120	600
拟建厂C		100 (600)	600
需求量	600	1 200	

第三步，如表4-10所示，仅剩一个数字120，选择最小也是它，填满600。本例计算已经完成，此调运方案就是表4-7的方案。

表4-10　选择C厂调运方案求解过程（第三步）

生产厂	货站	港口	生产能力
现有厂A	(600)		600
现有厂B		120 (600)	600
拟建厂C		(600)	600
需求量	600	1 200	

重复前面的选最小、给最大运量、划掉一行或一列的过程，直到供求都被满足为止。

另一调运方案的求解过程相同，不再重复。理论上，最小元素法的结果还不能保证就是最优解，但是，实际上多数就是最优解了。本书讲到此为止，感兴趣的同学请参考运筹学教材，学习如何调整运输方案，并检验最优解。

上面的例题是运输平衡问题，实际问题还有不平衡问题。如拟建厂的生产能力增加到800，原来的问题就变成不平衡问题，见表4-11。

表 4-11 运输不平衡问题

生产厂	货站	港口	生产能力
现有厂 A	50	100	600
现有厂 B	60	120	600
拟建厂 C	80	100	800
需求量	600	1 200	

这时，要加一个虚拟需求地，将其变为平衡问题，虚拟需求地的运输成本取一个大数，这个大数只要比表中所有运输成本都大就行。如本例取 150。构成的平衡问题见表 4-12。

表 4-12 运输不平衡问题转化为平衡问题

生产厂	货站	港口	虚拟需求	生产能力
现有厂 A	50	100	150	600
现有厂 B	60	120	150	600
拟建厂 C	80	100	150	800
需求量	600	1 200	200	

按最小元素法，得到调运方案见表 4-13。

表 4-13 运输不平衡问题的调运方案

生产厂	货站	港口	虚拟需求	生产能力
现有厂 A	600	0	0	600
现有厂 B	0	600	0	600
拟建厂 C	0	600	200	800
需求量	600	1 200	200	

转化后，按前面同样的方法求调运方案。值得注意的是虚拟需求上有 200 单位的运量，这实质上是没有实现的运输，即这 200 个单位产品仍然放在工厂里，参与下一次调运。

案例

麦当劳肯德基选址

麦当劳在我国的发展步伐无疑是飞速的，如今几乎没有孩子不知道麦当劳叔叔。有人说，这是麦当劳的本土化策略带来的结果。确实有这方面的原因，麦当劳会根据当地人的口味适当调整自己的配方，但只是一小部分，不管到哪里，它都把汉堡包作为自己的特色。本土化只是它成功的一个方面，麦当劳最成功的地方在于选址，它只选择在适合汉堡包生存的地方开店，所以它的每个店都非常成功。

麦当劳的工作人员表示，应该说，正因为麦当劳的选址坚持通过对市场的全面资讯和对位置的评估标准的执行，才能够使开设的餐厅，无论是现在还是将来，都能健康稳定地成长和发展。

以先标准后本土的思想建立的麦当劳，首先寻找适合自己定位的目标市场作为店址，再根据当地情况适当调整。它们不惜重金、不怕浪费更多的时间在选址上。但它们一般不会花巨资去开发新的市场，而是去寻找适合自己的市场；不会认为哪里都有其发展的空间，而是选择尽可能实现完全拷贝母店的店址。用一个形象的比喻来说，它们不会给每个人量体裁衣，它们需要做的只是寻找能够穿上其衣服的人。

连锁企业发展的标志就是规模扩张，它的前提是总部统一控制发挥整体优势，而实现这一目标的第一步就是通过选择合适的店址，进行最大限度的拷贝，使分店更加标准化，使总部经营管理更加简单化。麦当劳连锁经营发展成功的三个首选条件是"选址、选址、选址"，它们就是要选择目标市场以加快连锁经营的步伐。

据了解，麦当劳的选址主要分为以下步骤。

首先，市场调查和资料信息的收集。包括人口、经济水平、消费能力、发展规模和潜力、收入水平，以及前期研究商圈的等级和发展机会及成长空间。

其次，对不同商圈中的物业进行评估。包括人流测试、顾客能力对比、可见度和方便性的考量等，以得到最佳的位置和合理选择。在了解市场价格、面积划分、工程物业配套条件及权属性质等方面的基础上进行营业额预估和财务分析，最终确定该位置是否有能力开设一家麦当劳餐厅。

最后，商铺的投资是一个既有风险又能够带来较高回报的决策，所以还要更多地关注市场定位和价格水平，既考虑投资回报的水平，也注重中长期的稳定收入，这样才能较好地控制风险，达到投资收益的目的。

地点是饭店经营的首要因素，餐饮连锁经营也是如此。连锁店的正确选址，不仅是其成功的先决条件，也是实现连锁经营标准化、简单化、专业化的前提条件和基础。因此，肯德基对快餐店选址是非常重视的，选址决策一般是两级审批制，通过两个委员会的同意，一个是地方公司，另一个是总部。其选址成功率几乎是百分之百，是肯德基的核心竞争力之一。

1. 商圈的划分与选择
(1) 划分商圈。

肯德基计划进入某城市，就先通过有关部门或专业调查公司收集这个地区的资料。有些资料是搜集的，有些资料需要花钱去买。资料齐了，就开始规划商圈。商圈规划采取的是记分的方法，例如，这个地区有一个大型商场，商场营业额在1 000万元算一分，5 000万元算5分，有一条公交线路加多少分，有一条地铁线路加多少分。这些分值标准是多年平均下来的一个较准确的经验值。

通过打分把商圈分成好几类，以北京为例，有市级商业型（西单、王府井等）、区级商业型、定点（目标）消费型，还有社区型、旅游型等。

(2) 选择商圈。

即确定目前重点在哪个商圈开店，主要目标是哪些。在商圈选择的标准上，一方面要考虑餐馆自身的市场定位，另一方面要考虑商圈的稳定度和成熟度。餐馆的市场定位不同，吸引的顾客群不一样，商圈的选择也就不同。

肯德基与麦当劳市场定位相似，顾客群基本上重合，所以在商圈选择方面也是一样的。可以看到，有些地方同一条街的两边，一边是麦当劳另一边是肯德基。

商圈的成熟度和稳定度也非常重要。如规划局说某条路要开，在什么地方设立地址，将来这里有可能成为成熟商圈，但肯德基一定要等到商圈成熟稳定后才进入，例如说这家店3年以后效益会多好，对现今没有帮助，这3年难道要亏损？肯德基投入一家店要花费好几百万元，当然不冒这种险，一定是比较稳健的原则，保证开一家成功一家。

2. 聚客点的测算与选择
(1) 要确定这个商圈内，最主要的聚客点在哪。

例如，上海的淮海路是很成熟的商圈，但不可能淮海路上任何位置都是聚客点，肯定有最主要的聚集客人的位置。肯德基开店的原则是：努力争取在最聚客的地方和其附近开店。

过去古语说"一步差三市"。开店地址差一步就有可能差三成的买卖，这跟人流动线（人流活动的线路）有关，可能有人走到这，该拐弯，则这个地方就是客人到不了的地方，差不了几步路，但生意差很多，这些在选址时都要考虑进去。

人流动线是怎么样的，在这个区域里，人从地铁出来后是往哪个方向走等，这些都派人去掐表，去测量，有一套完整的数据之后才能据此确定地址。

(2) 选址时一定要考虑人流的主要流动线会不会被竞争对手截住。

例如，某个社区的马路边有一家肯德基店，客流主要自动向西走。如果往西一百米，竞争者再开一家西式快餐店就不妥当了，因为主要客流是从东边过来的，再在西边开，大量客流就被肯德基截住，效益就不会好。

麦当劳和肯德基的选址要决，其实对我们的个人投资者来说也有不少的借鉴意义。虽然我们不可能像它们一样做那么多繁杂的测算，但其许多有益的思路还是值得学习的，能够让我们经营商铺选址时把握得更加准确。

资料来源：http://www.ppsj.com.cn

本 章 小 结

本章介绍了生产和服务选址的基本理论，包括中心地带理论、区域相互作用理论、土地价值理论和最小差别理论。中心地带理论考虑商业经营能够吸引顾客的范围以及商业经营维持盈亏平衡的最小营业量，如果可能的顾客源带来的营业量大于盈亏平衡的最小营业量，那么该地带就是可行的地址。区域相互作用理论考虑两个距离不大的商业区之间的相互作用。土地价值理论认为城市中所有可选的地点都会被出最高租金的商家占有，因此土地资源得到了最好的使用，体现出其最高价值。该理论假设不同零售业态的选址依赖于其竞投的租价。最小差别理论的主要观点是处在同一市场环境中一定数目的商铺如果聚集在一起，将获得最好的经营效果。这就是后来发展起来的商业集聚理论。

生产和服务选址的影响因素有：资源、市场、运输条件，人力资源、政治税务环境等社会环境，水源、土地、气候等自然环境。首先考虑的是资源、市场、运输条件。依赖自然资源的生产企业要选择自然资源丰富的地区建厂，依赖市场的服务型企业要靠近市场建设服务系统。不论哪种情况，运输都是重要的因素。靠近资源的资源型企业要自己修路架桥，社会环境主要是人力资源，政治稳定和税收政策情况。水源、土地、气候等自然环境影响企业的生产和生活，也是选址考虑的重要因素之一。

选址方法主要介绍了商圈分析法、综合评分法、线性规划法。

商圈分析法将商业地址周围分为核心商圈、次级商圈及边缘商圈，核心商圈顾客比重较大，次级商圈顾客比重较小，边缘商圈仅有很少顾客源。进入汽车时代，交通方便程度要考虑进去，一条城铁沿线，即使距离比较远，可能都是核心商圈。本书以加油站为例，展示了商圈分析的基本过程。

综合评分法又叫专家综合评判法，考虑诸多选址影响因素，请专家根据重要性程度给出每一个因素的权重，并对每个方案的每个因素比较打分，比较时只考虑单一因素各方案的有利程度，好的打高分，不好的打低分。然后，用加权平均或其他方法处理打分结果，得到方案的综合评判结果。综合评分法适用于对直观上分不出高低的少数几个方案进行比选。

借用线性规划的运输问题，形成了选址的线性规划法。值得注意的是，线性规划只是考虑了单一的运输费用，它的优点是，将待选地址的运输放在整个商业系统的运输方案中考虑。商业系统的运输方案比较复杂时采用线性规划法。此法还可进一步将相关的成本因素考虑进去，读者可尝试将待选厂的生产成本考虑进去。

讨论题

1. 中心地带理论、区域相互作用理论、土地价值理论和最小差别理论分别适用于哪种类型的选址？
2. 生产和服务选址的影响因素有哪些？
3. 选址的商圈分析的一般步骤是什么？
4. 综合评分法有哪些优缺点？
5. 用线性规划的运输问题选址，需要哪些已知条件？

练习题

4-1：某厂址选择的因素权重及赋分见表 4-14，请在候选厂址中作出选择。

表 4-14　选址赋分表（权重）

选址影响因素	各因素权重	候选厂址		
		A	B	C
原材料	0.3	50	90	60
劳动力	0.2	90	60	90
运输	0.2	90	60	70
水源	0.1	60	90	90
土地价格	0.1	90	90	60
环保法规	0.05	60	50	90
税收	0.05	70	50	50
合计	1			

4-2：某公司已经有两处生产厂 A、B，现在扩大生产能力，需要新建厂，在可选的 C、D 两处选择一处。假设公司的产品全部运往铁路货站和港口，各厂的生产能力已

知,生产厂以及备选厂到货站、港口的运费已知,运量已知,详见表4-15。请你用线性规划的运输问题的解法选择拟建厂址。

表 4-15 厂址选择基础数据表

生产厂	货站运费	港口运费	生产能力
现有厂 A	80	120	700
现有厂 B	70	130	700
拟建厂 C	60	100	700
拟建厂 D	50	90	700
需求量	1 600	1 200	

第 5 章

本章学习目标
1. 理解生产和服务系统布置的目标；
2. 了解生产和服务系统布置的类型；
3. 了解生产和服务系统布置的原理；
4. 了解生产和服务系统布置的一般程序；
5. 掌握流水线平衡问题的解决思路。

生产和服务系统布置

生产和服务系统布置解决工厂、学校、商店的内部建筑物、道路、厂房的布局问题，也研究厂房内部车间的布局、商店内部商品的摆放、生产流水线工作站的设计等。这些工作简称工厂布置。与厂址选择相比，工厂布置也有大学问。布置出来的生产系统要运转起来方便，少占土地，建筑物、道路、草坪要井然有序、美观。厂房内部使用面积要大，行走、运输要通畅，尽量降低建设成本。工厂布置涉及建筑设计、园林、工业工程、工业设计、美工等多门学科。

5.1 生产和服务系统布置的基本问题

生产和服务系统布置的好坏影响到生产运作的效率和效果。它决定了生产系统的生产能力、生产工艺、生产的灵活性、生产成本以及产品质量，而且投资大，因此生产系统决定企业的竞争力。对于流程型生产，装置一旦出现设计问题，改进也需要再投资。因此，生产和服务系统布置是百年大计，需要细致认真对待。本节主要介绍生产和服务系统布置的目标、类型和参数。

5.1.1 生产与服务系统布置的目标

布置生产和服务系统，首先需要明确要达到的目标。

1. 高效利用空间、设备和人员

厂区的空间都是有限的，利用好了，在同样的生产能力下，厂区有更多的草坪，厂房内的道路更宽敞。设备的利用主要是指公共设施，如用水多的车间靠近水源，用热多的车间靠近锅炉，液动力、气动力集中统一考虑等。

2. 顺畅的信息流、物流、人流

生产和服务系统的正常运转依靠信息流、物流、人流的有序流动，特别是物流，布置不好会占用较多空间和工时，造成不必要的浪费。生产系统布置时要重点考虑物流。

3. 舒适人性化的工作环境

生产和服务系统是人员工作的地方，要尽量营造舒适的人性化的工作环境。当然，生产车间机器噪声、各种污染是常有的，要采取必要的通风、降尘措施，将环境污染控制在允许的范围内。

4. 良好的与顾客交互的环境

服务系统要求与顾客建立良好的交互环境。现代服务窗口有降低窗台的趋势。美国银行业发达，顾客流较少，营业室一般不设窗口，顾客在等待区等待，轮到接受服务时先被引到接待室，说明服务要求后，服务人员去办理，顾客在接待室等待，服务员办好后将顾客送走。

5. 方便维护，易于改造和增添设备

随着需求的变化，生产和服务系统需要经常改造，扩大生产能力，或者增加新的服务项目。生产和服务系统的设计要充分考虑这一点，设计时留有余地，方便改造、扩建。

5.1.2 生产与服务系统布置的类型

经济的繁荣，出现了各种各样的生产和服务系统，每种系统都有自己独特的布置特点，要分门别类加以研究。生产和服务系统被分为如下类型。

1. 建筑安装生产系统布置

建筑安装生产系统就是人们常见的建筑工地。其特点是，建筑物在固定的地点上被建造起来，空间小，系统复杂。建筑安装生产系统还有临时性的特点，导致出现了临时建筑，以及不安全隐患。

2. 流程型生产系统布置

炼油厂、化工厂、化肥厂的生产系统属于流程型生产系统。流程型生产系统的特点是生产装置多而复杂，各种装置错综复杂地连接在一起。装置的布置依赖生产流程，技术水平高。

3. 加工制造型生产车间布置

加工制造型生产车间的布置是比较成熟的，按工艺要求布置成工艺专业化生产车间，或者布置成对象专业化生产车间，对象专业化车间进一步可以按流水线或自动化流水线布置。

4. 办公室布置

与生产系统相比，办公室布置相对简单，但办公室布置影响工作效率甚至是公司生意，因此也不容忽视。

5. 零售业布置

零售业的布置，就是商店和超市里面商品的摆放和布局。商店的布置涉及购物环境，极大影响营业效果。

5.1.3 生产与服务系统布置考虑的因素

不论哪种生产系统类型，生产和服务系统布置时都有一些共同要考虑的因素。

1. 建筑物、固定设备的布局

生产和服务系统中有许多固定设备，生产和服务系统布置首要的是固定设备的布局。布局有多个层次，第一层次是厂区各建筑物、大型装置的布局；第二层次是车间内部设备的布局；第三层次是一套装置、一条生产线的摆放。布局要求整体摆放有序、美观，少占平面和空间，留出足够的移动设备的通道。

2. 移动设备的选择及其通道

实际上，移动设备的活动范围和固定设备的布局是一起考虑的。根据移动设备自身的特点，还具体考虑一些问题。如常见的移动设备有电瓶车、轨道车、叉车、卡车、电梯、天车、塔吊等，根据搬运物料的特点选择合适的设备，同时留出相应的空间，修建相应的配套建筑。

3. 物料搬运距离和成本

生产系统布局时，需要考虑物料搬运距离和成本。在厂区内部，总体感觉都不太远，轻工业生产物料轻，运量少，物料搬运距离和成本并不明显，但是，重工业就不同了，钢铁、煤炭、水泥、化工等生产企业，物料多而重，厂内的运输成本也不能忽视。运量大的两个车间尽量靠近布置。还要考虑生产流程，不能造成反向运输。从原材料进厂到产品出厂的最短路线称为正向运输，反向运输会增加运输成本。

4. 满足生产能力和生产工艺需求

生产和服务系统的生产能力和工艺需求是重要的,仅仅布置得好看,中看不重用是不行的。一定要满足生产能力和生产工艺需求。防止考虑许多外围的因素,忘记了主要因素。有时,满足要求和降低搬运成本、合理布局、环境是相互矛盾的,布置就是要很好地解决这些矛盾。

5. 空气、采光、噪声等环境因素

人员要在生产系统里面工作,因此空气、采光、温度及湿度都会影响人员的舒适度。有些生产过程对环境也有要求,要统筹考虑。如纺织车间对空气湿度有严格要求。机器和装置要控制噪声和粉尘。

6. 安全防火

生产系统的安全防火是非常重要的,要按规定设计好消火栓,配备消防器械。银行、仓库、重要仪器和场所要设计安全门,非工作人员不得进入。

5.2 生产和服务系统布置

前面讨论了生产和服务系统布置的类型及生产和服务系统布置考虑的因素。本节按前面提到的类型逐一讨论具体布置问题。

5.2.1 建筑安装工地布置

建筑安装生产系统简称工地,工地由围栏、办公区、作业区、材料区、生活区组成。

1. 围栏

工地必须封闭打围,围墙高度不得低于 2.4 m,墙体必须安全牢固,围墙边不得堆放各类建筑材料及渣土。城市主干道和重点路段的施工围墙应绿化、亮化、美化。

2. 工地平面布置、施工标志图牌及材料堆放

工地办公区、作业区、生活区在施工场地许可的情况下应分开设置,并按照施工现场平面布置图科学合理规划布置。施工现场主要进出口处应标有企业名称或企业标识,并设置施工标志牌,大门内应悬挂施工现场平面布置图和安全生产、文明施工、消防保卫、环境保护等制度牌。施工机具设备及建筑材料按施工现场平面布置图分类堆放,建筑材料应设标识牌,标明材料名称、规格、型号、产地、保管人等。

工地进出道口设置不得少于 2 个。道口宽度不得超过 5 m,进出道口和工地内场道路应用混凝土硬化覆盖,路面平整、坚实,能满足载重车辆通行要求。施工现场必须设置洗车池、冲洗槽和沉淀池,配置高压水枪。车辆必须通过洗车池,经高压水枪冲洗后,方能驶出工地。洗车池内必须存水,并要定时换水,及时清除淤泥。

3. 封闭作业

工地的加工、制作等活动必须在施工围墙内进行,围墙外严禁堆放建筑材料和建筑垃圾。结构主体二层(含二层)以上,必须采用符合安全要求的密度网(2 000 目及以上)进行封闭,封闭必须高于作业面且同步进行。工程外立面要保持干净、整齐、牢

4. 施工扬尘、废气防治

施工现场的主要道路必须进行硬化处理，土方应集中堆放。裸露的场地和集中堆放的土方应采取覆盖、固化或绿化等措施。建筑物内施工垃圾的清运必须采用相应容器或管道运输，严禁凌空抛掷。粉尘材料必须入库保管，沙石料必须覆盖防止扬尘。施工过程中，易产生扬尘的工序必须采取降尘措施，施工现场的浮土必须及时洒水清扫。

5. 临时生活设施

宿舍内应保证有必要的生活空间，室内净高不得小于 2.6 m，通道宽度不得小于 0.9 m，宿舍必须设置可开启式窗户，保证室内空气流通。宿舍内应使用钢制床架，床铺不得超过 2 层，严禁使用地铺、通铺。宿舍内应设置生活用品专柜，有条件的宿舍宜设置生活用品储藏室。

食堂应设置在距离厕所、垃圾站、有毒有害场所等污染源 20 m 以外的地方。食堂应设置独立的制作间、储藏间，门扇下方应设不低于 0.2 m 的防鼠挡板。制作间灶台及其周边应贴瓷砖，所贴瓷砖高度不得小于 1.5 m，地面应做硬化和防滑处理。食堂应配备消毒、冷藏和排风设施。食堂必须配备纱门、纱窗、纱罩。食堂必须有卫生许可证，炊事人员必须持身体健康证上岗。

厕所应设置通风良好的可冲洗式厕所，厕所应将门窗及照明设施安装齐全。厕所地面、墙裙、蹲坑、小便槽应贴瓷砖，蹲位之间必须设置隔板，隔板高度不得低于 0.9 m。厕所应有符合抗渗要求的带盖化粪池，厕所污水应经化粪池接入市政污水管网。男女厕所必须分设。

淋浴房及盥洗处设置满足需要的淋浴喷头及节水龙头，地面应作防滑处理，淋浴房、盥洗处应定时保证充足的热水供给。淋浴房内应设置长凳、储衣柜或挂衣架。男女淋浴房必须分设。

工间休息茶亭应设置在施工区域旁，并与施工区域保持符合安全规定的距离。工间休息茶亭应能挡风遮雨，并保证通风采光良好，应配备茶水桶、长条座椅，夏冬两季应相应设置防暑降温和防寒保暖设施。

5.2.2 流程型生产系统布置

流程型生产布置首先要满足生产流程的需要。以啤酒生产为例，参见图 5-1，可以有 10 道生产工艺：粉碎、糊化、过滤、煮沸、回旋沉淀、冷却、发酵、成熟、过滤、包装出厂。这些工序组合后要建设麦芽车间、糖化车间、发酵车间和包装车间。车间的分工是麦芽车间将大麦培养成麦芽，粉碎成酿造麦芽。酿酒的关键工序是发酵，发酵前的一系列准备在糖化车间进行，在糖化车间里，粉碎的麦芽在糊化锅中混合，过滤掉麦芽的皮壳，进入煮沸锅，此时加入酒花和糖，经冷却进入发酵车间。在特定的温度下，在酵母菌的作用下，经过 8~10 天，再经过 7~21 天的成熟工序，啤酒进入包装车间。某啤酒厂区布置见图 5-2。

厂区总体布置完成后，进行车间布置。除了上面提到的生产车间，还有辅助车间、

生产与运作管理

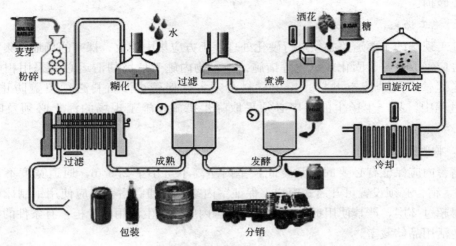

图 5-1 啤酒生产流程示意图

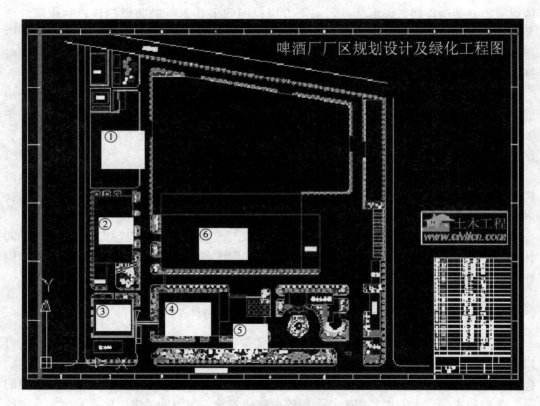

图 5-2 某啤酒厂厂区布置图①

图中：①麦芽；②糖化车间；③发酵车间；④包装车间；⑤发货区；⑥办公楼。

公共系统和办公及生活设施，辅助车间包括通风空调室、变电配电室、车间化验室、控制室；公共系统有供电、供水、排水、供热、制冷等；办公及生活设施包括车间办公

---

① http://yuanlin.civilcn.com/yltz/jggh/121868705510594.html

室、会议室、更衣室、休息室、浴室及厕所等。车间布置设计必须在充分调查的基础上，掌握必要的资料作为设计的依据或供参考。这些资料包括：生产工艺流程图；物料衡算数据及物料性质；设备资料；公用系统耗用量，供排水，供点，供热，冷冻，压缩空气，外管资料等；土建资料和劳动安全、防火、防爆资料；车间组织及定员资料；厂区总平面布置；有关布置方面的一些规范资料。

5.2.3 加工装配车间布置

加工装配生产系统的布置主要考虑工艺专业化和对象专业化情况。整体布局比较灵活多样。一般先选定装配线位置，本着为装配线服务方便的原则，一侧平行布置对象专业化生产的零部件，另一侧布置一个较大的工艺专业化生产车间和办公生活区。

图5-3为一个加工装配车间的布置示意图。

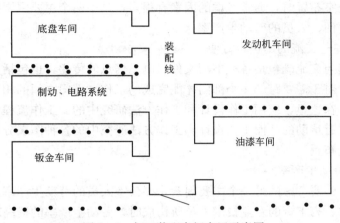

图5-3 加工装配车间布置示意图

按着工艺专业化布置的车间，同一种加工工艺的机器设备集中放在一起，构成一个生产车间，另一种工艺的设备放在另一个车间，如车床车间、钻床车间、磨床车间、铣床车间、冲压车间、热处理车间。工件要在各车间频繁搬运。车间的相互位置要由所生产的产品零部件在车间之间的搬运量决定。一般先根据经验确定初步位置，之后看是否符合搬运量大的比较靠近的原则，作出适当的调整。例如，假设统计某一段时间车间之间的运量如表5-1所示。

表5-1 车间运量表

车间	冲压车间	钻床车间	车床车间	铣床车间	磨床车间	热处理
钻床车间			60	30	20	10
车床车间		30		100	100	
铣床车间		10			80	100
磨床车间						100
热处理					20	
冲压车间		20	20			20

根据表5-1的运量数据，车床车间往铣床和磨床车间送货较多，热处理车间接收

较多，调整为图5-4的布置方式。这时，发现铣床到磨床有80个单位的较大运量，但不能让两车间靠近。实际上，只能考虑几个最大的运量，多数满足就可以了。如图5-5所示。

钻床车间	磨床车间
车床车间	热处理车间
铣床车床车间	冲压车间

图5-4　加工车间相对位置图

冲压车间	磨床车间
热处理车间	车床车间
钻床车间	铣床车间

图5-5　加工车间调整后相对位置图

5.2.4　办公室布置

1. 办公室布置考虑因素

在进行办公室布置时，通常考虑的因素有很多，其中两个主要因素为：信息传递与交流的迅速、方便；人员的劳动生产率。

1) 信息传递与交流的迅速、方便

信息的传递与交流既包括各种书面文件、电子信息的传递，也包括人与人之间的信息传递和交流。对于需要跨越多个部门才能完成的工作，部门之间的相对地理位置也是一个重要问题。在这里，应用工作设计和工作方法研究中的"工作流程"的概念来考虑办公室布置是很有帮助的。而工作设计和工作方法研究中的各种图表分析技术也同样可以应用于办公室布置。

2) 人员的劳动生产率

办公室布置中要考虑的另一个主要因素是办公室人员的劳动生产率。当办公室人员主要是由高智力、高工资的专业技术人员所构成时，劳动生产率的提高就具有更重要的意义。而办公室布置，会在很大程度上影响办公室人员的劳动生产率。但也必须根据工作性质的不同、工作目标的不同来考虑怎样的布置更有利于生产率的提高。例如，在银行营业部、贸易公司、快餐公司，开放式的大办公室布置使人们感到交流方便，促进了工作效率的提高；而在一个出版社，这种开放式的办公室布置可能会使编辑们感到无端的干扰，无法专心致志地工作。

2. 办公室布置的相关图法

相关图法又叫作业相关图法，不仅可以用于办公室的布置，还可以用于车间布置，道理很简单，同级别的办公室之间、车间之间都有业务往来关系，其中有些交往频繁、关系密切，有些关系不密切。找出关系密切的尽量布置在一起。相关图法可将关系的密切程度分为4级：A（Absolutely Important）、E（Essential Important）、I（Important）、O（Ordinary）。

用相关图分析办公室布置问题，如图5-6所示，秘书与总经理、办公室入口、资料室、复印室有绝对的相关关系，与工程师办公区有重要的相关关系，总经理与技术主管有重要的相关关系。图中只画出了两级，这样更能突出重要的关系。根据分析，布置的办公室如图5-7所示。秘书在办公室入口处，在大办公室中，靠近门口和秘书，给总经理分隔出一个独立的小办公室。对角处给技术主管分隔出独立的小办公室。余下的空间用作工程师的办公区。库房暂时没有，可以另外申请空间。

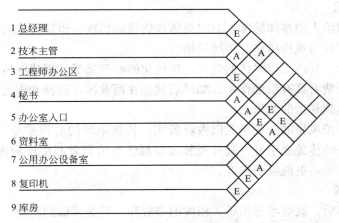

图 5-6 相关图法确定办公室关系

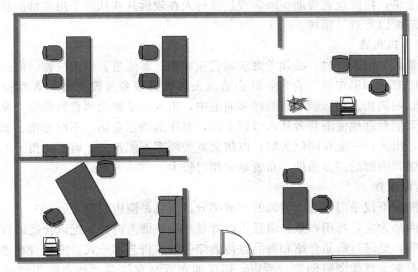

图 5-7 办公室布置图

5.2.5 商店布置

商店布置分为室外布置和室内布置。室外装饰是指店铺门前和周围的一切装饰。如广告牌、霓虹灯、灯箱、电子闪示广告、招贴画、传单广告、店铺招牌、门面装饰、橱窗布置和室外照明等。店铺要想取得好的经济效益，首先必须使消费者走进店里。除广告宣传、传统声望等因素外，消费者对一个陌生商店的认识是从外观开始的。人对事物的一般心理反应是，一个室外装修高雅华贵的店铺，销售的商品也一定高档优质；而装饰平平或陈旧过时的外观，其销售的商品则相对档次低下，质量难保。过于豪华或简陋的装饰，搭配不协调的布置，本身就是拒绝消费者的人为屏障。

1. 室外布置

室外布置主要包括外观布置、出入口布置、招牌布置、橱窗布置、外部照明布置。

1) 外观布置

外观是店铺给人的整体感觉，有时会体现店铺的档次，也能体现店铺的个性。从整体风格来看，可分为现代风格和传统风格。

现代风格的外观给人以时代的气息，现代化的心理感受。现代派风格，这对大多数时代感较强的消费者具有激励作用。如果店铺是在商业区，选择和附近的大商场相一致的风格，就能达到和谐的效果。

具有民族传统风格的外观给人以古朴殷实、传统丰厚的心理感受。许多百年老店，已成为影响中外的传统老字号，其外观装饰等都已在消费者心中形成固定模式，所以，用其传统的外观风格更能吸引顾客。

2) 招牌布置

当取好店名后，就要考虑招牌。招牌的布置和安装必须做到新颖、醒目、简明，既美观大方，又能引起顾客注意。因为店名招牌本身就是具有特定意义的广告，所以，从一般意义上讲，招牌设置要能使顾客或过往行人在较远处或从多个角度都能较清晰地看见，夜晚应配以霓虹灯招牌。

3) 出入口布置

在布置店铺出入口时，必须考虑店铺营业面积、客流量、地理位置、商品特点及安全管理等因素。如果布置不合理，就会造成人流拥挤或商品没有被顾客看完便到了出口，从而影响销售。在店铺设置的顾客通道中，出入口是驱动消费流的动力泵。好的出入口布置要能合理地使消费者从入口到出口，有序地浏览全场，不留死角。如果店面是规则店面，出入口一般在同侧为好，以防太宽使顾客不能走完，留下死角。不规则的店面则要考虑到内部的许多条件，布置难度相对较大。

4) 橱窗布置

商店橱窗不仅是门面总体装饰的组成部分，而且是商店的第一展厅，它以本店所经营销售的商品为主，巧用布景、道具，以背景画面装饰为衬托，配以合适的灯光、色彩和文字说明，是进行商品介绍和商品宣传的综合性广告艺术形式。消费者在进入商店之前，都要有意无意地浏览橱窗，所以，橱窗的布置与宣传对消费者购买情绪有重要影响。橱窗的布置，首先要突出商品的特性，同时又能使橱窗布置和商品介绍符合消费者的一般心理行为，即让消费者看后有美感、舒适感，对商品有好感和向往心情。好的橱窗布置既可起到介绍商品、指导消费、促进销售的作用，又可成为商店门前吸引过往行人的艺术佳作。

5) 外部照明布置

这里的外部照明主要指人工光源使用与色彩的搭配。它不仅可以照亮店门和店前环境，而且能渲染商店气氛，烘托环境，增加店铺门面的形式美。

色彩是人的视觉的基本特征之一，不同波长的可见光引起人们视觉对不同颜色的感觉，形成了不同的心理感受。如玫瑰色光源给人以华贵、幽婉、高雅的感觉；淡绿色光源给人以柔和、明快的感觉；深红色刺激性较强，会使人的心理活动趋向活跃、兴奋、激昂或使人焦躁不安；蓝靛色刺激较弱，会使人的心理活动趋向平静，控制情绪发展，但也容易产生沉闷或压抑的感觉。色彩依红橙黄绿蓝靛紫的顺序排列，强弱度依次由强转弱。

2. 室内布置

商店的室内布置根据店铺的面积，可以有多种方式，根据具体的商品特点而定，一般有以下原则。

1) 经济性

商业店铺的面积租金都很贵，寸土寸金。商店除给顾客和货物留出必要的行走通道外，尽量利用一切可用的空间扩大营业面积。

2) 安全性

店铺布置安全是第一位的，整个商店对外的通道都要有安全防范措施，包括安全门、安全网，天花板上的、地下室的对外通道也要有安全措施。再就是确保收银台、贵重商品库房的安全。主要通道要安装摄像头，一旦发生安全事故，摄像资料可协助破案。

3) 效益性

目前商店经营都设置品牌出租屋，在保证公共设施和大众公共商品排放齐全的前提下，尽量多设置品牌出租屋。出租屋可采取差别定价的方式。收费可以采取租金加营业分成的形式。

4) 舒适的购物环境

随着人们生活水平的提高，对环境的要求也随之提高。除了环保的装潢和设置休息坐椅外，还要考虑配套餐饮场所。

图 5-8 是一个典型的超市布置图。下面一进门是收银台，进去是日常用品区和保存时间较长的干果、罐头货架，中间是冷冻食品柜、酒类，右上角是肉类、鱼类，右下角是当场加工的食品和快餐。

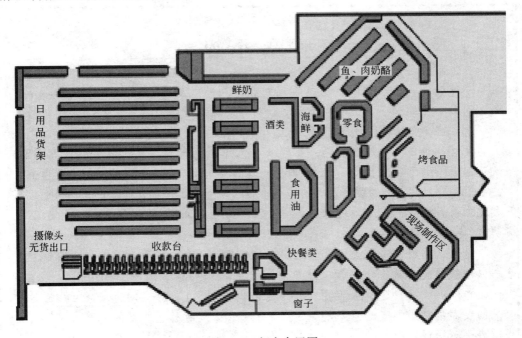

图 5-8 超市布置图

案例

台湾某工业园炼化一体化布置

炼化一体化是指炼油和石油化工一体化布置。炼油的主要装置有常压塔、减压塔，简称常减压，经过常减压工艺过程，从原油中提取出汽油、柴油、煤油，剩下的经催化裂化进一步提取汽油、柴油、煤油，之后作为化工产品的原料，进入石油化工生产阶段。当然，也可以用石油或天然气直接生产化工产品。常见的石油化工产品有乙烯、聚乙烯、聚丙烯、润滑油、沥青、石蜡等。

台湾某工业园炼化一体化布置，炼油厂、乙烯厂、气电厂、发电厂、锅炉厂、硅单晶片厂及石化相关工厂62座布置在一起。布置理念是：油化结合，资源优化，相互依托，互惠互利。从油开始，合理配置来源不同的原油，适合炼制成品油的就炼油，适合制作芳烃的制作芳烃，适合做乙烯的制作乙烯，高辛烷值的石脑油用作调和汽油，芳烃多的石脑油供应重整装置。

一体化布置，炼油出来的副产品都被有效地利用起来。炼厂干气、LPG资源做乙烯装置原料，炼厂丙烯做聚丙烯原料。乙烯和炼油布置在一起，裂解原料全部或大部依托炼厂解决，裂解原料优质稳定。充分利用炼厂干气后乙烯原料轻质化，乙烯收率高。

炼化一体化布置，各装置原料互供，距离短，不设较短的管道，节省了运输费用。

炼化一体化布置，共享储运设备，可节约储运设备的投资。供物储料罐不必两面重复设置，可共建在一处。炼化一体化后，12个5万立方米的石脑油储罐，可供炼油、乙烯、海外输进原油共同使用。

以工业园的形式集中布置炼化工厂，还有很多好处，如炼化管理和技术人才云集在这里，信息传播快，高级技术人员可以被充分利用。形成人才的有效流动。为炼化提供服务的中小企业，如零配件供应，可形成充分竞争的格局，可进一步降低生产成本。

本 章 小 结

本章介绍了生产和服务系统布置的相关问题。生产和服务系统布置的目标是：高效利用空间、设备和人员；顺畅的信息流、物流、人流；舒适人性化的工作环境；良好的与顾客交互的环境；方便维护，易于改造和增添设备。

生产和服务系统的类型有：建筑安装生产系统布置；流程型生产系统布置；加工制造型生产车间布置；办公室布置；零售业布置。生产和服务系统布置考虑的主要因素有：建筑物、固定设备的布局；移动设备的选择及其通道；物料搬运距离和成本；满足生产能力和生产工艺需求；空气、采光、噪声等环境因素；安全防火。

造船、飞机制造等大型设备的制造与建筑安装类似，称为固定制造布置。本书以建筑安装工地为例讲授。建筑安装生产系统简称工地，工地由围栏、办公区、作业区、材料区、生活区组成。建筑工地虽然有临时性的特点，但是临时建筑物要满足功能和安全需要，要尽量绿化美化。建筑材料的摆放要整洁有序，通道要干净畅通。

流程型生产布置首先要满足生产流程的需要。本书以啤酒生产为例，10道工序分为4个生产车间，依次是麦芽车间、糖化车间、发酵车间和包装车间。车间可成一字形排列，也可L形排列，工序较长的还可U形排列。除了主要生产车间，还有辅助生产车间、公共供应车间，以及办公、生活区域。

加工装配型生产系统的布置主要考虑工艺专业化和对象专业化情况。整体布局比较灵活多样。一般先选定装配线位置，本着为装配线服务方便的原则，一侧平行布置对象专业化生产的零部件，另一侧布置一个较大的工艺专业化生产车间和办公生活区。

机械加工厂车间之间的相对位置主要考虑车间之间半成品的运输量，运输量大的尽量靠近布置。

办公室布置有两个主要的因素：信息传递与交流的迅速、方便；人员的劳动生产率。各科室之间要考虑相关性，可用相关关系图，相关关系紧密的靠近布置。本书给出的办公室是典型的公司办公室布置，进门先见到秘书，经理和高层有小单间，一般工程师、管理人员在大厅。为了方便和客户商谈业务，也可增加一个会客室。

商店的室内布置和室外装潢都很重要，室外的装潢要能吸引顾客，室内要充分利用有限的空间多摆放商品，留有方便顾客购物的通道。商店的安全很重要，特别是收银台、贵重商品的安全。所有进入商店的通道都要采取安全防范措施，安全门、防护网、摄像头齐全。

讨论题

1. 生产和服务系统布置的目标是什么？
2. 从系统布置角度讲，生产和服务系统有哪些类型？
3. 建筑安装现场布置的特点有哪些？
4. 什么是对象专业化布置？
5. 什么是工艺专业化布置？

练习题

5-1：经长期统计，车间之间的运量如表5-2所示。

表5-2　车间运量表

车间	冲压车间	钻床车间	车床车间	铣床车间	磨床车间	热处理
钻床车间			30	60	20	10
车床车间		30		80	100	
铣床车间		10				100
磨床车间						100
热处理					20	
冲压车间		20	20			20

请根据表5-2的运量数据，布置这些生产车间的相对位置。

5-2：图5-9是××综合行政办公中心停车场的示意图，位于××东大桥西头的十字路口的东南角，现在的停车场的出入口如图所示，需特别指出的是，东西向的马路中间设有隔离带，请问，车厂的出入口布置是否合理？

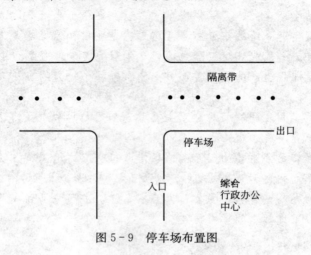

图5-9 停车场布置图

第 6 章

本章学习目标
1. 理解生产计划的目标和任务；
2. 熟悉生产计划的主要内容；
3. 掌握生产能力平衡的主要方法；
4. 熟悉生产能力平衡的主要策略；
5. 掌握服务人员排班计划的基本过程。

生产与运作计划

管理都是从计划开始的,生产与运作计划是生产运作管理的核心内容。本章讲述的基本内容有:生产计划的基本概念,生产能力的平衡,车间作业计划的编制方法,随机服务系统,服务排班计划的编制方法。本章学习的重点内容是满足生产能力平衡的策略和生产能力平衡的线性规划方法。

6.1 生产计划概述

生产与运作计划,简称生产计划,就是企业在未来一段时期运作的时间表。生产计划要根据市场和顾客需求,充分利用企业的技术、人员、设备、材料等资源,规划生产和服务的时间,规定生产和服务的质量,估计生产和服务的成本。

生产计划是工厂管理内部运作的核心。一个优秀的工厂,其内部管理应该是围绕着生产计划来进行的。生产计划有月度计划、周计划、日计划。不过随着 MRP 以及 ERP 的使用,使得财务管理、物流管理、生产管理集成化,管理信息系统成为控制工厂内部运作的核心了。

6.1.1 生产计划要解决的基本问题

生产计划要解决的基本问题有生产计划的任务、生产计划的内容、生产计划的种类、生产计划的标准等。

1. 生产计划的任务
(1) 要保证交货日期与生产量;
(2) 使企业维持同其生产能力相称的工作量(负荷)及适当的开工率;
(3) 作为物料采购的基本依据;
(4) 将重要的产品或物料的库存量维持在适当水平;
(5) 在长期的生产计划中,作出人员与机械设备补充的安排。

2. 生产计划的内容
(1) 提供什么样的产品和服务——产品名称、服务项目、零部件名称;
(2) 提供多少产品和服务;
(3) 提供产品和服务的所有部门、单位;
(4) 原材料、半成品、成品的交货期限、交货地点、交货方式。

3. 生产计划的用途
(1) 物料需求计划的依据;
(2) 产能需求计划的依据;
(3) 其他相关计划的制订依据。

4. 生产计划的种类
生产计划按计划期的长短划分为多种类型,同时具有多个计划层次,见表 6-1。

表 6-1 生产计划类型表

计划种类	对象	层次	计划期	时间单位
长期	产品群/工厂	企业层	2~3 年	季
中期	出厂产品/车间	企业层	3~6 个月	月或周

续表

计划种类	对象	层次	计划期	时间单位
月计划	零部件/设备/人	工厂层	1个月	周或日
周计划	零部件/设备/人	车间层	1周	日
日计划	零件/设备/人	车间	1日	小时

按计划的内容，还分为作业计划、工艺计划、材料、零部件采购计划、日程计划和库存计划等。

5．生产计划的层次

长期和中期计划就是企业层的生产计划，短期计划就是工厂和车间层的计划。集团企业还有更高层的计划。高层生产计划涉及面广而粗略，基层的生产计划具体、细致。

6．生产计划的要求

1) 作业计划的要求

包括作业及加工场所，加工的种类、顺序、标准工时等。

2) 工艺计划的要求

包括生产工艺各环节的能力标准和负荷标准。

3) 材料、零部件计划的要求

包括零件构成表及零件表，批量大小、产出率。

4) 日程计划的要求

包括基准日程表、加工及装配批量。

5) 库存计划的要求

库存管理分区，订购周期、订购点、订购量，安全库存、最高库存、最低库存。

上述计划标准，每逢变化时，应及时修正并予维持。

6.1.2　生产能力平衡的主要方法

生产计划就是对人、材料、设备的统筹安排，经常发生的是生产能力不足或能力不平衡问题。解决好能力平衡问题对做好计划是重要的。长期来看，对于能力不足的环节就是要扩大生产能力，投资建厂房、买设备。因此，长期计划要对生产中存在的薄弱环节提出改扩建的建议。短期来看，建设投资需要很长时间，遇到产品和服务的变化，对各环节的生产能力经常提出新的要求，通过合理的计划，也能在某种程度上解决能力不足或能力不平衡问题。

1．生产能力的调节措施

在同样的设备条件下，加工装配生产的生产能力是可以在一定范围内调节的。

1) 增加或减少劳动力数量

通过增加或减少劳动力数量，可以增加或减少生产能力。但是，合同期未满就解聘人员成本很高，对于有一定技术水平要求的工种，也不能随时招到可用的工人。这种方法要谨慎采用。

2) 改变工作班次，加班或减少工作时间

结合增加或减少劳动力数量，配合增加工作班次，两班作业变三班作业，甚至四班交叉作业，可以有效地扩大生产能力。机器连续运转时，要留出至少1～2个小时的检修时间，以保证生产安全。

3) 利用库存吸收多余产量，等待时机销售

利用库存吸收多余产量是不得已的办法。一般为了迎接季节销售高峰而采用。但是，库存积压导致资金周转时间长，要付更多的银行利息。还有，有些商品不宜长时间储藏，即使是可以储藏的机械制造品，储藏也占用仓库空间，甚至生锈。冷冻食品储藏时间过长质量会下降，并消耗电能。

4) 委托加工

以上所有的办法都使用了，还不能满足要求，就要采取委托加工了。委托加工担心的是质量水平问题。为了保证质量，要熟悉协作厂的生产装备水平，与质量有保证的厂家建立长期合作关系。近年来，也有的商家没有工厂，完全委托加工，这更要选择好生产厂商。

2. 满足需求的典型策略

在编制生产计划时，将上述各种调节生产能力的方法结合起来，形成充分利用现有生产能力、满足需求的生产策略。

1) 跟踪策略

跟踪策略是完全按需求的变化来安排生产，需求较低时，产量也调低，需求高产量也调高。这种策略要求预测准确，不小心会造成缺货，另外，频繁变动生产水平，要支出增减工人、加班、临时委托加工等方面的额外费用。

2) 均匀策略

均匀策略即以不变应万变。预测市场需求后，均匀安排生产，以库存应对变化的需求，销售少时制品进入库存，销售多时减少库存。在产品可以储藏、储藏成本不太高时采用。

3) 混合策略

跟踪策略生产水平频繁变动，造成额外变动成本。均匀策略库存成本比较大。现实中，可以将两者结合起来构成混合策略。例如，一年四个季度的需求是 20、30、60、50，采用跟踪策略一年变动 4 次，采用均匀策略全年按 40 组织生产。采用混合策略，前两个季度按 30 均匀生产，后两个季度按 50 生产。变化次数减少了，库存也大大降低了。

3. 适应生产能力的计算方法

面对需求变化，如何确定生产能力的问题，人们总结了多种处理方法。下面讲解列表法和线性规划法。

1) 列表法

下面以实例说明列表法的应用。

例 6-1 某公司预测的一年四个季度的产品需求是 20 件、30 件、60 件、50 件，一个季度的单位产品库存成本是 200 元/件，每增加或减少产量的成本是 300 元/件。请选择成本最低的生产策略。

由表 6-2～表 6-4 可知，跟踪策略的总成本是 15 000 元，均匀策略的总成本是 12 000 元，混合策略的总成本是 10 000，显然，本例均匀策略优于跟踪策略，混合策略优于均匀策略。一般情况下，跟踪策略和均匀策略的优劣依据需求的波动大小，以及

库存和增减成本的高低而定。多数情况下，混合策略经常是最好的，可以证明，混合策略接近于最优策略。

表 6-2 跟踪策略成本计算表

季度	需求	计划产量	库存	库存成本	增减成本	总成本
一	20	20	0	0	0	0
二	30	30	0	0	3 000	3 000
三	60	60	0	0	9 000	9 000
四	50	50	0	0	3 000	3 000
合计	160	160	0	0	15 000	15 000

表 6-3 均匀策略成本计算表

季度	需求	计划产量	库存	库存成本	增减成本	总成本
一	20	40	20	4 000	0	4 000
二	30	40	30	6 000	0	6 000
三	60	40	10	2 000	0	2 000
四	50	40	0	0	0	0
合计	160	160	0	12 000	0	12 000

表 6-4 混合策略成本计算表

季度	需求	计划产量	库存	库存成本	增减成本	总成本
一	20	30	10	2 000	0	2 000
二	30	30	10	2 000	0	2 000
三	60	50	0	0	6 000	6 000
四	50	50	0	0	0	0
合计	160	160	0	4 000	6 000	10 000

2）线性规划法

线性规划是计划的有力工具，许多计划问题都可以用线性规划求解。下面以例题展示其应用。

例 6-2 某公司车间生产能力是 50 件，预测的一年四个季度的产品需求是 20 件、30 件、60 件、50 件，一个季度的单位产品库存成本是 200 元/件，可选择加班生产，加班生产能力可增加到 60 件，但是，生产成本要增加 100 元/件。请选择成本最低的生产策略。

为了解决这个问题，构造线性规划原始数据表，见表 6-5，用一、二、三、四表示四个季度，最后一列是生产能力，正常班生产能力 50 件，加班生产能力增加部分 10 件，表的最后一行是需求。表格中央空白处暂时不考虑。表中的 0 表示正常班生产的额外增加的成本为 0，表中有 4 个 0，分别表示当季生产满足当季的需求，不发生任何额外的费用。表中还有 4 个 100，分别表示加班生产时发生的额外费用，并且当期加班满足当期的需求，只有加班费，没有存储费。如果当期正常班生产用来满足下一期的需求，就发生了存储费，存一期是 200，两期是 400，三期就是 400。加班生产时，加班生产的100再加存储费，存一期是300，存两期是500，存三期是700。看表格的2~3行，一季度的生产可以满足一、二、三、四季度的需求，表格的3~4行，二季度的生产只能满足二、三、四季度的需求，不能用来满足一季度的需求，所以，对应于一季度需求的表格是空格。同理，三季度的生产只能满足三、四季度的需求，不能用来满足一、二季度的需求，对应于一、二季度需求的表格是空格。四季度的生产只能满足四季度的需求，不能用来满足一、二、三季度的需求，对应于一、二、三季度需求的表格是空格。空格处暂时不填数，如果填可以填个大数，如1 000即可。

表6-5 线性规划原始表格的构建

季度		一	二	三	四	生产能力
一	正常班	0	200	400	600	50
	加班	100	300	500	700	10
二	正常班		0	200	400	50
	加班		100	300	500	10
三	正常班			0	200	50
	加班			100	300	10
四	正常班				0	50
	加班				100	10
需求		20	30	60	50	

构建了原始表格，下一步就是按工厂选址时线性规划调运方案同样的思路，用生产成本最低的地方的生产能力来满足需求。生产成本选最小 min{0, 100, 200, …, 700}=0，有4个0，从左上角开始依次满足，尽可能填入最大的需求，见表6-6。

表6-6 线性规划原始表格的构建

季度		一	二	三	四	生产能力
一	正常班	0/20	200	400	600	50
	加班	100	300	500	700	10
二	正常班		0/30	200	400	50
	加班		100	300	500	10
三	正常班			0/50	200	50
	加班			100/10	300	10
四	正常班				0/50	50
	加班				100	10
需求		20	30	60	50	

现在只有三季度的60件需求，才安排50，尚有10件没有安排。满足的各列都被划掉，仅有三季度没有划掉，对应于三季度正常班的那一行被划掉，对应于四季度正常班的那一行也被划掉，余下的选成本最小 min{100, 200, 300, …, 700}=100，对应的是第三季度加班生产10件。整个求解完成，将结果清楚地表示在表6-7中。一、二、四季度以正常班生产满足本季度的需求，三季度正常班生产50件，加班生产10

件。显然，由于本例生产能力有富余，不用库存满足需求。如果生产能力紧张且有波动，就需要用库存满足需求了。

表 6-7 线性规划求解结果

季 度		一	二	三	四	生产能力
一	正常班	20				50
	加班					10
二	正常班		30			50
	加班					10
三	正常班			50		50
	加班			10		10
四	正常班				50	50
	加班					10
需 求		20	30	60	50	

如果需求是50、40、70、80，生产能力就紧张了，就要用到库存满足需求了。此问题还可扩展到委托加工，在加班后面再加一行，考虑委托加工的成本以及存储成本，就构成了考虑委托加工的生产计划的线性规划模型。

另外，读者是否注意到，列表法中，考虑了增减生产能力的成本，而线性规划中就没有考虑增减成本因素，原因是只想简单地展示线性规划方法的应用。理论上讲，线性规划是静态的算法，增减生产能力属于动态问题，线性规划处理起来很费劲，理论上是可以处理的，如加班在某种意义上也是生产能力的变化，按着这样的思路，可以将增减生产能力考虑进来。有兴趣的读者请构造考虑增减生产能力的线性规划计划方法。

6.2 服务系统计划

服务系统的客流波动是最大的特点，多数服务系统周末的客流成倍增加，每天也有高峰和低谷。同时，服务中提供的商品可以适当存储，而服务本身不能存储，高峰服务能力不足是普遍现象。服务系统的顾客流还有随机性，服务能力的确定是很难的，计划依赖于对随机客流的认识。本节讲授服务业的特点、随机服务系统、服务人员排班计划。

6.2.1 服务业特点和服务策略

传统的服务业一般包括代理业、旅店业、饮食业、旅游业、仓储业、租赁业、广告业，如今服务业的范畴扩展到金融服务、通信服务、交通运输、邮政服务、物业服务、医疗服务、教育服务等，进一步扩展到产品的售后服务。

1. 服务业特点

服务业提供的是无形的产品，而且不能预先产出，也无法用库存来调节顾客的随机性需求。另一个特殊的地方是对顾客需求的响应时间。对服务业来说，必须在顾客到来后的几分钟内作出响应。由于顾客是随机到达的，因此，服务业要想保持需求和能力一致，难度是很大的。而且，顾客到达有随机性，在一周七天里、一日内不同的时间段里，可能不同，这就使得短时间内的需求也有很大的不确定性。总的来说，服务业的特点概括如下：

(1) 产品无形、不可触、不耐久；
(2) 产出不可储存；
(3) 顾客与服务系统接触频繁；
(4) 响应顾客需求周期很短；
(5) 主要服务于有限区域范围内；
(6) 设施规模相对简单；
(7) 质量水平不易度量。

与顾客接触程度和装备水平是服务业的两个重要参数。有的服务需要与顾客紧密接触，有的服务顾客只与服务设施接触，与服务人员接触较少。服务有简单劳动的服务和复杂劳动的服务，有的服务用简单的工具，有的服务需要依赖精密仪器设备或者装备精良的服务系统，装备水平高意味着巨大的投资。如建一个小餐馆投资不多，建设一个游乐园就得上百亿投资。考虑与顾客接触程度和装备水平这两个因素，将服务大致划分为四类：Ⅰ. 装备精良的紧密接触服务；Ⅱ. 装备简单的紧密接触服务；Ⅲ. 装备精良的非紧密接触服务；Ⅳ. 装备简单的非紧密接触服务，参见图 6-1。

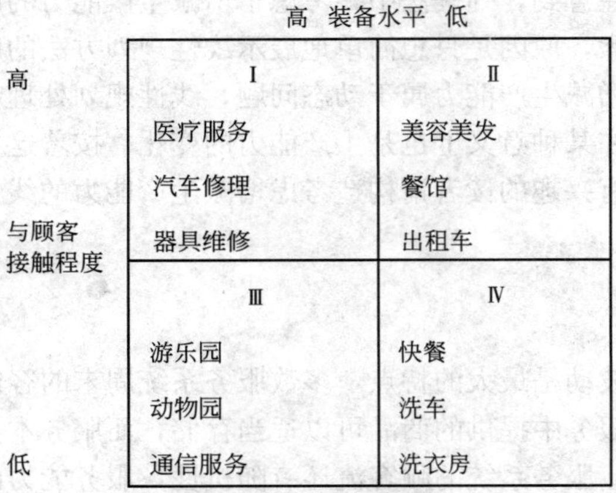

	高 装备水平 低	
高	Ⅰ 医疗服务 汽车修理 器具维修	Ⅱ 美容美发 餐馆 出租车
与顾客 接触程度		
低	Ⅲ 游乐园 动物园 通信服务	Ⅳ 快餐 洗车 洗衣房

图 6-1 按装备水平与顾客接触程度服务分类图

2. 服务策略

服务不能存储，与顾客紧密接触的特点需要顾客来到服务系统，一般顾客来到马上要求服务，但服务能力是有限的，这就产生了排队现象。顾客要求即时服务和服务系统能力的不足之间的矛盾永远存在。人们研究了许多有效满足服务需求的策略，常用的有以下几种。

1) 固定时间表

固定时间表在客运系统中普遍使用，提供服务的铁路、航班、班车将每天的发车时间公布，并且在较长时间内不变。使得旅客知道什么时间有航班，方便计划自己的订票和行程。固定时间表要求在较长时间内保持不变，才能吸引稳定的客流。有些新开通的航线或者铁路客车，开始常常坐不满，运行一段时间以后，客流趋向稳定。医院专家出诊时间与此类似，出诊时间固定下来，并公示出来，方便患者挂号看病。

2）使用预约系统

使用预约系统，或者预售票系统是缓解服务等待的最好办法。通过预约，使得服务高峰自然流向低谷，预约使得顾客流在多家服务商中间得到平衡，也节省了顾客大量空跑和等待时间。对于名气不大、位置较偏的餐馆、酒店必须建立全国甚至全球预约系统。有些商家让预约顾客享受折扣价格，以鼓励顾客预约。预约提高了服务的计划性和设施的利用率，自然提高了效率。

3）集中排队、自动取号机

当顾客需要等待服务时，就出现了排队，有序排队是社会文明的标志。例如，银行有多个窗口，顾客站在窗口前排队，时间长了会很累，人多了秩序还可能出现混乱。现在银行的自动取号机有效地解决了这些问题。并且，自动取号机相当于整个银行只有一个队列，排队论已经证明，多个窗口排成一个队列，顾客的平均等待时间要短。

4）淡季打折、高峰加价、低谷优惠

有些服务系统的淡季和旺季十分明显，在淡季仅有零星的顾客，一个大的服务系统也要正常运转，人员、能耗都很大。为了使得淡季不淡，就采取淡季打折的策略。每天的高峰和低谷差距也很大，有些国家的电力系统采用高峰和低谷的差别电价。公园、游乐场、电影院不同的场次票价有所区别。

5）高峰服务人员多、低谷服务人员少

采用此策略在许多情况下都可以缓解系统能力的不足。

6）顾客自助服务

顾客自助服务是西方人发明的，在美国劳动力一直短缺，劳动力很贵，在不降低服务质量的情况下，顾客自助服务可以大大减轻服务人员的劳动量。最典型的是超市。同样是麦当劳，美国本土的麦当劳服务人员也较少，买饮料给你一个空杯子，顾客自己去灌满饮料，饭后自己收拾盘子送到指定地点。

7）流水线生产方式

与工厂中的流水线生产一样，设计好了流水线作业可以提高劳动生产率。麦当劳的薯条、汉堡就是流水线生产的。

8）聘用临时工

聘用临时工作人员，与增加服务人员一样，可以提高服务系统的能力。对于公共服务，还可以聘用志愿者服务队伍。

6.2.2 随机服务系统

服务系统能力的不足和顾客要求即时服务的矛盾导致了排队现象。最早丹麦人爱尔朗（Erlang）研究电话呼叫排队现象完善了排队理论，简称排队论，后来推广到其他服务领域。排队论研究的对象是随机服务系统，包括随机到达的顾客流和随机服务时间的服务台。

1. 服务系统的构成

按照排队论的观点，服务系统包括顾客到达过程、排队规则、服务设施和服务时间。

经过理论研究，认为顾客的到达是泊松流，或顾客到达的时间间隔服从负指数分布。排队规则是服务系统的重要组成部分，可以提高服务水平，后面详细讲述。排队论将服务设施都抽象成服务台，服务台都有服务时间，一般认为服务时间服从负指数分布。

现实中的服务系统都是随机服务系统，但有时候可以简化成确定型服务系统来处理。排队论对随机服务系统的定义是：顾客随机到达，或服务时间是随机的，或到达和服务都是随机的。简言之，只要顾客到达、服务时间有一个是随机的就称这个服务系统是随机服务系统。

服务系统有各种方式，常见的有单队单服务台、单队多服务台、单队多阶段串联服务台。最简单的是单队单服务台。见图6-2。

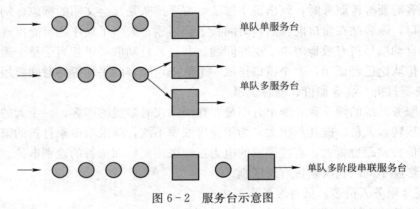

图6-2 服务台示意图

2. 服务规则

随机服务系统中得不到服务的顾客可以选择离开，可以选择排队等待服务，对等待服务的顾客的服务顺序安排称为服务规则。没有特别声明的服务规则都依据先到先服务。对特殊顾客群采用有优先权的服务，如军人优先服务，老人、儿童优先上车等。有些时候，合理选择服务规则可以改善服务质量。可选的服务规则有：

（1）先到先服务；

（2）后到先服务；

（3）有优先权的服务；

（4）随机服务；

（5）服务时间短的顾客先服务。

先到先服务在顾客心中根深蒂固，在正常情况下，先到先服务是不变的规则，但是，如果可能，服务时间短的先服务可能使得服务系统的状态更好。例如，一个人要办理信用卡，时间需要40分钟，后面有三个人取款，分别需要10分钟，按顺序办理，平均等待时间大于40分钟，后面时间短的先办理，平均等待时间20分钟。

3. 随机服务系统参数

随机服务系统的特征由一系列参数描述，将参数分为两大类，一类是系统观测参数，通过观测现实服务系统得到；另一类是计算得到的参数，有了观测参数的具体数值，借助于理论研究得到的公式，就可得到计算参数。分析比较服务系统的参数可以评价服务系统的优劣。服务系统类型、顾客平均到达率、平均服务率是系统观测参数，其余是计算参数。下面以单队单服务台为例，将所有服务系统参数描述如下。

(1) 平均到达率 λ。

单位时间内顾客到达数，一般顾客到达率服从参数为 λ 的泊松分布：

$$p(n)=\lambda^n e^{-\lambda}/n!$$

$1/\lambda$ 为相继到达顾客的时间间隔。

(2) 平均服务率 μ。

单位时间内服务的顾客数，$1/\mu$ 为平均服务时间。

(3) 系统空闲的概率。

$$P_0=1-\lambda/\mu$$

(4) 系统有 n 个顾客的概率。

$$P_n=(\lambda/\mu)^n P_0$$

(5) 系统中的顾客数。

$$L_s=\lambda/(\mu-\lambda)$$

(6) 队列长。

$$L_q=L_s-\lambda/\mu$$

(7) 顾客在系统中的停留时间。

$$W_s=L_s/\lambda=1/(\mu-\lambda)$$

(8) 顾客排队时间。

$$W_q=W_s-1/\mu$$

以上公式的推导假定 λ/μ 小于 1。将顾客的到达和服务过程都看成随机的过程，随机服务系统中的参数要么是概率，要么是期望值，系统中的顾客数 L_s 是系统中的顾客数的期望值的简称，队列长 L_q、顾客在系统中的停留时间 W_s、顾客排队时间 W_q 全称都要加上期望值。期望值是什么意思？如一个理发馆随机服务系统中的顾客数 $L_s=3$，是说平均来讲，理发馆里有 1 个人被服务，2 个人等待。但是，就某一瞬间，也可能没人等待，另一瞬时可能有 4 人等待，一天平均下来是 2 人等待。某一瞬时的系统状态并不能全面反映系统的状态，而期望值更能反应系统在观测时间内的状态。所以，期望值比瞬时值更有意义。

另外，这些计算得到的参数，都是系统的稳态解。稳态就是系统进入正常运转状态。如汽车，刚刚发动开始的噪声、尾气都会很大，过一会儿，发动机温度上来了，可以说，进入稳态了。服务系统的稳态也一样，一个理发馆早上一开门，一个小时没有顾客来，后来顾客陆续来了，陆续接受服务，到关门时还有几个顾客，劝走了几个。这里，刚开门和即将关门都不属于稳态，而中间正常的运转时间才算稳态。稳态解相对容易求出，并且相对简单，瞬时解有多个，是一个动态序列，也不容易求出。稳态解得到的结论只能描述系统稳态的特性。

4. 随机服务系统举例

某随机服务系统参数有：$\lambda=45/h$，$\mu=1/\min=60/h$

计算随机服务系统的其他参数，分析系统的服务水平。

空闲的概率：$P_0=1-\lambda/\mu=1-45/60=0.25$

繁忙的概率：$1-P_0=1-0.25=0.75$

系统有 n 个顾客的概率： $P_n=(\lambda/\mu)^n P_0$

$$P_1=(\lambda/\mu)P_0=0.187\,5$$
$$P_2=(\lambda/\mu)^2 P_0=0.140\,625$$
$$P_3=(\lambda/\mu)^3 P_0=0.105\,468\,75$$
$$P_4=\cdots$$

系统中的顾客数： $L_s=\lambda/(\mu-\lambda)=3$

队列长： $L_q=L_s-\lambda/\mu=\lambda^2/(\mu-\lambda)/\mu=2.25$

顾客在系统中的停留时间： $W_s=L_s/\lambda=1/(\mu-\lambda)=0.066\,666\,7\,h$

顾客排队时间： $W_q=45/(60-45)/60=0.05\,h$

系统中经常有3个顾客，1个在接受服务，2个等待，平均等待时间3分钟。说明这是一个服务水平较好的随机服务系统。

请读者观测某服务窗口参数，并用排队论理论评价该窗口的服务水平。

6.2.3 服务人员班次计划

现在实行的是8小时工作制，连续生产需要3班生产，有早班、晚班和夜班。服务业班次比较复杂，一般从凌晨开始，到午夜结束。中间可能有几个高峰时段。服务人员也需要休息。这就产生了复杂的服务排班问题。服务人员排班，分成A班、B班、C班，如公共汽车司乘人员，A班早晨5点上班，9点下班，下午4点再上班，晚8点下班；B班早晨7点上班，11点下班，下午6点再上班，晚10点下班；C班早晨9点上班，下午1点下班，下午8点再上班，晚12点下班。第二天，C班按B班时间走，B班按A班时间走，A班按C班时间走。

商业和某些值班性质的服务，劳动量不大，排班比较灵活。商店某品牌服装小屋，两个人，一个人一天，从早顶到晚，隔天休息。

下面结合服务业周末不休的特点，考虑如何安排人员。已知条件是周一到周五需要服务人员数 N，周末需要服务人员数 n。要求计算出需要的最低服务人员数，以及怎样安排上班和休息日，保证服务人员每周休息两天。

设 N——工作日需要人数，n——周末需要人数。

第一步，服务人员需求总量 W 的计算：

$$W=\max\{n, N+2n/5\}$$

n——周末约束，$N+2n/5$——总量约束，可以这样理解，$N+2n/5=(5N+2n)/5 \geq (5N+2n)/7$，这是每天用工量的加权平均值，将7换成5放大了数值，同时有一项的5可以消去，使得式子变得简单了。

第二步，画一个表格，行数是需要的工人数 $W+1$，列数是8。

第三步，在表格中安排服务人员，先排周末，后排工作日，满足 n 和 N 的要求，还要让服务员有两天的休息时间。

例如：$N=5, n=8$

$$W=\max\{n, N+2n/5\}=\max\{8, 5+16/5\}=9$$

排序的结果见表6-8。

表 6-8 服务员单周排班表

服务员	周一	周二	周三	周四	周五	周六	周日
1	休	上班	上班	休	上班	上班	上班
2	休	上班	上班	休	上班	上班	上班
3	休	上班	机动	休	上班	上班	上班
4	休	上班	机动	休	上班	上班	上班
5	上班	休	机动	上班	休	上班	上班
6	上班	休	机动	上班	休	上班	上班
7	上班	休	上班	上班	休	上班	上班
8	上班	休	上班	上班	休	上班	上班
9	上班	上班	上班	上班	上班	休	休

如果要求每周连休两天，隔一周在周末休，计算如下：

总量计算公式

$$W = \max\{2n, N+2n/5\}$$

式中：$2n$——隔一周周末休约束，周末有一半人休息，另一半上班，总数应是 $2n$；

$N+2n/5$——总量约束；

N——工作日需要人数；

n——周末需要人数。

例如：$N=5$，$n=8$ $W=\max\{2n, N+2n/5\}=\max\{2\times 8, 5+2\times 8/5\}=16$

安排如表 6-9 所示，表中空格处代表人员上班，休代表休息，机代表机动，机动处员工也不能上班，有 6 位上班一周，休息一周，如果有人愿意选择多休息，这样安排也是可以的。如果从节省人员考虑，可以聘用周末工作人员，如果聘用 6 位周末工作人员，只有 10 位长期员工就可以了。

表 6-9 服务员双周排班表

人员	周一	周二	周三	周四	周五	周六	周日	周一	周二	周三	周四	周五	周六	周日
1			休	休				机	机	机	机		休	休
2			休	休				机	机	机	机			
3		休	休					机	机	机				
4		休			休			机	机	机				
5		休			休			机	机	机				
6	休			休				机	机	机				
7	休			休				机	机	机				
8	休			休	机			机	机					
9	机	机	机	机		休	休			休	休			
10	机	机	机							休	休			
11	机	机	机						休	休				
12	机	机	机						休			休		
13	机	机	机						休			休		
14	机	机				休					休			
15	机	机				休					休			
16	机	机	机	机	机	休					休	休		

案例

荷航机长没有得到起飞许可就起飞导致飞机相撞

洛斯罗德斯空难发生在1977年3月，泛美航空公司和荷兰航空公司两架波音747飞机在西班牙加那力群岛（Tenerife, Canary Islands）的洛斯罗德斯（Los Rodeos）机场相撞，583人遇难。一系列的巧合导致了空难的发生，但是，最关键的是，荷航机长没有得到起飞许可就起飞了，导致与正要移出跑道但还没有让开跑道的泛美航空包机相撞。将机翼上部的机体撞碎起火，荷航飞机摔下来起火。泛美航空包机尚有幸存者，荷航飞机上人员全部遇难。

（1）两架飞机当天都不该在洛斯罗德斯机场降落。洛斯罗德斯机场是个简陋的小机场，只有一条跑道，机场设施不全。但是，两架飞机应该降落的大加那利岛（Gran Canaria）机场因恐怖炸弹事件关闭，转而降落洛斯罗德斯机场。

（2）洛斯罗德斯机场有雾，能见度低，要求泛美客机进入的弯道747飞机转不进去。

（3）荷航机长（Captain van Zanten）为了遵守荷兰航空条例急于起飞。

（4）飞机黑匣子数据显示，荷航飞机已经发出起飞申请，但是，控制塔指示他在跑道起点等待。

（5）检查当时的通信记录发现，指挥塔和飞行员之间的交谈有语言障碍，在关键时刻使用了非标准术语。

（6）防止荷航起飞的关键通信被噪声干扰，机场使用的单声道无线电通信设备，当有多个用户时，互相干扰。

本章小结

本章讲授了生产与运作管理的核心内容——生产与运作计划，简称生产计划，就是企业在未来一段时期车间运作的时间表。生产计划要根据市场和顾客需求，充分利用企业的技术、人员、设备、材料等资源，规划生产和服务的时间，规定生产和服务的质量，估计生产和服务的成本。不过随着以MRP、ERP为代表的管理信息系统的使用，企业内部的财务管理、物流管理、生产管理集成化，管理信息系统成为控制工厂内部运作的核心了。

生产计划的主要任务有：

（1）要保证交货日期与生产量；
（2）使企业维持同其生产能力相称的工作量（负荷）及适当开工率；
（3）作为物料采购的基准依据；
（4）将重要的产品或物料的库存量维持在适当水平；
（5）在长期的生产计划中，作出人员与机械设备补充的安排。

生产计划的主要内容有：

（1）提供什么样的产品和服务——产品名称、服务项目、零部件名称；
（2）提供多少产品和服务；
（3）提供产品和服务的所有部门、单位；

(4) 原材料、半成品、成品的交货期限、交货地点、交货方式。

生产计划的用途是：

(1) 物料需求计划的依据；

(2) 产能需求计划的依据；

(3) 其他相关计划的制订依据。

生产计划有多种类型和多个层次，每个类型和层次都有自己的特点，总体上讲，高层生产计划涉及面广而粗略，基层的生产计划具体、细致。

(1) 作业计划的要求。包括作业及加工场所，加工的种类、顺序，标准工时等。

(2) 工艺计划要求。包括生产工艺各环节能力标准和负荷标准。

(3) 材料、零部件计划的要求。包括零件构成表及零件表，批量大小、产出率。

(4) 日程计划的要求。包括基准日程表、加工及装配批量。

(5) 库存计划的要求。库存管理分区，订购周期，订购点、订购量，安全库存、最高库存、最低库存。上述计划标准，每逢变化时，应及时修正并予维持。

解决好能力平衡问题对做好计划是重要的，调节生产能力的措施有：

(1) 增加或减少劳动力数量；

(2) 改变工作班次，加班或减少工作时间；

(3) 利用库存吸收多余产量，等待时机销售；

(4) 委托加工。

满足生产计划能力需求的典型策略有：跟踪策略、均匀策略和混合策略。计算能力平衡的方法有列表法和线性规划法，两种方法各有所长，可以灵活采用。

本章第2节讲述了服务计划，在论述服务业特点的基础上，研究了服务业处理波动需求的方法，包括建立预约系统，自动取号排队措施，淡季打折、高峰加价低谷优惠，有条件的可使用顾客自助服务。

将顾客到达和服务时间都看作随机变量，服务窗口就是随机服务系统，文中论述了随机服务系统的研究成果，包括服务系统的构成、服务规则、随机服务系统参数，通过测量服务系统的输入参数，经过简单的计算，可以得到直观表示随机服务系统服务质量的重要参数，如系统中的顾客数、排队长、顾客平均等待时间等。要注意的是，这些计算得出的参数是有条件的，一般是特定系统的稳态解，以期望值表示，并不是系统的瞬时值。

服务业班次问题是常见的计划问题，周一到周五需要的服务人员数量少于周六和周日的人数，在估计工作日和周末需要的服务人员的基础上，可以安排服务人员的上班时间，周末需要的服务人员较多，服务员经常要在工作日期间安排休息。排班的基本过程是，计算需要的服务员数量，然后列表，表中每人一行，每周7天，每天占一列。根据要求先安排周末工作服务人员，让服务人员每周休息两天，同时考虑到需要的人数，多余的是机动时间。如果要求服务人员周末休息，在其他时间里，服务人员是富余的。

生产与运作管理

 讨论题

1. 生产计划的主要任务有哪些？
2. 生产计划的主要内容有哪些？
3. 调节生产能力的措施有哪些？
4. 什么叫随机服务系统？
5. 服务业班次计划的基本程序是什么？

 练习题

6-1：某公司预测的一年四个季度的产品需求是 50 件、60 件、30 件、20 件，一个季度的单位产品库存成本是 200 元/件，每增加或减少产量的成本是 300 元/件。假设第四季度末恢复到 50 件/季的生产能力，请选择成本最低的生产策略。

6-2：表 6-10 给出了九个月的需求预测及有关成本及其他数据。

表 6-10 生产策略选择基础数据表

月份	1	2	3	4	5	6	7	8	9	总数
预测	40	25	55	30	30	50	30	60	40	360

生产信息		成本信息	
现有工人数	10	雇佣成本	600 元/人
工作时间/月	160 小时/月	解雇成本	500 元/人
单位产品生产时间	40 小时/件	正常工时成本	30 元/小时
每个工人产量		加班工时成本	45 元/小时
（160 小时/月÷40 小时/件）	4 件/月	转包劳动成本	50 元/小时
所需的安全库存	10 件	库存维持成本	35 元/月

请根据以下策略制订并比较不同的总体计划。

（1）仅改变工人人数以使生产速度与需求匹配。

（2）考虑均匀生产策略。假定工厂有 10 个工人，且 8、9 两个月的需求各增加 10 个，如果必要，可以将劳动业务外包。假定每月恒定生产速度是 40 件，不需要安全库存，但是 380 件的总需求必须满足。

（3）混合策略。混合策略的组合几乎是无限的，请自己确定一种｛变动工人人数，使用库存｝策略并进行相关计算，完成总体计划的制订。

6-3：某随机服务系统参数有：$\lambda=80/h$ $\mu=100/h$

计算随机服务系统的其他参数，分析系统的服务水平。

6-4：某服务系统保证服务人员一周内休息两天，已知条件是周一到周五需要服务人员数 10 人，周末需要服务人员数 15 人。请计算出需要的最低服务人员数，以及怎样安排上班和休息日，保证服务人员每周休息两天。

第7章

本章学习目标
1. 理解计划信息系统的概念;
2. 了解计划信息系统的发展过程;
3. 了解计划信息系统的设计原理;
4. 理解计划信息系统运转的一般程序;
5. 了解计划信息系统的主要参数选择原则。

计划信息系统

近年来在生产领域里的最大进步就是信息化，计划信息系统经过几代的发展，从制造资源计划系统发展到全面的企业资源计划系统，功能和实用性都非常完善。虽然计划信息系统一般由 IT 供应商提供，但是需要用户了解其基本原理，以便配合开发出切合实际的计划信息系统。本章将讲授制造资源计划系统的基本原理、企业资源计划系统的特点和基本框架。

7.1 制造资源计划系统（MRP Ⅱ）

计划工作的手工作业，工作量很大，人们自然想到用计算机做计划。制造资源信息系统是管理信息系统在制造业车间计划上的具体应用。其基本思想是，围绕物料的转化过程，通过对每一个生产环节的精细计划实现准时生产，从成品开始，返推半成品、工时和原材料的需要时间和用量，准时生产及时采购，尽量减少库存。

1. 管理信息系统的概念

制造资源计划系统是管理信息系统的重要分支。管理信息系统是一个以人为主导，利用计算机硬件、软件、网络通信设备及其他办公设备，进行信息的收集、传输、加工、储存、更新和维护，以企业战略竞优、提高效益和效率为目的，支持企业高层决策、中层控制、基层运作集成化的人机系统。管理信息系统是一个人和机器结合的人机系统，是用系统思想建立起来的、以电子计算机为基础的为管理过程服务的信息系统，它输入各种管理数据，经过电子计算机的加工处理和一定编码程序的解释，输出供各级管理机构使用的管理信息。管理信息系统由以下三部分组成。

1) 管理系统

管理系统是信息的使用者，又是信息的重要反馈环节。计算机是从事管理工作的数据处理和运算工具，数据处理是为管理系统服务的，必须根据管理的需要，与管理的职能相适应，同时要接受管理科学的指导和管理技术的支持。

2) 信息处理系统

管理信息系统不仅进行单纯的数据处理，为管理部门和人员提供有关资料和报表，而且还要运用现代数学方法和模拟方法，按一定编码或模式导出各种管理信息，供管理者进行使用。

3) 传输系统

现代管理信息系统通过线路构成计算机网络，把必要的信息及时、可靠、迅速地传输到各有关的管理部门和人员。

2. 管理信息系统的发展历程

从信息技术在组织的应用来看，管理信息系统的发展经历了从提高企业效率、降低数据处理成本到整合企业业务与管理流程、创造企业竞争优势的转变。大致可分为 3 个阶段，一是替代人工阶段，即用计算机代替手工操作，以提高效率和处理的正确性，降低处理成本；二是企业内过程集成阶段，由于替代阶段的数据处理系统的性质只适合于定型的业务处理，难以适应企业管理层根据环境变化所进行的调整，也难以满足用户不断增长的信息需求，因此，这时的信息系统要求提高信息处理的实时程度，为企业提供战术决策的相关信息，主要是根据企业的生产过程对企业的产、供、销等系统的集成管理；三是变革阶段，由于网络技术的迅速发展和各种管理新思想的提出，这时信息系统更注重企业内外部业务流程一体化的管理，从而为企业保持、创造竞争优势。参见表 7-1。

表 7-1 管理信息系统的发展阶段

阶段	面向事务处理阶段	面向系统阶段	面向决策支持阶段	综合服务阶段
年代	20 世纪 50—70 年代	20 世纪 60—80 年代	20 世纪 70—90 年代	20 世纪 90 年代以来
主要目标	提高文书、统计、报表等事务处理工作的效率	提高管理信息处理的综合性、系统性、及时性与准确性	支持管理者的决策活动以提高管理决策的有效性	实现信息的集成管理，提高管理者的素质与管理决策水平
典型功能	统计、计算、制表、文字处理	计划、综合统计、管理报告生成	分析、优化、评价、预测	为管理者的智能活动（决策分析、研究、学习）提供支持
核心技术	高级语言、文件管理	数据库技术、数据通信与计算机网络	人机对话、模型管理、人工智能的应用	Internet/Intranet/Extranet 技术、多媒体技术、人工智能应用、DM、DW
代表系统	电子数据处理（EDP）系统、事务处理系统（TPS）	早期的管理信息系统（狭义的 MIS）、MRP、MRP Ⅱ	决策支持系统（DSS）、ESS、ES	基于 Web 的信息系统 ERP 系统、电子商务、供应链管理（SCM）、客户关系管理（CRM）
处理对象	数据	信息	信息	知识
面向范围	部门内	部门间	企业内	企业内/企业间

3. 制造资源计划系统的核心内容

制造资源计划系统的发展经历了 MRP（Material Requirements Planning）、闭环 MRP（Closed-loop MRP）、MRP Ⅱ（Manufacturing Resource Planning），以及 ERP（Enterprise Resource Planning）多个阶段。MRP 是计算机替代手工作业的产物，面向物料的需求，借助于计算机的强大计算功能，可以考虑更长时间和更多品种的物料，但是，还不能处理车间生产能力的平衡问题。闭环 MRP 部分解决了车间生产能力平衡问题。到了 MRP Ⅱ 阶段，各方面功能都有所提高，并且，系统的功能不仅仅是物料需求计划，从主生产计划开始，考虑产品结构和生产工艺流程，在生产能力平衡的基础上安排车间计划，以及详细的采购、库存计划，甚至可以向合作供应商直接发送订单。生产企业信息化得到进一步发展，在 MRP Ⅱ 的基础上，加上市场管理、成本核算就构成了 ERP。当然，到了 ERP 阶段，应用的范围大大扩展，不仅是制造企业，还扩展到其他各类工商企业。这时的 ERP 功能各行各业差别很大。

闭环 MRP 仍然是 MRP Ⅱ 的核心内容。闭环 MRP 的基本流程见图 7-1。根据市场需求或者订单，形成主生产计划，主生产计划就是出厂计划，包括本厂应该生产的各个品种的成品和半成品的数量、质量、交货期等。根据主生产计划，考虑产品结构和库存，形成采办计划和加工计划，加工计划需要做车间生产能力的平衡。平衡就是生产能力满足加工和工艺和交货期的要求。闭环就是生产能力不平衡时循环多次，经人工试探调整计划策略，直到平衡为止。MRP Ⅱ 是对闭环 MRP 的扩展，前面增加了经营计划、粗能力平衡的环节，后面增加了效益评估环节。MRP Ⅱ 的基本流程见图7-2。

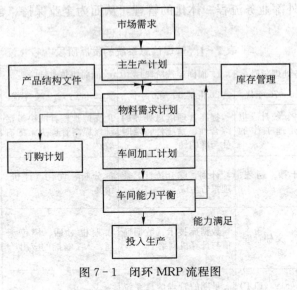

图7-1 闭环MRP流程图

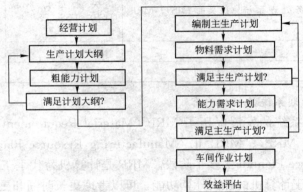

图7-2 MRP Ⅱ基本流程图

从MRP Ⅱ的流程图中可以看出,MRP Ⅱ的基础信息是产品设计结构、工艺路线、库存基础信息、车间设备能力信息,输入信息是订单或市场需求,经过计算,产生主生产计划,即出厂计划,人机交互完成车间生产能力平衡,输出物料需求计划、车间工艺计划。还可以细化展开MRP Ⅱ基本流程,其中将能力平衡展开,如图7-3所示。其他环节的展开从略。

4. 物料需求计划原理

基础数据要用到产品设计结构,通过绘制产品结构图将主产品分解成部件、零件,以便即时制造和购买。产品结构树道理很简单,如图7-4所示,将整个产品分解,产品N包含1个一级部件B(1),2处需要二级部件C(2),以及三级部件D(3)、E(1)、E(2),这里用C、D、E字母表示零部件名称,括号内的数字表示这里需要几个。这样,总共1个B,4个C,D的数量为3×2+3×2=12个,E的数量是1×2+2+1×2=6个。通过绘制产品结构树的方法,可以清楚地展示零部件的结构以及需要的零部件数量,为制造和购买材料打下基础。

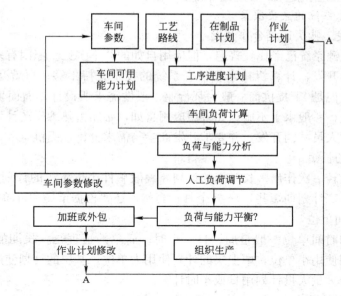

图7-3 能力平衡图

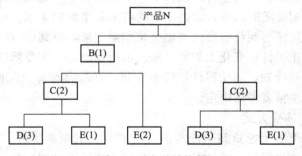

图7-4 产品结构树

有了产品结构图,可以计算出需要制造或购买各种基础零部件的数量。对每一种零件,绘制如表7-2那样的表格,表的第一行是计划周次,根据交货期要求,某零件在第6、第8和第9周分别有需求20、26、30。第2周预计有到货或者加工出来10件,库存现有5件,计算得到在第6、第8和第9周分别有净需求5、26、30。考虑提前2周发货或者下达制造任务,得到计划发货量,在第4、第6和第7周分别有发货5、26、30。再考虑到批量,5与26合在一起发货,形成实际发货计划或者生产计划。

表7-2 物料需求计算原理

周次	1	2	3	4	5	6	7	8	9	10	11
总需要量						20		26	30		
预计到货		10									
现有数5	5	15	15	15	15	0	0	0	0	0	0
净需要量						5		26	30		
计划发货量(提前期2周)				5		26	30				
实际发货量(考虑批量)				31			30				

5. 制造资源系统的主要决策

1) 自主开发、购买还是合作开发

目前制造资源系统已经比较普遍，但应用自如的并不多见。原因有多种，一种情况是计划人员自己开发，计算机技术和信息系统的技术支持不够；再就是购买现成的软件，虽然简单，但是IT提供商一般为某行业一般性需求所设计，面面俱到，哪一方面都不够细致专业，一般水土不服。如果想应用自如，必须由熟悉生产计划流程和相当计算机基础的技术人员共同开发，并要求开发商参与需求分析，提供全程专业化服务。

2) 计划期的长短

就是系统运转一次作出多长时间的计划。一般单件小批生产的计划期跨6个月～1年，大量大批生产计划期短些，1～3个月。当然，还要根据市场和订单要求调整。

3) 计划时间单位

计划使用的时间单位一般是周、日、小时。简单的道理是，长期的计划使用大单位，短期的计划使用小单位，中上层的计划使用大单位，基层的计划使用小单位。单件小批按周计算，大量大批计划用日或小时计算。

4) 系统运行的频率

理想的计划是计划期开始运行一次，下一个计划周期开始时再运行。现实中是做不到的，因为生产计划要随时调整，以适应新的订单和市场的需求。一般选择定期运行制或修改运行制。定期运行制将需要修改的统筹积累起来，等到运行时再考虑进去，这样可节省时间，也防止了计划变化太频繁。修改运行制就是有需要修改的东西，马上开始重新运行，生成新的计划，这使得计划频繁变化，基层会有意见。两种方式各有利弊，到底如何执行，由决策者考虑决定。

5) 重新生成与演变方式

运行系统技术上要考虑重新生成与演变方式，一般重新生成方式技术处理相对简单，但需要浪费计算机时间，运转时间长，演变方式技术处理复杂，程序要考虑在多种可能的中间状态下启动，考虑不周全就会出错。

7.2 企业资源计划系统（ERP）简介

企业资源计划系统（ERP，Enterprise Resource Planning）是指建立在信息技术基础上，以系统化的管理思想为企业决策层及员工提供决策运行手段的管理平台。ERP就是一个系统，一个对企业资源进行有效共享与利用的系统。

一般来说，ERP是一个以管理会计为核心的信息系统，用来识别和规划企业资源，从而获取客户订单，完成加工和交付，最后得到客户付款，获得收入和利润。实际上，ERP系统就是将企业内部所有资源整合在一起，对采购、生产、成本、库存、销售、运输、财务、人力资源进行规划和优化，从而达到最佳资源组合，获取最高利润的行为。

如今，ERP广泛应用于企业管理，ERP的运用能极大地改变企业运作的面貌。ERP通过运用最佳业务制度规范（Business Practice）及集成企业关键业务流程（Business Processes）来提高企业利润、市场需求反应速度。同时，企业处在日新月异的市场机遇、价格和服务水平等的挑战环境中，必须不断改变、改善企业经营模式，提高企业竞争力。ERP 不仅关注企业内部流程的改善、产品开发和制造水平的提高，而且正向对市场环境的预测、支持决策方向发展。

处在现代竞争环境的企业，要保持生存和持续发展就要与商业合作伙伴充分协调，以建立一个具有竞争优势的价值链。ERP 软件的合理运用可以帮助企业内部业务操作合理化，同时运用功能丰富的协作技术，帮助企业在跨合作企业群体和贸易伙伴之间提高管理水平，扩展企业竞争空间，提高综合能力。电子商务所带来的丰富的企业竞争手段和工具，能够帮助企业更好地运用 ERP 将广阔的网络商机和传统信息系统中的企业资源信息有效地结合起来。

7.2.1 ERP 的主要功能

ERP 包括企业管理的三大内容：生产计划与控制、物流管理、财务管理。有些 ERP 包括了人力资源管理。更多应用中的 ERP 人力资源部分还是单独运行的。而生产计划与控制、物流管理、财务管理是集成运行的。生产计划与控制就是 MRP 部分，物流管理包括分销、采购、库存管理，财务管理包括会计核算。它们互相之间有相应的接口，能够很好地整合在一起来对企业进行管理。

1. 财务管理模块

企业清晰分明的财务管理是极其重要的。所以，在 ERP 整个方案中它是不可或缺的一部分。ERP 中的财务模块与一般的财务软件不同，作为 ERP 系统中的一部分，它和系统的其他模块有相应的接口，能够相互集成，比如，它可将由生产活动、采购活动输入的信息自动计入财务模块生成总账、会计报表，取消了输入凭证烦琐的过程，几乎完全替代以往传统的手工操作。一般的 ERP 软件的财务分为会计核算与财务管理两大模块。

1) 会计核算

会计核算主要是记录、核算、反映和分析资金在企业经济活动中的变动过程及其结果。它由总账、应收账、应付账、现金、固定资产、多币制等部分构成。

(1) 总账模块。

其功能是处理记账凭证输入、登记、输出日记账、一般明细账及总分类账，编制主要会计报表。它是整个会计核算的核心，应收账、应付账、固定资产核算、现金管理、工资核算、多币制等各模块都以其为中心来互相传递信息。

(2) 应收账模块。

应收账款是指企业应收的由于商品赊欠而产生的正常客户欠款账。它包括发票管理、客户管理、付款管理、账龄分析等功能。它与客户订单、发票处理业务相联系，同时将各项事件自动生成记账凭证，导入总账。

(3) 应付账模块。

会计里的应付账是企业应付购货款等账，包括发票管理、供应商管理、支票管理、账龄分析等。它能够和采购模块、库存模块完全集成以替代过去烦琐的手工操作。

(4) 现金管理模块。

它主要是对现金流入流出的控制以及零用现金及银行存款的核算。包括了对硬币、纸币、支票、汇票和银行存款的管理。在 ERP 中提供了票据维护、票据打印、付款维护、银行清单打印、付款查询、银行查询和支票查询等和现金有关的功能。

此外，它还和应收账、应付账、总账等模块集成，自动产生凭证，过入总账。

(5) 固定资产核算模块。

此模块完成对固定资产的增减变动以及折旧有关基金计提和分配的核算工作。它能够帮助管理者对目前固定资产的现状有所了解，并能通过该模块提供的各种方法来管理资产，进行相应的会计处理。其具体功能有：登录固定资产卡片和明细账，计算折旧，编制报表，自动编制转账凭证，并转入总账。它和应付账、成本、总账模块集成。

(6) 多币制模块。

此模块是为了适应当今企业的国际化经营，对外币结算业务的要求增多而产生的。多币制将企业整个财务系统的各项功能以各种币制来表示和结算，且客户订单、库存管理及采购管理等也能使用多币制进行交易管理。多币制和应收账、应付账、总账、客户订单、采购等各模块都有接口，可自动生成所需数据。

(7) 工资核算模块。

此模块可自动进行企业员工的工资结算、分配、核算以及各项相关经费的计提。它能够登录工资、打印工资清单及各类汇总报表，计算计提各项与工资有关的费用，自动作出凭证，导入总账。这一模块是和总账、成本模块集成的。

(8) 成本模块。

它将依据产品结构、工作中心、工序、采购等信息进行产品的各种成本的计算，以便进行成本分析和规划，还能用标准成本法或平均成本法按地点维护成本。

2) 财务管理

财务管理的功能主要是基于会计核算的数据，再加以分析，从而进行相应的预测、管理和控制活动。它侧重于财务计划、控制、分析和预测。

(1) 财务计划。

根据前期财务分析作出下期的财务计划、预算等。

(2) 财务分析。

提供查询功能和通过用户定义的差异数据的图形显示进行财务绩效评估、账户分析等。

(3) 财务决策。

财务管理的核心部分，中心内容是作出有关资金的决策，包括资金筹集、投放及资金管理。

2. 生产控制管理模块

此模块就是前面讲的 MRP，与独立的 MRP 不同的是，ERP 将企业的整个生产过程有机地结合在一起，使得企业能够有效地降低库存，提高效率。同时各个原本分散的生产流程的自动连接，也使得生产流程能够前后连贯地进行，而不会出现生产脱节，耽误生产交货时间。

生产控制管理是一个以计划为导向的先进的生产、管理方法。首先，企业确定它的一个总生产计划，再经过系统层层细分后，下达到各部门去执行。即生产部门以此生产，采购部门按此采购，等等。这与前面讲的 MRP 内容一致。

1) 主生产计划

主生产计划决定生产多少最终产品。它是根据生产计划、预测和客户订单的输入来安排将来的各周期中提供的产品种类和数量，它将生产计划转为产品计划，在平衡了物料和能力的需要后，精确到时间、数量的详细的进度计划，是企业在一段时期内的总活动的安排，是一个稳定的计划，是以生产计划、实际订单和对历史销售分析得来的预测产生的。

2) 物料需求计划

有了主生产计划，再根据物料清单，把整个企业要生产的产品的数量转变为所需生产的零部件的数量，并对照现有的库存量，得到还需加工多少、采购多少的最终数量。这才是整个部门真正依照的计划。

3) 能力需求计划

能力需求计划是在得出初步的物料需求计划之后，将所有工作中心的总工作负荷与工作中心的能力平衡后产生详细工作计划，用以确定生成的物料需求计划是否满足生产能力的要求。能力需求计划是一种短期的、当前实际应用的计划。

4) 车间控制

这是随时间变化的动态作业计划，是将作业分配到具体车间，再进行作业排序、作业管理及作业监控。

5) 制造标准

在编制计划中需要许多生产基本信息，这些基本信息就是制造标准，包括零件、产品结构、工序和工作中心，都用唯一的代码在计算机中识别。

(1) 零件代码，是对物料资源的管理，对每种物料给予唯一的代码识别。

(2) 物料清单，定义产品结构的技术文件，用来编制各种计划。

(3) 工序，描述加工步骤及制造和装配产品的操作顺序。它包含加工工序顺序，指明各道工序的加工设备及所需要的额定工时和工资等级等。

(4) 工作中心，使用相同或相似工序的设备和劳动力组成的，从事生产进度安排、核算能力、计算成本的基本单位。

3. 物流管理

1) 分销管理

销售的管理是从产品的销售计划开始，对其销售产品、销售地区、销售客户信息的管理和统计，并可对销售数量、金额、利润、绩效、客户服务作出全面的分析，这样在分销管理模块中大致有三方面的功能。

(1) 对于客户信息的管理和服务。

它能建立一个客户信息档案，对其进行分类管理，进而对其进行针对性的客户服务，以达到最高效率的保留老客户、争取新客户。在这里要特别提到后来发展起来的CRM软件，即客户关系管理系统，ERP与它的结合必将大大增加企业的效益。

(2) 对于销售订单的管理。

销售订单是ERP的入口，所有的生产计划都是根据它下达并进行排产的。销售订单的管理贯穿了产品生产的整个流程，包括：

① 客户信用审核及查询（客户信用分级，审核订单交易）；

② 产品库存查询（决定是否要延期交货、分批发货或用代用品发货等）；
③ 产品报价（为客户作不同产品的报价）；
④ 订单输入、变更及跟踪（订单输入后，变更的修正及订单的跟踪分析）；
⑤ 交货期的确认及交货处理（决定交货期和发货事务安排）。

2) 销售统计与分析

这时系统根据销售订单的完成情况，依据各种指标作出统计，如客户分类统计，销售代理分类统计等，再就这些统计结果对企业的实际销售效果进行评价。

（1）销售统计（根据销售形式、产品、代理商、地区、销售人员、金额、数量来分别进行统计）。

（2）销售分析（包括对比目标、同期比较和订货发货分析，来从数量、金额、利润及绩效等方面作相应的分析）。

（3）客户服务（客户投诉记录，原因分析）。

3) 库存控制

用来控制存储物料的数量，以保证稳定的物流，支持正常的生产，但又最小限度地占用资本。它是一种相关的、动态的、真实的库存控制系统。它能够结合、满足相关部门的需求，随时间变化动态地调整库存，精确地反映库存现状。这一系统的功能又涉及：

（1）为所有的物料建立库存，决定何时订货采购，同时作为交与采购部门采购、生产部门作生产计划的依据；

（2）收到订购物料，经过质量检验入库，生产的产品同样要经过检验入库；

（3）收发料的日常业务处理工作。

4) 采购管理

确定合理的订货量、优秀的供应商和保持最佳的安全储备。能够随时提供订购、验收的信息，跟踪和催促对外购或委外加工的物料，保证货物及时到达。建立供应商的档案，用最新的成本信息来调整库存的成本。具体有：

（1）供应商信息查询（查询供应商的能力、信誉等）；

（2）跟踪催货（对外购或委外加工的物料进行跟踪催货）；

（3）采购与委外加工统计（统计、建立档案，计算成本）；

（4）价格分析（对原料价格分析，调整库存成本）。

7.2.2 ERP 的发展趋势

信息化进程中，企业 ERP 显现出新的发展趋势：一是扩展性 ERP 系统的管理范围更广，功能更深入；二是技术先进性 ERP 系统融合 IT 领域的最新成果而日趋先进，网络化计算技术势不可挡；三是灵活性 ERP 系统应具备足够的灵活性，以适应实施中及实施后业务环境的不断变化。ERP 系统应提供支持这种灵活性的一整套的、与 ERP 系统本身一体化的应用工具。新趋势主要体现在如下几个方面：

（1）基于 B/S（浏览器/服务器）网络结构的企业管理软件解决了网络数据的瓶颈问题，是 ERP 未来的发展方向；

（2）采用基于 JAVA 技术的开发工具，可实现跨平台运行，并且与国际潮流相呼

应,符合国际交流的通用规则;

(3) 全面支持 Internet/Intranet,支持电子商务的 ERP 软件是今后的开发趋势;

(4) 人工智能系统引入软件开发,使开发速度和质量极大提高;

(5) 集成组件的广泛采用,将使客户和开发商随机组合适合企业实际需要的功能模块,并且可以随时更换功能性模块,减少重复性开发和资源浪费;

(6) 系统安全性和可控性提高,使用户放心使用软件,而不必担心系统泄密或感染病毒等问题。

案例

联想成功实现信息化管理

1998 年 11 月 24 日,联想集团、SAP、德勤三方在中国饭店联名举行了"联想集团实施 ERP 新闻发布会及签约仪式",正式启动了 ERP 工程。联想集团选择 SAP 公司的 R/3 产品,由德勤公司和 SAP 公司的咨询顾问组成的咨询组与联想 ERP 实施项目组共同负责实施。其中 SAP 作为软件供应商主要提供产品与技术支持,德勤公司为项目实施提供管理方面的咨询。联想刚上 ERP 时,把它当作一个 IT 项目来做,项目组的人也是以技术人员为主,项目进行了 4 个月后却没有什么成效。1999 年 4 月,联想毅然重组 ERP 项目组,改为以业务部门为主、技术部门为辅的团队,项目总监直接对柳传志负责。联想 ERP 第一期工程主要围绕制造、代理和系统集成三大业务实施,分五大部分:财务模块、管理会计模块、销售与分销模块、物料管理模块和生产计划模块。1999 年 5 月,联想成立了 ERP 项目业务流程重组小组,由联想集团常务副总裁李勤担任组长,各个业务部门主要负责人负全责,带动了一大批部门骨干员工加入到 ERP 项目的推进工作中来。联想 ERP 项目组、SAP 公司和德勤公司的咨询顾问共同组成了一个咨询组来解决实施中的各种管理流程问题。在系统实施前,德勤公司曾经为联想做了项目的整体咨询,并提供了一套德勤公司的 FastTrack 实施方法论和流程改造与设计模板。作为产品提供方的 SAP 公司也花了半年的时间,对联想的需求做了总体分析,并对联想的现有成熟管理方法有机地与现有系统进行了整合。2000 年 1 月 5 日,联想 ERP 正式上线,与原系统并行运行。2000 年 2 月 14 日,新系统独立运行。

2000 年 4 月,联想集团根据市场发展需要,进行了大规模业务重组。从原来的以事业部为核心的体制向以子公司为核心的体制转变,形成两大子公司:联想电脑公司和联想神州数码有限公司。而 ERP 项目也必须支持两个子公司独立运行,拆分为两套系统,实施再造。2000 年 5 月 27 日,神州数码 ERP 二期工程启动暨誓师大会召开,明确了项目实施的实施范围、组织保障、原则范围、目标计划及奖惩措施。神州集团总部和 9 个平台同时搭建 ERP 项目组,协同工作。在会上,总裁郭为说了这样一句话"哪个平台没有按时上线,请平台总监主动将辞职报告放在我桌上。"他还宣布:ERP 项目组由集团副总裁华祉年任项目总监,平台总监任平台项目总监,集团财务、运作、管理工程部的副总担任项目经理及各模块的组长,平台商、财、物的经理任平台项目经理。还有由集团副总裁们组成的领导委员会,由部门总经理、副总经理组成的项目推进小组。项目实施的各层组织均由相应部门的一把手、二把手负责。2000 年 6 月 24 日,业务流程设计工作完成并经过相关负责人的确认。这一个月,项目组的人员经过磨合,逐步形成了一个有机整体,平台人员也学习了 R/3 系统的基础知识。2000 年 7 月 27 日,随着单元测试工作的结束,神州数码未来的业务原型在 R/3 系统中正式建立了。10 月 8 日,ERP 上线,各类业务开始运行。11 月 3 日,各平台完成了 ERP 上线后的第一次结账,标志着 ERP 上线的完成。

本 章 小 结

本章介绍了管理信息系统的产生与发展。制造资源计划系统经历了MRP、闭环MRP和MRPⅡ阶段。到了MRPⅡ阶段，各方面功能都有所提高，并且，系统的功能不仅仅是物料需求计划，从主生产计划开始，考虑产品结构和生产工艺流程，在生产能力平衡的基础上安排车间计划，以及详细的采购、库存计划，甚至可以向合作供应商直接发送订单。文中展示了MRPⅡ的基本流程图，它的基础信息是产品设计结构、工艺路线、库存基础信息、车间设备能力信息，输入信息是订单或市场需求，经过计算，产生主生产计划，即出厂计划，人机交互完成车间生产能力平衡，输出物料需求计划、车间工艺计划。产品结构图是开发MRPⅡ的基础工作，有了它，可以计算出需要制造或购买的各种基础零部件的数量。考虑到提前期、批量可以生成实际发货计划，MRPⅡ有几个重要决策，即自主开发、购买还是合作开发；计划期的长短；计划时间单位；系统运行的频率；重新生成与演变方式的选择。

以MRPⅡ为核心模块，覆盖物流管理、财务管理构成了ERP。ERP使得企业管理的三大主要内容——生产计划与控制、物流管理、财务管理都进入了信息化时代。生产计划与控制就是前面讲的MRP部分，物流管理包括分销、采购、库存管理，财务管理包括会计核算。它们互相之间有相应的接口，能够很好地整合在一起来对企业进行管理。文中叙述了各大模块的主要功能。ERP未来的发展趋势是基于B/S（浏览器/服务器）网络结构；基于JAVA技术的开发工具，可实现跨平台运行；全面支持Internet/Intranet，支持电子商务；人工智能系统引入软件开发；集成组件的广泛采用；系统安全性和可控性提高。

讨论题

1. 计划信息系统经过了哪几个发展阶段？
2. 计划信息系统未来的发展方向是什么？
3. 什么是主生产计划？
4. MRPⅡ有哪几个重要决策？
5. 与MRPⅡ相比，ERP增加了哪些功能？

练习题

7-1：请选择

1. MRP的发展经历了的阶段是（   ）。
   A. 基本MRP   B. 闭环MRP
   C. MRPⅡ   D. ERP
2. 下列关于基本MRP，说法正确的是（   ）。

A. 涉及企业与市场的界面
B. 一个完整的生产计划与控制系统
C. 涉及公司与工厂（车间）的界面
D. 考虑了市场需求与生产能力的均衡

3. 基本 MRP 的依据是（ ）。

A. 主生产计划
B. 工艺路线
C. 物料清单
D. 库存信息
E. 工作中心

7-2：一种电话机是由话筒和机座装配而成的，如图 7-5 所示。话筒是由一个把手和一条电线组装成的，机座由一个外壳、一个电路板和一个面板组装而成。BOM、现有库存数和生产提前期如表 7-3 所示。

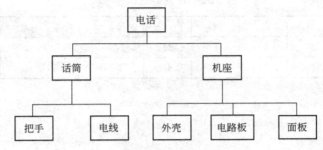

图 7-5　电话分解结构图

表 7-3　电话的库存和生产提前期

物料名称	现有数	生产提前期（周）	物料名称	现有数	生产提前期（周）
电话	200	1	机座	250	1
话筒	300	1	外壳	200	2
把手	200	2	电路板	150	1
电线	75	2	面板	300	2

公司希望尽快开始装配电话机，凭目前已有的部件能装配多少电话机？何时能交货？制订物料计划来解释你的答案。

7-3：已知一产品结构如图 7-6 所示。该产品的出产计划是：第 5 周出产 50 件，第 7 周出产 150 件，第 8 周出产 100 件。各种物料的数据见表 7-4。

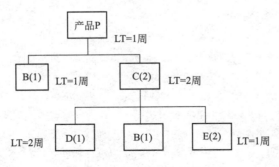

图 7-6　某产品分解结构图

表 7-4 某产品的库存和生产提前期

物料名称	预计到货量	现有数	物料名称	预计到货量	现有数
P	第1周 20		D		20
B		10	E		35
C	第2周 30	20			

求各种物料的计划投入时间和数量。

7-4：按表 7-5 给出的数据，找出：(1) 平均流程时间最短的作业顺序；(2) 最大延期量最小的作业顺序。

表 7-5 任务时间和需求表

任务	1	2	3	4	5	6	7	8	9	10
t_i	17	22	12	6	11	17	9	15	10	9
d_i	67	75	37	59	67	88	61	48	79	57

第 8 章

本章学习目标
1. 熟悉物资管理的基本目标；
2. 了解采办管理的主要工作；
3. 理解单周期库存模型；
4. 理解多周期库存模型；
5. 理解经济订货批量；
6. 了解物资管理信息系统。

物资管理

生产与运作管理

生产管理首先要建设和维护生产系统，生产系统的运作就是将原材料转换成产品或服务的过程，从物资管理的角度讲，生产和服务设备、原材料、半成品、成品都可称为物资。物资管理的目标是尽量少消耗物资、少占用物资、少搬运物资。物资管理与成本、质量息息相关，通过有效地物资管理，可以降低生产成本，提高产品质量。物资管理的主要内容有采办管理、库存管理、物资供应、储运，甚至涉及工厂外的物流管理。本课程的分工主要是企业内部的物资管理问题，物流管理部分请参阅其他教科书。

8.1 物资采办管理

采办对企业十分重要，物资采办是物资管理的源头，是产品质量的第一道关口。同时，又是降低成本的重要环节，以低廉的价格得到生产和服务所需要的设备和原材料不是件容易的事情。在市场经济环境下，供应商的推销策略、夸大的广告宣传，使采办人员难以看清物资的本来面目，采办人员应坚持采办的基本原则，慎重选择供应商，做好物资质量水平评估。

8.1.1 物资采办的基本原则

1. 建立一支过硬的采办人员队伍

思想品德过硬。采办队伍必须是企业的嫡系部队，采办人员必须人品可靠，忠诚企业，任何时候都将企业的利益放在第一位。选择人品可靠、有忠诚度的员工做采办的负责人，带出一个清廉自律、积极向上的采办队伍。

业务过硬。除了不谋求私利，采办人员还要有过硬的业务素质。基本的业务素质就是凭直观辨别经常采办的物资真伪的能力。就设备采办而言，现代设备非常复杂，凭直观评断真伪已经十分困难，这就要求采办人员熟悉设备的基本技术指标，熟悉基本的检测手段，对检测结果能作出快速的判断。

2. 按采办程序办事

公开透明招投标，不搞暗箱操作，通过供应商的有序竞争，得到优质优价的原材料。建立供应商档案记录，用有说服力的数据评价供应商的水平。

建立主要原材料供货商的长期合作伙伴关系。建立合作伙伴关系和招投标并不矛盾。招投标只是过程，结果是要选择好的供货商，如果自己有可靠的信息说明某供货商能有较长期的质量保证，这就是评标的依据。招投标过程也是竞争的过程，合作供货商在众多供货商的竞争压力下，会努力保持其质量和成本的优势地位。

分期付款。合同明确供货商的责任，分期付款，如到货付款 30%，质检合格后或试车成功后付款 80%，设备使用保持一年无故障、材料制成品交付用户无投诉付款 100%。总之，让供货商承担质量责任和风险。

长期技术服务。对于技术含量高的设备，必须要求供应商提供技术服务，短期无偿的技术服务和长期有偿的技术服务都是必需的。

8.1.2 供应商的选择

采办管理中，建设自己的采办队伍是第一位重要的，选择供应商就是第二位重要的。现实中，供应商的选择会受到各种各样的干扰，如何在重重干扰下选择合格的供应商，是采办负责人的责任，要把握一个基本原则，即设备和材料能满足生产的需要，在此前提下，可以适当满足某些方面的要求。

1. 供应商选择影响因素

供应商选择研究由来已久，早在1991年，Dickson和Weber对1967—1990年的有关供应商选择的文献加以总结，得出多项供应商选择影响因素，按重要性排前15位的见表8-1。

表8-1 供应商选择影响因素

重要性排序	影响因素	文献数量	占总文献的百分比
1	质量	40	53
2	准时送货	44	58
3	历史业绩	7	9
4	担保与索赔	0	0
5	装备与能力	23	30
6	价格	61	80
7	技术能力	15	20
8	金融地位	7	9
9	程序合法	2	3
10	通信系统	2	3
11	行业名誉与地位	8	11
12	交易的迫切性	2	3
13	管理与组织	10	13
14	运作控制	3	4
15	维修服务	7	9

供应商选择的准则主要集中在质量、价格、交货、服务等四个方面，此外还应包括供应商的产品开发与生产、供应商的外部环境以及其他方面的因素。由于每个企业的具体情况不同，在实际选择供应商时，应根据具体情况从中选择若干标准。[①]

(1) 质量：不良品率、样品鉴定情况、全面质量管理情况、质量体系认证情况等。

(2) 价格：供应商所提供的产品价格、数量折扣、运输费用等。

(3) 交货：供应商的交货时间、接受紧急订货的能力、扩大交货的能力等。

(4) 服务：服务标准（包括运输、包装）、服务改善能力、担保与索赔。

(5) 产品开发与生产：技术研发能力与速度、当前的制造设备和能力、对新技术的应变能力、对制造商流程变化的适应程度等。

(6) 外部环境：地理位置、所在国家的关税与退税政策、所在国家的政治稳定性及相关的经济政策、所在国家货币的汇率变化等。

目前供应商选择的方法可以分为三大类：第一类为定性的分析选择方法；第二类为

---

① http://www.chinawuliu.com.cn/oth/content/200704/200722947.html

定量的选择方法；第三类为定性与定量相结合的分析评价方法。

为了实现供应商选择的客观化和科学化，应研究供应商选择的定量方法和定性与定量相结合的方法。下面介绍在供应商选择中几种常用的方法。

2. 供应商选择方法

1) 定性方法

(1) 直观判断法。

主要根据征询和调查所得的资料并结合个人的分析判断，对供应商进行分析、评价的一种方法。常用于选择企业非主要原材料的供应商。

(2) 招标法。

有企业提出招标条件，各招标供应商进行竞标，然后由企业决标，与提出最有利条件的供应商签订合同或协议。

(3) 协商选择法。

有企业先选出供应条件较为有利的几个供应商，同他们分别进行协商，再确定适当的供应商。

2) 定量方法

(1) 采购成本法。

对质量和交货期都能满足要求的供应商，则需要通过计算采购成本来进行比较分析。采购成本一般包括售价、采购费用、运输费用等各项支出的总和。

(2) 线性权重法。

即首先确定产品供应商选择时所依据的标准，给每一个标准确定一个合适的权重，然后将供应商在各标准上的总分乘以该标准的权重，进行综合处理得到一个总分。通过对各候选供应商得分的比较，实现对供应商的选择。

(3) 多目标数学规划法。

其基本方法是确定各目标（选择准则）的权重，从而将多目标规划问题转化为单目标规划问题，在各目标权重非负的情况下，所转化的单目标优化问题的最优解是原多目标优化问题的非劣解。

(4) 作业成本法。

该方法是罗德霍夫特（Philip Roodhooft）和康宁思（Jozal Konings）于1996年提出的一种基于作业的成本分析法（Activity Based Costing approach，ABC），通过计算各个供应商采购活动的总成本来选择供应商。

(5) 数据包络分析法（DEA）。

该方法是在相对效率评价概念的基础上建立起来的一种新的系统分析方法，它适用于具有多输入多输出相同类型单位（如供应商）的有效性评价。首先需要将确定的选择准则划分为输入变量和输出变量，然后建立数据包络分析模型，计算各个候选供应商的相对效率，根据计算结果选择适当的供应商。

3) 定性与定量相结合的方法

(1) 层次分析法。

层次分析法在20世纪70年代由著名运筹学家赛特（T. L. Satty）提出，韦伯等提出将其应用于供应链战略伙伴选择。它是根据具体递阶结构的目标、子目标、约束条件、部门来评价方案,采用两两比较的方法确定判断矩阵,然后把判断矩阵的最大特征相对应的特征向量的分量作为相应的系数(优先程度),通过对优先程度的比较实现对供应商的选择。

(2) 人工神经网络法。

该法是指建立接近人类思维模式的定性定量相结合的人工神经网络模型,通过对给定的样本模式的学习,获取评价专家的知识、经验,以此对合作伙伴作出综合评价。

8.1.3 物资质量控制

物资采办的最重要因素就是原材料的质量水平。下面以玻璃生产的原材料为例来阐述原材料质量问题。玻璃生产用的材料就是岩石中的硅、镁、钙等矿物质,精选加工后进入玻璃生产线。

有经验的企业根据多年来生产实践总结出玻璃生产的"四稳"——原料稳、燃料稳、熔化稳、成型稳,其中都把原料稳列为重中之重。采取的措施如下。

1. 做好原料进厂的质量控制

工艺部门加强对矿点的加工工艺指导和质量检查,特别是对重点矿物如砂岩、白云石、长石等,从原料的选矿、开采、精选、加工、储存等环节严格把关与控制,确保进厂原料的质量标准。当前原料的运输成本在逐步提高,有的运输费用比原料本身费用还高。如果原料质量不是在矿山进行控制,而是原料进厂后进行控制,对于经检验不符合标准的原料,如果让步接收后在生产中使用,都会造成玻璃生产的不稳定,影响玻璃的产量和质量。

但天然的矿物基本上是非均质的。要经常性地测定材料的均匀性指标。

2. 原料水分的控制

原料水分波动问题在混合料生产中是一个突出问题,最有效的办法就是在矿山上或工厂内采取措施使砂岩水分降低到5%以下,此时称量中水分波动已很小,生产稳定性大大提高。

3. 粒度的控制

目前在国内外尚未有统一的粉体粒度技术标准,对控制粒度的筛网规格也都有不同的技术标准。国际上比较流行用等效体积颗粒计算直径来表示粒径,要使用国家计量认可的生产厂家的筛网作为粒度的生产控制与检验用筛网,确保粒度标准的严格控制与落实。

4. 混合料质量指标的控制

要认真分析当前混合料质量检验和控制的问题,参照行业标准制定适宜的检验和控制标准,确定严格的考核和控制方法,达到混合料质量的进一步提高。

(1) 更加全面地利用化验站做好混合料质量控制,要制定好混合料检验的指标项目、标准、抽检频次、取样、制样和分析方法等。

(2) 利用科学的统计方法量化出混合料的质量状况,计算出混合料的优级品率和合格率。

(3) 切实加强工艺管理部门对化验站的领导,严格按制度、规定和操作规程进行工作，减少被检测部门的干扰和联系，严格取样的随机性，确保混合料检验的独立、准确、公正，使检测结果能够真实地反映混合料质量。

(4) 在衡量混合料混合质量指标的时候，也需要测定其 Na_2CO_3 含量。

(5) 工艺管理部门要根据日常抽查混合料质量的结果，控制检验和全分析检验的结果及统计完成情况，总结出混合料制备过程的分析报告。

5. 原料成分的控制

目前对浮法玻璃中 SiO_2、Al_2O_3、CaO、MgO、Na_2O 等成分的控制都比较重视，但对原料的 COD 值和 Fe_2O_3 含量稳定性重视不够，应引起注意。

6. 提高原料和混合料的检测水平

为了全面控制原料进厂的质量，确保生产的稳定，质量控制技术的关键是要有合适的技术和检测手段，以实现稳定生产和产品质量监控。

7. 加强原料及混合料质量管理

质量管理是原料及混合料质量的保证。加强质量管理的目的是要把每一个环节的工作都做好。质量管理上要实行三分技术、七分管理，依靠指标考核手段，促进各基层部门自己想办法找措施，利用技术攻关、技术创新等途径，千方百计把原料及混合料质量提高到一个更高的水平，最大限度地提高浮法玻璃生产水平。

8.2 库存管理

库存控制是最早的管理成果之一。早期市场不发达的时候，生产的原材料短缺是经常发生的，人们考虑缺货成本、库存成本、库存损失成本以及库存对稳定生产带来的好处等两个方面的因素，正确选择库存水平。另外，有些工商业生产要用农产品作为原材料，如北方的糖厂用甜菜作原料，每年秋季收购，满足半年的生产需要，这就要储存甜菜。市场经济发达以后，大部分商品从短缺到供过于求，厂家开始重新考虑库存问题，甚至提出零库存。但是，零库存有时会给厂家带来不必要的损失，如价格的起落、停电、特殊天气导致停产等。经过反复的经验总结，对重要原材料，库存还是要有的，库存模型还是有用的。当然，要根据市场供应情况以及对生产的重要程度，合理确定库存水平。

8.2.1 库存管理概述

1. 库存的主要功能

1) 保证生产环节的连续性

保证生产的连续性是生产管理的基本原则，对于流程型生产，要求生产线上的装置都正常连续运转，如果某一上游的装置出现问题，可能要影响整条生产线。对于加工装配型的生产，可以用适当的库存调节上下游各生产环节的依赖性。但是，这不符合现代准时生产的观点，因为库存会占用资金，也会掩盖生产上的问题。

2) 适应市场需求的变化

市场需求总是有变化的，有的产品因季节而变化，但生产能力基本上按平均需求设计，在需求高峰到来之前，生产补充库存，高峰时用库存满足市场需求。

3) 增强计划工作的灵活性

库存可以缓解生产能力不足，达到均衡生产，增强计划的灵活性。

4) 应对原材料市场的变化

原材料市场变化无常，特别是近年来，受金融市场炒作的影响，石油、铁矿石、煤炭等原材料都频繁波动，石油价差在 100 美元/桶，铁矿石价差约为 1 000 元/吨，企业通过各种形式的库存，在合适的价位时买入原材料，可以极大地降低成本。

5) 配合经济订货批量，降低订货、运输成本

经济订货批量是管理的重要成果之一，批量大可以得到更多的价格折扣，还有，长距离的运输方式也需要足够的批量才能降低运输成本。这些都需要库存的配合。

2. 库存的弊端

1) 占用仓储设备

存储商品或者原材料要占用货场仓库，甚至是专用仓储设备，如石油、化工原料，需要建造昂贵的储罐。

2) 占用资金

企业的周转资金基本上是银行贷款，库存占用了更多的流动资金，要付更多的贷款利息。现代的观点认为半成品、成品都是占用资金的。

3) 造成材料的损失

材料在存储过程中，难免变质、锈蚀、丢失等，即使正常保管，也要有一定比例的损失发生。

4) 掩盖生产环节能力不足的矛盾

库存一方面缓解了各环节之间的能力不平衡，另一方面也掩盖了能力不平衡的矛盾或者管理上的缺欠。

8.2.2 单周期库存控制模型

单周期库存模型又称报童问题。即报童早上去进报纸，多了卖不掉，旧报纸就不值钱了，少了不够卖，失去了多赚钱的机会。到底进多少？一般是根据以往的经验，估计能够卖出多少就进多少。理论工作者将这样的现实问题构造成单周期库存模型，并给出理论上的解法。

已知可能的需求 d 和需求的概率 $p(d)$ 见表 8-2，进货少了不够卖的机会损失为 C_u，进货多了卖不了的超储损失为 C_o，请确定损失最少的进货量 Q。

表 8-2 单周期库存已知条件

需求 d	0	10	20	30	40	50
概率 $p(d)$	0.05	0.15	0.2	0.25	0.20	0.15

此问题有多种解法，如下所述。

1. 最大可能性原则

最大可能性原则很简单实用，现实中的商家进货大都采用此原则。表 8-2 中的需求有 6 种可能性，发生的概率最小 0.05，最大 0.25，最大可能性原则就取 0.25 对应的需求 30。它接近最优解。

2. 穷举法

穷举法考虑所有可能的订货和需求的组合,计算所有可能组合的机会损失和超储损失,选取费用最低的。为了方便,给出机会损失 $C_u=30$,超储损失 $C_o=20$。参见表 8-3,第一行是需求,第二行是需求的概率。

第三行,第一列假定订货是 0,第二列需求也是 0 时没有损失,第三列需求是 10,产生了机会损失 $10×30=300$,第四列需求是 20,产生了机会损失 $20×30=600$,第五列需求是 30,产生了机会损失 $30×30=900$,第六列需求是 40,产生了机会损失 $40×30=1\,200$,第七列需求是 50,产生了机会损失 $50×30=1\,500$。

第四行,第一列假定订货是 10,第二列需求是 0 时超储损失 $10×20=200$,第三列需求是 10,与订货相等,没有损失,第四、第五、第六、第七列分别有了机会损失 300、600、900、1 200。

以此类推,第五、第六、第七、第八行,分别是订货 20、30、40、50 与各种需求组合时的损失,得到了表 8-3 中的数据,订货与需求相等时损失是 0,6 个 0 构成了表中的对角线,左下角是超储损失,右上角是机会损失。将需求的概率值 0.05、0.15、0.20、0.25、0.20、0.15 当作权重,对每一行加权求和,得到表中最后一列的数据 $E(Q)$,855、580、380、280、305、430,随着订货量的增加,先是减少,然后增加,最小值是 280,对应的订货量是 30。这就是穷举法的解。

表 8-3 穷举法计算表

需求　　　p　　订货	0	10	20	30	40	50	$E(Q)$
	0.05	0.15	0.20	0.25	0.20	0.15	
0	0	300	600	900	1 200	1 500	855
10	200	0	300	600	900	1 200	580
20	400	200	0	300	600	900	380
30	600	400	200	0	300	600	280
40	800	600	400	200	0	300	305
50	1 000	800	600	400	200	0	430

3. 边际分析法

边际分析法是离散问题求极值的好方法,类似于连续问题求导数,令导数等于零求得极值点(或驻点)。边际分析法的思路是这样的,先构造期望损失的表达式,做边际分析,得到最优解的表达式。刚才在穷举法中,计算的 $E(Q)$ 就是期望损失,或者称损失的期望值,严格地说,期望值理论上存在,具体数值是计算不出来的,加权平均值是它的近似表达。当然,在现实问题中,将加权平均值或平均值直接当作期望值了。报童问题的期望损失可以表示为:

$$E(Q) = \sum_{d>Q} C_u(d-Q)p(d) + \sum_{d<Q} C_o(Q-d)p(d) \qquad (8-1)$$

式(8-1)中,Q 是变量,该式由两项构成,第一项表示当 $d>Q$ 时出现了机会损失,第二项表示当 $d<Q$ 时出现了超储损失。为了边际分析,将式中的 Q 换成 $Q+1$,则得到:

$$E(Q+1) = \sum_{d>Q} C_u(d-Q-1)p(d) + \sum_{d<Q} C_o(Q+1-d)p(d) \quad (8-2)$$

式（8-2）减式（8-1），即 $\Delta E = E(Q+1) - E(Q)$

$$\Delta E = -\sum_{d>Q} C_u p(d) + \sum_{d<Q} C_o p(d)$$

将 $\sum_{d>Q} p(d) = 1 - \sum_{d<Q} p(d)$ 带入式中，并令 $\Delta E = 0$ 得到

$$(C_u + C_o)\sum_{d<Q} p(d) - C_u = 0$$

整理得到

$$\sum_{d=0}^{Q} p(d) = \frac{C_u}{C_u + C_o} \quad (8-3)$$

式（8-3）就是边际分析法得到的极值条件，即当使式（8-3）成立时的 Q 就是最优解。将机会损失 $C_u = 30$，超储损失 $C_o = 20$ 带入式（8-3）的右端，$30/(30+20) = 0.6$。参见表8-2，按式（8-2）左端的表达式，将需求 0、10、20、30…对应的概率值 0.05、0.15、0.20、0.25、0.20、0.15 依次相加，$0.05+0.15+0.20=0.4$，不够 0.6，继续 $0.05+0.15+0.20+0.25=0.65$，超过 0.6，对应于 0.25 的订货量是 30，$Q=30$ 就是用边际分析法得到的解。与前面两种方法得到的解一致。

8.2.3 多周期库存控制模型

前面看到，所谓单周期就是一次订货问题，考虑到各种可能的订货量和相应发生的概率，决定订货量的数值。多周期将多次订货同时考虑。理论上讲，多周期属于动态问题，上面的单周期是静态问题。静态问题过于简单，构不成模型，因此，将它按随机问题来处理，就是估计出各种需求可能发生的概率。严格地讲，现实中的问题都是随机的，只不过常常将随机问题当作确定问题来处理。实际的订货问题，既是随机的，又是动态的。动态和随机同时考虑进来，数学工具就无能为力了，多周期的情况，忽略随机的一面，只考虑它的动态特征。多周期模型有多种形式，这里讲授两种最基本的形式。

1. 基本的多周期模型

基本的多周期模型是库存论的最简单形式，通过它可以导出著名的经济订货批量。

1) 基本假设

(1) 需求已知且为常量 R；

(2) 一次订购费 S 与批量无关；

(3) 库存费是库存量的线性函数；

(4) 不准缺货；

(5) 等时间间隔多次订货。

2) 库存模式

根据上述假设可以得到如图8-1所示的库存模式。

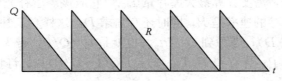

图8-1 库存模式图

图中,横轴时间 t,纵轴表示订货量,三角形的尖点表示最大订货量 Q,从最大订货量 Q 开始,满足一个均匀的需求 R,库存逐渐减少,减少到零再次订货,库存到达最大订货量,均匀减少到零,一个三角形是一个周期,多个三角形表示多周期,这样往复下去。

3) 经济订货批量

考虑单位库存费 H,一次订货费 S,某一较大时段的需求为 D,可以得到库存费:$H(Q/2)$;订货费:$S(D/Q)$;

令
$$H(Q/2)=S(D/Q)$$

整理得到经济订货批量
$$Q^*=\sqrt{\frac{2DS}{H}} \tag{8-4}$$

库存费 $H(Q/2)$ 可以理解为,单位库存费 $H \times$ 平均库存量,考虑每一个三角形,最大库存量是 Q,最小是 0,平均就是 $(Q+0)/2$。订货费 $S(D/Q)$ 是一次订货费 $S \times$ 订货次数,某一较大时段的需求为 D,D/Q 就是订货次数。从表达式中可以看出,库存费随着 Q 的增加而增加,订货费随着 Q 的增加而减少,两项费用相等时必定是总费用的极值点,参见图 8-2。如果计算出总费用,对 Q 求导数,并令其等于零,也会得到相同的结果。

2. 库存补充需要一定时间的多周期模型

1) 基本假设

基本模型中假定库存的补充在瞬时完成,实际上库存的补充需要一段时间,这段时间可以理解为,货物以均匀的速率运来,或者需要生产加工,逐渐补充库存。基本假设以及符号的意义与基本模型完全相同,只是补充库存的速率是 P。因此,库存模式有所改变,参见图 8-3。

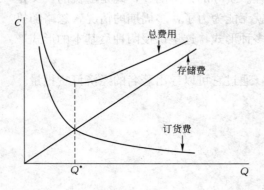

图 8-2 库存费示意图

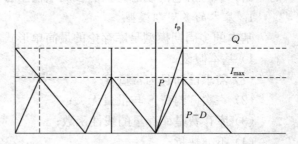

图 8-3 补充库存需要时间的存储模式

2) 费用计算

为了计算库存费,需要计算最大库存量 I_{max},它应该等于补充库存的时间 t_p 乘以库存增长率,补充库存的速率是 P,同时还有需求 D,这样真正补充库存的速率是 $P-D$,得到 $I_{max}=t_p(P-D)$,考虑到 $Q=Pt_p$,也就是 $t_p=Q/P$,带入得到

$I_{max}=Q(P-D)/P$;库存费 $H(I_{max}/2)=HQ(1-D/P)/2$;订货费 $S(D/Q)$。

3) 经济订货批量

令 $HQ(1-D/P)/2=S(D/Q)$，得到本模型条件下的经济订货批量的表达式为

$$Q^* = \sqrt{\frac{2DS}{H(1-D/P)}} \quad (8-5)$$

可见，在补充库存需要时间的情况下，Q^* 变得大一些。

8.2.4 库存管理的 ABC 分类法

库存管理的 ABC 分类法源于意大利经济学家对社会财富的研究成果。经调查研究，巴雷特（Pareto）发现，社会财富的 80% 被只占人口数量 20% 的少数富人拥有，而其余 80% 的人口只有 20% 的社会财富。其中，中产阶级拥有社会财富的 15%，穷人拥有社会财富的 5%。由此绘制出著名的巴雷特曲线，见图 8-4。

此发现后来被应用到库存管理中，因为库存物资的价值量与库存数量之间也有类似的关系。即库存价值的 80% 包含在库存数量只有 20% 的少数商品中，而其余 80% 的商品只占有 20% 的价值。将图 8-4 中的富人、中产阶级、穷人，代之以 A 类商品、B 类商品、C 类商品，得到库存管理的 ABC 分类图，见图 8-5。说明 A 类商品占有仓库价值量的 80%，B 类商品占有仓库价值量的 15%，C 类商品只占有仓库价值量的 5%。

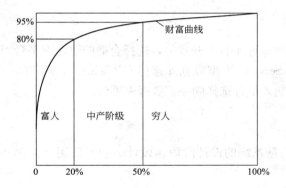

图 8-4 财富分布的巴雷特曲线

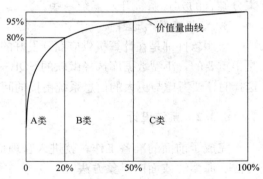

图 8-5 库存价值量曲线

显然，控制库存的目的是在满足供应的前提下尽量减少库存占用资金，A 类商品占有最多的资金，必须加强对它的管理，存放在安全的地方，进货时勤进少进，可以让供货商直接供货，随用随进，免去中间环节。现实中的经营者也是这样处理的，例如，高档的服装没有库存，货架上也是一个号码只有一件，卖出一件补充一件。

对 B 类商品可以适当放松管理，适当增加订货量，满足运输和批量折扣的需要。对 C 类商品可以放松管理，增加订货量，尽量满足运输和批量折扣的需要。对于存储空间小的物资，损耗少的甚至可以考虑一次进货满足一年的需要。

8.3 物资管理信息系统

在管理信息系统出现之前，有诸如卡片法，双堆法等库存检制方法，有了物资管理

信息系统,这些方法都失去作用。打开计算机,各种物资的库存量一目了然,甚至可以设置缺货提示,库存成本计算等。下面就简单介绍物资管理信息系统的设计过程和基本功能。

8.3.1 物资管理信息系统的开发过程

1. 业务流程分析

业务流程分析,又叫需求分析,是信息系统开发的重要环节,一般要物资管理人员和软件开发人员共同完成,物资管理人员提出要求,计算哪些参数,打印哪些报表,系统给出哪些提示等。软件开发人员尽量满足需求,同时提出更好地满足同样需求的业务流程建议。需求分析是软件开发能否成功的关键步骤,用户必须积极参与,开发人员必须虚心听取用户端意见。

2. 硬件选择与布置

根据系统的承载能力和计算量选择合适的服务器,以及服务器的分布方式,可以选择集中服务器和分布客户端的形式,但如果客户端比较分散,有的空间距离远,需要依赖公网传输数据,这时速度较慢,集中服务器还可能造成登录拥挤现象。最好选择集中和分散相结合的方式,数据和功能模块该集中的集中,该分散的分散在用户终端机上。集分结合的方式系统开发复杂一些。

3. 数据库平台选择

应用软件都是在计算机供应商开发好的数据库平台上开发的,选择合适的数据库平台是很重要的,小型数据库选择微软的 SQL-Server,大型数据库选择 ORACLE/SYBASE,选择时还要考虑与更大的信息系统衔接的问题,最好选择同一家数据库平台。

8.3.2 系统设计

完成了前面的准备工作,就进入管理信息系统的设计阶段。设计一般可采用结构化方法、原型法或面向对象方法。

1. 结构化方法

结构化方法的基本思想是在分析和设计阶段自顶向下、逐步分解,最后自底向上地实现系统。具体来说,就是在分析和设计阶段,将一个复杂的、难以描述和处理的抽象系统逐步分解成若干层次的子系统,直到能被有效定义和处理的具体模块;在实现阶段,通过模块链接形成完整的系统。结构化方法的开发过程被划为 5 个阶段:系统规划阶段、系统分析阶段、系统设计阶段、系统实现阶段和系统运行阶段。它强调了系统开发过程的整体性和全局性,严格区分开发阶段,强调按阶段一步一步地对系统进行开发,每一步都要及时总结,发现问题并及时解决。后一阶段的工作要建立在前一阶段工作的基础上,使得每一个阶段的工作都具有可靠的依据,避免了开发过程的盲目和混乱,极大地提高了系统开发的效率。

2. 原型法

原型法的基本思想是用最经济的方法,在迅速了解用户基本需求的基础上,尽快设计出一个可以运行的系统原型。这里说的原型,是指一个用于实验的、结构简单但已具备系统基本功能的应用软件。用户在试用原型后反馈意见,开发者修改原型后再交给用户试用。通过这样反复评价和反复修改原型系统，逐步确定各种需求的细节，最终完成系统的开发。在原型法中，用户要参与到系统开发的整个过程中，使得系统的切换和运行维护变得较为容易；用户可以尽快发现开发过程中系统出现的问题，及时完善和修改，也可以根据具体情况更改最初的需求。正因为以上原因，原型法只适用于那些需求不确定性较高的中小型信息系统，同时其快速实现新系统原型的要求也造成了原型法对开发环境、软件工具要求比较高。值得注意的是，它只是支持在软件开发早期阶段快速生成后期产品样品的过程，没有确定在这种过程中必须使用哪种开发方法，因此不是完整意义的方法论体系，这就注定了原型法必须与其他软件开发方法结合使用，才能更好地发挥其功效。

3．面向对象方法

面向对象方法的基本思想是把客观世界的一切事物都看成是由各种不同的对象组成，每个对象都有各自的内部状态、机制和规律，按照对象的不同特性，可以组成不同的类。不同的对象和类之间的相互联系和相互作用就构成了客观世界中的不同实物和系统。面向对象方法的开发过程包括定义问题、识别对象、详细设计问题和程序实现4个步骤。面向对象方法用对象的属性和行为分别描述实物的静态和动态特征，强调属性和行为与被涉及的事物一致用类描述具有相同属性和行为的对象群；用对象的分类和组装描述事物的结构特征；用消息连接、实例连接表示实物之间动态和静态的联系，很好地保持了事物及其之间联系的原貌。由于面向对象方法基于类和对象的概念，因此在可重用性、系统的可维护性和可理解性方面有着突出的优势。但是如果开发一个大型的信息系统，不经过自顶向下的整体划分，而是一开始就自底向上地采用面向对象方法开发系统，则很难得出系统的全貌，会造成系统结构不合理、各部分关系失调等问题。因此，面向对象方法必须与其他方法综合运用才能充分发挥其优势。另外，与原型法一样，面向对象方法需要功能强大的软件支持环境。

不管采用哪种设计方法，都要进行数据库设计、功能模块设计、输入输出设计。设计完成后就要选择开发工具实现具体功能。一般选择有强大计算功能的计算机语言和数据库语言混合使用。经安装调试、数据准备，就可进入试运转。

8.3.3 系统主要模块及功能

1．主控模块

主控模块是整个系统的控制器，它协调各模块的关系，对用户请求排队，决定处理的优先次序，调用相应模块完成相应的计算及存储功能。

2．客户机控制模块

系统有多个客户机，此模块控制客户的登录，通过授权，将客户分级，决定各个级别的用户权限，监督客户的行为，支持其合法行为，禁止其不合法行为。

3．数据库创建管理模块

系统开发时已经创建了必要的数据库系统，但运行时还需要创建新的数据库，此模块将系统中所有的新的、老的数据库协调起来管理。

4．数据库安全保护/备份模块

数据库的安全是重要的，防止用户误操作对数据造成损失，也防止恶意用户伤害数据库，防止用户越权使用数据库。

5. 物资库存管理模块

此模块记录物资库存的信息，包括入库时间、数量、品种、价值量、存量、存放处等。如果有必要，还要记录重要物资的历史信息，如重要设备给定时间段的库存水平曲线，领用记录。

6. 查询模块

数据库的建立就是为了方便查询，好的信息系统都开发出方便使用的查询系统。输入简单的查询条件，就可以查询。比如，要想查询某种物资的库存量，输入物资的名称，所有有关此物资的库存信息都可以显示出来。输入某类物资的类名，属于此类物资的各种信息就显示出来。

7. 计划模块

物资计划相对简单，此模块开发出标准计划模板，只要计划人员运行此模块，与计算机互动，填入必要的计划信息，就方便地生成物资采办或库存补充计划。如果可能，还能生产多种用途的计划。

8. 统计报表模块

与计划模块类似，系统开发出统计报表模式，统计人员只要与系统互动，就能生成需要的统计报表。统计报表有多种需求，依据各种分类，生成各种统计报表，并结合输出打印出各种统计报表。

9. 供应商合同管理模块

供应商管理模块的基本功能是供应商的供货记录、往来关系、应付账款等，补充供应商评价体系。某供应商供货验收完成，输入相应供货反馈信息，得出供应商新的评价结果，或者是新的信用排序。

10. 物资用户管理模块

用户分为浏览用户和物资使用用户，就是物资要发放的用户，此模块就是对用户的管理，包括其基本信息，领用物资的记录，如果有偿使用，还要有付款记录等。

11. 系统在线帮助模块

任何系统都有在线帮助模块，有些用户计算机水平有限，遇到困难，首先请求在线帮助，以减少售后服务的工作量。遗憾的是，许多系统的在线帮助太简单，用户得到的帮助十分有限。

案例

第三方物流的发展

现代意义上的第三方物流（简称 3PL 或 TPL，Third Party Logistics）产生于 20 世纪 80 年代的欧美地区。从那时起，3PL 供应商以及所提供的服务类型、范围都在迅速进化和变异，背后的推动力量来自于其所服务的制造企业行业环境的巨大变化。

早期 3PL 供应商的产生，是欧美制造企业客户对更先进的物流服务需求的结果。20 世纪中后期，制造业环境发生了很大变化，这些变化包括：竞争更为激烈、来自全球化的挑战、顾客对缩短交货时间的要求、顾客导向、非核心业务外包等新的管理理念的出现等。为了应对行业环境的种种变化，欧美制造企业需要对组织的结构、管理模式进行变革，其中通过对供应链的整合获取竞争优势成为重要的一步。例如，在某些行业，行业环境的变化要求企业提供高效的、本地化的客户服务，制造企业需要设立独立于工厂之外的、位于第三国的中央仓库来满足这一需求；在另一些行业，如汽车、计算机行业，行业环境的变化要求企业具备在全球范围内快速、高效地运送大量配件的能力，这些行业中的企业需要利用全球性船运、空运公司的运送网络满足这一需求。于是，作为对制造企业客户物流外包需求的响应，欧美各国的传统运输、仓储等物流服务供应商开始向3PL供应商转变，成为最初的3PL供应商，如以仓储服务为基础的Exel、GATX等，而马士基、美集物流、DHL等公司则是以运输服务为基础向3PL供应商转变的。这些由传统物流服务供应商转变而来的3PL供应商构成了很重要的一大类：资产基础（Asset based）的3PL供应商。

对于资产基础的3PL供应商，早期广泛的客户基础、长期物流服务的经验、全球分布的服务网络是其转型初期竞争优势的主要来源。并且，随着其3PL经验的积累，网络的拓展，同时通过应用先进的信息系统，资产基础的3PL供应商将早期竞争优势成功转化为日后更大的、持续的竞争优势。

在这一过程中，欧美制造业客户需求所产生的强大推动力是这类3PL供应商发展的关键因素：由于欧美制造企业在全球范围的生产经营，欧美资产基础的3PL供应商巨资建设的全球网络和先进的信息系统能够得到充分利用，有效地降低了3PL供应商的成本；欧美制造企业在全球市场上具有优势地位，帮助欧美3PL供应商将业务轻易扩展至更多的关联制造、分销企业，拥有了不断扩大的客户群。

非资产基础的3PL供应商，如Menlo、CTI、Fritz等，是另一大类3PL供应商。与资产基础的3PL供应商相比，早期的非资产基础3PL供应商规模较小，客户基础上处于劣势；没有广泛分布的服务网络，需要购买其他服务商的物流服务；通常拥有服务特定行业客户的丰富经验，能够对该行业客户提供更具针对性的第三方物流服务；由于不拥有实体资产，能够更为中立地提供服务。第三方物流产业早期，资产基础的3PL供应商在竞争中处于优势地位。

然而，随着全球化经营的进一步深化，欧美制造企业发展出数量更为巨大、地理分布更为广泛的关联企业群，物流业务更为复杂，因此要求3PL供应商提供最有效的物流解决方案，也就更为强调3PL供应商的中立性。在这种情况下，非资产基础3PL供应商的业务量得以大大增加。

而资产基础3PL供应商为了满足客户对于中立性的需求，也开始向非资产基础3PL供应商转化，或者将第三方物流业务独立于传统运输、仓储等业务；或者发展成混合型3PL供应商——综合利用自身的实体资产、网络系统和专业知识来为客户服务，如果发现自身拥有的实体资产对客户来说并非最优选择，则会购买客户最优选择的其他公司的物流服务，最大程度地实现客户利益。

最近一类进入第三方物流产业的是以咨询、财务或IT管理为基础的3PL供应商，如Anderson Consulting、GE Capital、Manugistics等，被有些研究者称为第三方物流产业发展的第三次浪潮。它们利用自身的专家资源和咨询经验为客户提供高质量的信息、咨询、供应链整合服务，这同样来自于客户需求的推动。在这一类公司进入第三方物流产业之前，前面提到的两类3PL供应商都不同程度地向客户提供供应链优化设计、整合咨询服务，最初能够满足客户的需求。但是，当客户物流业务日益复杂，要求其物流业务与企业其他业务单元高度协调，因此需要高质量的、定制化的物流设计、咨询服务时，这两类3PL供应商的服务能力有所局限。市场的需求，吸引了传统的管理、财务、IT咨询公司进入第三方物流产业。

研究第三方物流行业产生和发展的历史，不难发现除了行业内竞争因素外，制造业变革是重要的推动力。这些变革中最重要的有全球化、围绕大型跨国公司形成的关联企业群、随着更为激烈的竞争而产生的定制化要求等。时至今日，以上提到的变革仍在不断深化，仍将对第三方物流行业的结构、规模、发展速度产生影响。

首先，制造企业全球化发展，为3PL供应商的全球化发展提供了良好基础；客户导向的3PL供应商，往往伴随客户的业务发展进行全球投资和业务扩张。双方这种战略联盟关系，共同促进双方全球化战略的深入和健康发展。

其次，制造企业从不断深入和健康发展的全球化中获得了竞争优势，形成了实力强大的跨国公司。由于这些跨国公司在世界范围的强大影响力，许多本地型的制造企业围绕着实力强大的跨国公司形成了关联企业群。关联企业群中的制造企业，加入到大型跨国公司的供应链整合方案中。3PL供应商全部营收中，来自大型跨国公司及其关联企业群的营收份额不断扩大，大型跨国公司对于3PL供应商的重要性和影响力日益增强。另一方面，跨国公司规模不断扩大，物流业务日益复杂，它们对来自3PL供应商的高品质服务越来越依赖。基于这种相互倚重，双方都有深化长期战略联盟关系的需要，采取各种形式加强彼此间的战略联盟关系。

制造企业与3PL供应商之间的长期稳固的战略联盟关系，使得3PL供应商获得新的大客户的可能性降低了，并购其他3PL供应商以获得新的客户成为了一种可行的办法。另外，资产基础供应商之间的并购还能有效拓展自身业务的地理区域，实现规模经济。20世纪90年代中后期至2002年左右，这类规模化并购活动非常频繁，如NOL对APL的并购、德国邮政、丹沙货运等都是规模化并购活动的典型案例。

本章小结

本章介绍了物资管理的三个重要内容——采办管理、库存管理、物资管理信息系统。采办管理主要是建立一支过硬的采办人员队伍，就是思想过硬，忠诚于企业，经得起各种社会的诱惑，业务过硬，熟悉物资的特性，掌握市场动态变化。有了队伍，要把好供应商选择关，选好了供应商，就有了好的设备和物资。供应商的选择标准无非是质量、价格、交货时间、服务和产品开发与生产能力。物资质量控制是物资管理的重要环节，文中以玻璃原料为例讲述了原料进厂质量控制的基本过程。

库存能够缓解生产各环节的能力紧张，增加生产的连续性，但是，库存也要占用空间、人力和物力，特别是占用较多资金。权衡两个方面，库存还是需要的，虽然现代管理思想主张零库存，但有库存或者零库存必须根据具体条件使用。库存的主要功能有：

(1) 保证生产环节的连续性；
(2) 适应市场需求的变化；
(3) 增强计划工作的灵活性；
(4) 应对原材料市场的变化；
(5) 配合经济订货批量，降低订货、运输成本。

库存的弊端有：
(1) 占用仓储设备；
(2) 占用资金；
(3) 造成材料的损失；

(4) 掩盖生产环节能力不足的矛盾。

单周期库存模型又称报童问题，即考虑市场需求，一次进货进多少的问题，问题给出的是各种可能的选择及其发生的概率，求解方法有最大可能法、穷举法、边际分析法。实际管理者经常采用最大可能法。边际分析法得到了极值条件，应用时参数带入条件即可，不必关注求导过程。

多周期的情况，忽略随机的一面，只考虑其动态特征。多周期库存模型有多种，本书只讲述了基本模型和补充库存需要时间的两个模型。实际上，库存模型是在权衡订货费和存储费两个方面后得到经济订货批量的。订货批量与一次订货费成正比，与库存费成反比。

库存管理的 ABC 分类将库存的物资分成三类，A 类商品占有仓库价值量的 80%，B 类商品占有仓库价值量的 15%，C 类商品占有仓库价值量的 5%。控制库存重要的是控制库存的价值量，少占用资金，因此，重点控制 A 类物资就可达到比较好的效果，进一步关注 B 类物资，可以达到很好的结果，结合对 C 类物资的合理采购，库存控制简单而有效。

有了管理信息系统，有些库存控制方法已经不那么重要了。文中简单叙述了系统的开发过程，重要的是管理人员要参与到开发中去，配合开发人员做需求分析，将管理流程详细地展示给开发人员，与开发人员一起讨论修改业务流程，以适应信息系统的要求。系统需要多个模块，文中讲述了其中 11 个主要功能模块。

讨论题

1. 物资管理的三个重要内容是什么？
2. 库存的主要功能有哪些？主要缺点是什么？
3. 库存管理的 ABC 分类法的核心思想是什么？
4. 与最大可能法和穷举法相比，边际分析法有什么优点？
5. 为什么多周期模型没有考虑需求的随机性？

练习题

8-1：已知单周期库存的各种需求量的概率如表 8-4 所示，市场损失为 40 元/件，超储损失为 50 元/件。请分别用穷举法和边际分析法求出损失最小的订货量。

表 8-4　单周期库存已知条件

需求 d	0	10	20	30	40	50
概率 $p(d)$	0.05	0.15	0.2	0.25	0.20	0.15

8-2：考虑单位库存费 $H=340$ 元，一次订货费 $S=200$ 元，每年的需求为 $D=4\,000$ 单位商品，请求出最佳订货批量 Q^*。

8-3：考虑单位库存费 $H=340$ 元，一段次订货费 $S=200$ 元，每 10 个月的需求为 $D=4\,000$ 单位配件，生产需要一段时间，生产的速率 $P=1\,000$ 件/月。请求出最佳订

货批量 Q^*。

8-4：已知对某产品的年需求量 $D=600$ 个，每次订货费用 $S=8$ 元，产品年存储费用率 $h=0.20$。产品价格政策为：

订货量在 $0 \leqslant Q < 500$，单价为 0.30 元/个；

订货量在 $500 \leqslant Q < 1\,000$，第一批 500 个产品的单价为 0.30 元/个，其余的 0.29 元/个；

订货量在 $1\,000 \leqslant Q$，第一批 500 个产品的单价为 0.30 元/个，第二批 500 个产品单位为 0.29 元/个，其余的为 0.28 元/个。

求经济订货批量。

第 9 章

本章学习目标
1. 理解质量的相关概念；
2. 理解质量管理各概念之间的关系；
3. 熟悉全面质量管理原理；
4. 了解质量控制的一般方法；
5. 了解抽样检查的基本原理。

质量管理

质量管理是生产管理不可缺少的环节。质量是企业的生命线，人们追求高质量的产品和服务的愿望永远不会停止，随着技术水平的提高，对产品和服务的质量提出了更高的要求。经过理论和实践工作者的努力，质量管理形成了系统成熟的理论体系。作为生产管理中的一章，主要讲述质量管理的基本概念、全面质量管理思想，以及一些实用的质量控制方法和简单的抽样检查。

9.1 质量概念

由于产品和服务国际化及国际贸易的要求，国际上质量术语已经基本统一，产生于民间的国际标准化组织也成为具有影响力的国际组织。下面按照国际标准化组织的定义，讲述质量、产品质量、服务质量及质量管理、质量控制、质量保证等概念。

9.1.1 产品与服务质量的概念

1. 质量

质量是反映实体满足明确或隐含需要特性和特征的总和。

其中，实体包括：活动或过程的结果，即服务、硬件、产品或服务流程或它们的组合；活动或过程的本身。需要包括：①合同规定的需要；②非合同规定的、约定俗成的并且随着科学技术、工艺手段的进步不断提高的变化着的需求；③潜在的需求，它激励企业开发新产品，以更高一级的产品取代老产品。

2. 产品质量

产品质量是产品满足明确或隐含需要特性和特征的总和。

产品质量用产品的质量特性去描述，一般有：

（1）性能，指产品符合规定标准，满足一定使用要求所具备的特性；

（2）寿命，指产品能够使用的期限，即产品在规定条件下，满足规定功能要求的工作总时间；

（3）可靠性与维修性，可靠性是指产品在规定时间内和规定条件下，完成规定任务的能力；维修性是指产品在规定条件下和规定时间内，按规定程序和方法进行维修时，保持或恢复到规定状态的能力；可靠性与维修性规定了产品的可用性；

（4）安全性，指产品的储存、流通和使用过程中，不发生由于产品质量而导致的人员伤亡、财产损失和环境污染的能力；

（5）适应性，指产品适应外界环境变化的能力；

（6）经济性，指产品从设计制造到整个寿命期的成本大小，包括设计成本、制造成本、使用成本；

（7）交货期，满足用户要求的交货期的要求，不能提前，也绝对不能拖后；

（8）售后服务，在承诺的短期内免费维修服务，长期有偿维修服务。

3. 服务质量

服务质量是指服务业各项活动或工业产品的销售和售后服务活动满足明确或隐含需要特性和特征的总和。

服务一般是指交通运输、邮、商、饮、医、文化娱乐等提供无形产品的行业。

服务质量特性随行业不同而异，其共性有：

(1) 功能性，指某项服务发挥的效能和作用；

(2) 经济性，指顾客为了得到不同的服务所需费用的合理程度；

(3) 安全可靠性，在服务过程中，顾客感到准确、安全无危险；

(4) 及时性，指在服务时间上能满足服务者需求的能力；

(5) 舒适性，指在满足了功能性、经济性、安全性和时间性等方面的质量特性情况下，服务过程的舒适程度；

(6) 文明性，指顾客在接受服务过程中满足精神需求的程度。

4．过程质量

过程的条件与活动满足预定的产品或服务质量要求的程度。

产品和服务质量的特性要由"过程"、"活动"来保证，其6个方面的质量特性也要在设计研制、生产制造、销售服务等的全过程中实现并得到保证。

(1) 设计过程质量：指设计阶段体现的质量，也就是产品设计符合质量特性要求的程度。一般认为质量构成中设计占40%，材料占30%，制造工艺占20%，其他占10%。

(2) 制造过程质量：指按设计要求，在制造过程中各环节各工序的质量，包括操作人员素质、技术装备水平、工艺方法及原材料的质量。

制造过程质量与产品质量的区别在于，前者强调流程和中间环节，产品实现的方式、方法的质量水平；后者强调最终产品的性能。没有较高的制造过程质量就不可能有好的产品质量。

(3) 使用过程质量：在实际使用过程中的质量，是产品质量的体现和检验。

(4) 服务过程质量：供方对使用方服务要求的满意程度。

5．工作质量

与质量有关的一切工作对产品、服务的保证程度。

它是一切质量的保证。因为工作是人做的，机器是人研制和操作的，人的因素第一，工作质量与以下因素有关：

(1) 员工的素质，业务水平，技术水平；

(2) 员工的质量意识，责任心；

(3) 企业的组织和管理水平。

工作质量与产品质量不可分割，最终也体现在产品质量中。

工作质量在产品质量中起重要作用，在服务质量中起主导作用。在目前情况下，人们总是对服务态度抱怨得多，对服务设施抱怨得少。

工作质量可以用产品合格率、废品率和返修率来衡量。服务质量可以通过顾客反映、营业情况等指标反映出来。

9.1.2 质量管理的基本概念

1．质量管理

其功能包括即制订和实施质量方针的全部管理职能。

(1) 质量管理是一个组织全部管理的一个重要组成部分，其职能是：质量方针的制订与实施。

（2）质量管理的职责由组织的最高领导者承担，不能推卸给其他领导者，也不能由质量职能部门负责。

（3）质量是组织内所有成员的事，必须要求组织内所有成员参与质量管理活动，并承担相应的义务与责任。

（4）质量管理涉及组织的一切活动要和其他活动一起进行。

（5）质量管理的最终目标是提高经济效益，包括企业自身的效益和社会效益的统一。

2. 质量保证

质量保证是指对某产品或服务能满足规定质量要求，提供适当信任所必需的全部有计划、有系统的活动。

（1）提供适当信任，就是向顾客负责，顾客至上，信誉第一。

（2）对设计、生产、安装各环节进行持续不断的检查，并有详细的记录，以便在提供最终产品时一同向用户提供有关技术文件。

（3）质量保证是一项有计划有系统的活动，通过此项活动，不断完善行之有效的质量保证体系。

（4）质量保证分为内部质量保证和外部质量保证两部分。内部质量保证是下级向上级提供信任，各同级协作单位、各工序之间提供信任；外部质量保证是向需方提供信任，使需方相信该组织提供的产品或服务满足质量要求。

3. 质量控制

质量控制是指为满足质量要求所采取的作业技术和活动。

（1）作业技术就是方法，活动就是开展工作，其内容主要包括：

① 确定控制对象；

② 确定控制计划与标准；

③ 实施控制计划与标准；

④ 进行连续监视、评价验证，纠正不符合设计程序、制造工艺要求及其他有损于产品质量的现象；

⑤ 排除质量形成过程中的不良因素与偏离规范现象，恢复正常工作状态。

（2）作业技术和活动贯穿于质量形成全过程，对产品生产及服务的所有中间环节都要采取适宜的作业技术和活动来保证质量，质量控制和质量保证不可分割。

（3）采取作业技术和活动的目的是为了监视产品或服务的全过程，并排除可能出现的质量问题，使其达到质量要求。

4. 质量体系

质量体系是指为实施质量管理的组织机构、职责、程序、过程和资源。

质量体系又称质量保证体系，是指企业以保证和提高产品质量为目标，运用系统的理论和方法，设置统一协调的组织机构，建立健全的制度，把各部门、各环节的质量管理职能严密地组织起来，形成一个有明确任务、职权、权限、相互协作、互相促进的质量管理有机整体。质量体系是质量管理的一部分。

5. 质量管理、质量保证、质量控制与质量体系之间的关系

参考图9-1,质量管理相关概念之间有密不可分的关系,总结如下。

(1) 质量管理全包含质量体系、质量控制、内部质量保证;半包含外部质量保证。

(2) 质量管理是整体,又有自己具体的内容——质量方针的制定。

(3) 质量体系与质量控制、内部质量保证不可分割。

(4) 质量控制与质量保证互相渗透。

(5) 外部质量保证给内部质量保证施加压力和动力。

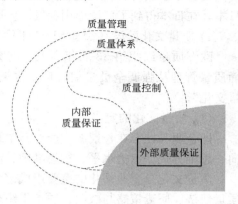

图9-1 质量管理要素关系图

9.2 全面质量管理

全面质量管理即企业以质量为中心,全员参与为基础的一种管理途径,全体职工及有关部门同心协力,综合运用管理技术和科学方法,经济地开发、研制生产和销售用户满意产品的管理活动。

全面质量管理的特点是:"三全一多样"。

(1) 全面质量管理。

(2) 全过程的管理。

(3) 全员参加的管理。

(4) 质量管理方法的多样化。

为了说明全面质量管理的重要地位,简单叙述一下质量管理的发展过程。

1. 质量管理的发展过程

1) 产品质量的检验阶段(20世纪20—30年代)

此阶段的特点是最终产品检验,事后把关。设计计划、实施、质量检查三权分立,互相监督。实际上是泰勒科学管理方法的一部分。

2) 统计质量管理阶段(20世纪40—50年代)

事后检验有两个难题:一是如何防止不良品产生;二是如何检验具有破坏特性的产品。为了解决这两个难题,将概率统计方法引入质量管理过程,发明了用于过程控制的控制图,对制造过程进行有效的控制,旨在尽量不出现次品;也发明了抽样检验,抽样检验有两个好处,一是对破坏性产品的检验;二是可以给生产者某些压力,使其努力提高质量。

3) 全面质量管理阶段(20世纪60年代以后)

1961年美国通用电器公司的菲金保姆(A. V. Feigenbaum)出版了《全面质量管理》(*Total Quality Control*)一书,美国质量管理专家朱兰(J. M. Juran)博士积极倡导全面质量管理思想。

全面质量管理的基本观点是质量第一、用户第一,下道工序就是用户预防第一,按

美国质管专家戴明所创立的 PDCA 循环办事。全面质量管理在美国刚刚起步,就引入日本,在日本得到了广泛应用和发展,取得了巨大的成功。

4) 质量文化阶段(20 世纪 90 年代)

欧洲质量组织第 33 届年会上,与会者认为:90 年代质量管理的特点之一是"全面质量管理从强调全员参加管理,强调最高领导人亲自参加正逐步扩展到强调发展质量文化"。

(1) 质量文化的定义。

即企业和社会在长期的生产经营中自然形成的涉及质量空间的意识、规范、价值取向、思维方式、道德水平、行为准则、法律观念以及风俗习惯和传统惯例的总和。

质量文化是企业文化的重要组成部分。但质量文化在好多方面,如宏观质量管理、质量经济、质量策略与战略、质量组织行为、质量法规等方面已走出企业的圈子,成为社会精神文明的一部分。

(2) 质量文化的建设。

企业家是质量文化的创造者。质量文化与社会精神文明建设相联系,质量文化的建立依赖于全社会、全民族几代人的努力。要加强教育、加强宣传、加强立法执法,质量兴国人人有责。公平竞争,优胜劣汰,对吃回扣、损公肥私、见利忘义等行为严格制裁。

2. 全面质量管理的主要内容和方法

1) 全面质量管理的概念

全面质量管理,是指在全社会的推动下,企业的所有组织、所有部门和全体人员都以产品质量为核心,把专业技术、管理技术和数理统计结合起来,建立起一套科学、严密、高效的质量保证体系,控制生产全过程影响质量的因素,以优质的工作、最经济的办法,提供满足用户需要的产品(服务)的全部活动。简言之就是全社会推动下的、企业全体人员参加的、用全面质量去保证生产全过程的质量的活动,而核心就在"全面"二字上。

2) 全面质量管理的特点

全面质量管理的特点就在"全面"上,所谓"全面"有以下四方面的含义。

全面质量的管理。全面质量就是指产品质量、过程质量和工作质量。全面质量管理不同于以前质量管理的一个特征,即其工作对象是全面质量,而不仅仅局限于产品质量。全面质量管理认为应从抓好产品质量的保证入手,用优质的工作质量来保证产品质量,这样能有效地改善影响产品质量的因素,达到事半功倍的效果。

全过程质量的管理。全过程是相对生产过程而言的,就是要求把质量管理活动贯穿于产品设计、试制和生产的全过程,全面落实预防为主的方针,逐步形成一个包括市场调研、开发设计直至销售服务全过程所有环节的质量保证体系,把不合格品消灭在质量形成过程之中,做到防患于未然。

全员参加的质量管理。产品质量的优劣取决于企业全体人员的工作质量水平,提高产品质量必须依靠企业全体人员的努力。企业中任何人的工作都会在一定范围和一定程度上影响产品的质量。显然,过去那种依靠少数人进行质量管理是很不得力的。因此,全面质量管理要求不论是哪个部门的人员,也不论是厂长还是普通职工,都要具备质量意识，都要承担具体的质量职能，积极关心产品质量。

全社会推动的质量管理。所谓全社会推动的质量管理，是指要使全面质量管理深入持久地开展下去，并取得好的效果，不能把工作局限于企业内部，而需要全社会的重视，需要质量立法、认证、监督等工作，进行宏观上的控制引导，即需要全社会的推动。全面质量管理的开展要求全社会推动这一点之所以必要，一方面是因为一个完整的产品，往往是由许多企业共同协作来完成的，如机器产品制造企业要从其他企业获得原材料，从各种专业化工厂购买零部件等，因此，仅靠企业内部的质量管理无法完全保证产品质量；另一方面，来自于全社会宏观质量活动所创造的社会环境可以激发企业提高产品质量的积极性和认识到它的必要性，如通过优质优价等质量政策的制定和贯彻，以及实行质量认证、质量立法、质量监督等活动以取缔低劣产品的生产，使企业认识到，生产优质产品无论对社会和对企业都有利，质量不过关则企业无法生存发展，从而认真对待产品质量和质量管理问题，以便全面质量管理得以深入持久地开展下去。

3. 全面质量管理的主要工作

全面质量管理是生产经营活动全过程的质量管理，要将影响产品质量的一切因素都控制起来，其中主要抓好以下几个环节的工作。

(1) 市场调查。市场调查过程中要了解用户对产品质量的要求，以及对本企业产品质量的反映，为下一步工作指出方向。

(2) 产品设计。产品设计是产品质量形成的起点，是影响产品质量的重要环节，设计阶段要制定产品的生产技术标准。为使产品质量水平确定得先进合理，可利用经济分析方法。这就是根据质量与成本及质量与售价之间的关系来确定最佳质量水平。

(3) 采购。原材料、协作件、外购标准件的质量对产品质量的影响是很显然的，因此，要从供应单位的产品质量、价格和遵守合同的能力等方面来选择供应厂家。

(4) 制造。制造过程是产品实体形成过程，制造过程的质量管理主要通过控制影响产品质量的因素，即操作者的技术熟练水平、设备、原材料、操作方法、检测手段和生产环境来保证产品质量。

(5) 检验。制造过程中同时存在着检验过程。检验在生产过程中起把关、预防和预报的作用。把关就是及时挑出不合格品，防止其流入下道工序或出厂；预防是防止不合格品的产生；预报是将产品质量状况反馈到有关部门，作为质量决策的依据。为了更好地起到把关和预防等作用，同时减少检验费用，缩短检验时间，要正确选择检验方式和方法。

(6) 销售。销售是产品质量实现的重要环节。销售过程中要实事求是地向用户介绍产品的性能、用途、优点等，防止不合实际地夸大产品的质量，影响企业的信誉。

(7) 服务。抓好对用户的服务工作，如提供技术培训、编制好产品说明书、开展咨询活动、解决用户的疑难问题、及时处理出现的质量事故。为用户服务的质量影响着产品的使用质量。

4. 全面质量管理的基本工作方法——PDCA循环

在质量管理活动中，要求把各项工作按照作出计划、计划实施、检查实施效果、将成功的纳入标准、不成功的留待下一循环去解决的工作方法进行，这就是质量管理的基本工作方法，实际上也是企业管理各项工作的一般规律。这一工作方法简称为PDCA

循环。P（Plan）是计划阶段，D（Do）是执行阶段，C（Check）是检查阶段，A（Action）是处理阶段。PDCA循环是美国质量管理专家戴明博士最先总结出来的，又称戴明环。

PDCA工作方法的四个阶段，在具体工作中又进一步分为八个步骤。

P阶段有四个步骤。

（1）分析现状，找出所存在的质量问题。要看：①这个问题可不可以解决？②这个问题可不可以与其他工作结合起来解决？③这个问题能不能用最简单的方法解决而又能达到预期的效果？

（2）找出产生问题的原因或影响因素。

（3）找出原因（或影响因素）中的主要原因（影响因素）。

（4）针对主要原因制订解决问题的措施计划。措施计划要明确采取该措施的原因（Why）、执行措施预期达到的目的（What）、在哪里执行措施（Where）、由谁来执行（Who）、何时开始执行和何时完成（When）、如何执行（How），通常简称为要明确"5W1H"问题。

D阶段有一个步骤。

（5）按制订的计划认真执行。

C阶段有一个步骤。

（6）检查措施执行的效果。

A阶段有两个步骤。

（7）把措施计划执行成功的经验进行总结并整理成为标准，以巩固提高。

（8）把本工作循环没有解决的问题或出现的新问题提交下一工作循环去解决。

PDCA循环的特点如下。

（1）PDCA循环一定要顺序形成一个大环，接着四个阶段不停地转，如图9-2所示。

（2）大环套小环，互相促进。如果把整个企业的工作作为一个大的PDCA循环，那么各个部门、小组还有各自小的PDCA循环，一级带一级，大环指导和推动着小环，小环又促进着大环，有机地构成一个运转体系，如图9-3所示。

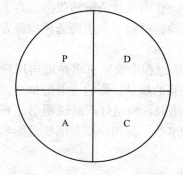

图9-2　PDCA循环示意图

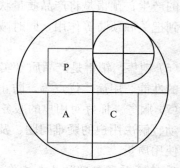

图9-3　大PDCA环套小PDCA环

（3）循环上升。PDCA循环不是到A阶段结束就算完结，而是要回到P阶段开始新的循环，就这样不断旋转。PDCA每转一圈都有新的计划和目标，犹如爬楼梯不断登高。

PDCA 循环实际上是有效进行任何一项工作都可遵循的程序，在质量管理中，PDCA 循环得到了广泛的应用，并取得了很好的效果，所以成为了质量管理的基本方法。之所以称之为 PDCA 循环，是因为这四个过程不是一个循环就完结，而是要周而复始地进行。一个循环完了，解决了一部分问题，可能还有其他问题尚未解决，或者又出现了新的问题，再进行下一次循环。在解决问题过程中，常常不是一次 PDCA 循环就能解决问题的，需要将循环持续下去，直到彻底解决问题。

9.3 质量控制

质量管理贵在控制。质量控制要做工序质量分析，然后采取适当的质量控制方法，达到控制质量的目的。成熟的控制方法有控制图、抽样检查。

9.3.1 质量分析

为了控制质量首先进行质量分析。工序分析首先分清质量波动的原因，是正常的随机波动，还是异常的波动。

1. 随机波动

在正常的工艺条件下，由于材料的微小差别或其他环境的微小变化，导致质量有微小波动，这种波动不产生严重的后果，产品或者服务还是在可用的范围内。

2. 异常波动

由于某种异常的原因存在，质量出现了异常，也许是材料出现了问题，也许是操作失误，也许是设备有了故障，异常波动产生严重的后果，产品或者服务的质量有了问题。质量控制就是要及时发现异常波动，采取必要的措施，使得生产或服务回到正常的轨道上去。

工序分析主要是分析影响质量的五大因素：人、机、料、法、环境。按工序特征，依次分析这五种因素，分述如下。

（1）人起主导作用的情况。

在自动化程度低的操作或作业中，人起主导作用，如焊接、纺纱织布、建筑粉刷等。操作人员的责任心是质量的关键，这种情况，要加强职工的培训教育，提高其技术水平和责任心。

（2）装置起主导作用的情况。

在流程型生产和自动化程度高的加工装配型生产中，机器装置起主导作用。这种情况，要加强设备的维护和保养，使设备处于良好的工作状态，及时更新改造落后的设备，以保证产品和服务的质量。

（3）材料起主导作用的情况。

有些生产过程材料起主导作用，如前面提到的玻璃生产过程，玻璃的原料是玻璃质量的关键。严格地讲，所有的生产过程都离不开原材料，但是有些生产过分依赖原材料，如炼油厂的装置都是按特定品质的原油设计的，原油的质量有了变化自然影响成品油的质量水平。

(4) 方法起主导作用的情况。

方法起主导作用的有建筑安装工程，如管道的布置。某公司发明了现场成型的下水管道技术，在工厂制成便于运输的打成大卷的半成品，到现场卷粘成下水管道，使得效率和质量大大提高。

(5) 时间、温度、湿度等环境因素起主导作用的情况。

某些生产过程中时间、温度、湿度等环境因素起主导作用，如热处理、硫化、酿酒的发酵过程；植物、蘑菇的生长需要特定的湿度。

9.3.2 控制图

控制图是用来分析判断工序是否处于受控状态的，并带有控制界限的图形。它是预报工序中出现质量异常的有效工具。受控状态就是加工过程在质量允许的范围内，没有出现异常。质量控制图的基本原理是，在受控状态下，操作过程只存在一定的随机误差，用数理统计方法测量受控状态下允许的随机误差的范围，用图示的方法画出随机波动的上下界限，而后继续测量工序过程的参数，一旦当某一个结果超出了随机误差的允许范围时，运用数理统计的方法，参照控制图，可以判断结果的异常。因此，质量控制图是监测生产过程中可能出现误差、控制质量指标在一定的范围内，保证质量的有效方法。

1. 控制图原理

用控制图来控制质量，编制控制图的基本假设是：测定结果在受控条件下具有一定的精密度和准确度，并按正态分布。以一个控制样品、用一种方法、由一个操作人员在一定时间内进行操作，累积一定数据；如这些数据达到规定的质量标准，则以其结果编制控制图。在以后经常的操作过程中，取每份平行的控制样品随机地编入环境样品中一起分析，根据控制样品的分析结果，推断环境样品的分析质量。控制图如图9-4所示。

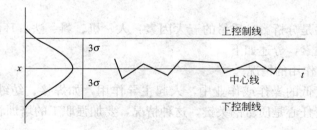

图9-4 控制图

控制图中左边的曲线是正态分布曲线，即将平时的正态分布曲线立起来，纵轴是加工工件的尺寸，一般认为，工件尺寸的大小围绕着均值呈正态分布，σ是标准差，以均值X为中心线，$X+3\sigma$为上控制线，$X-3\sigma$为下控制线。中间的折线来自每隔一定时间测量正在加工的工件的尺寸，将每次测得的尺寸按坐标t绘制在控制图上，得到多个离散的点，再将这些点连接起来，构成了这条折线。图9-4中的这条折线表示的点在中心线附近波动，并没有出现异常，说明加工过程是正常的。

2. 控制图的使用方法

根据质量要求和装备稳定性确定测量频率，即确定每间隔多长时间测量一次，工件质量要求高的，时间短一些，工件质量要求低的，时间长一些；装备稳定的，时间长一些，装备不稳定的，时间短一些。将控制样品的测定结果依次标在控制图上，一般一组取样至少 7 个点，根据下列规定检验分析加工过程是否处于控制状态。

（1）如果这些点靠近中心线，则测定过程处于控制状态，环境样品分析结果有效；

（2）如果此点接近上、下控制线，但仍在上、下控制线之间的区域内，提示分析质量开始变劣，可能存在失控倾向，应进行初步检查，并采取相应的校正措施；

（3）若有的点落在上、下控制线之外，表示测定过程失控，应立即检查原因，予以纠正，样品应重新测定；

（4）如遇到 7 点连续上升或下降时（虽然数值在控制范围之内），表示测定有失去控制倾向，应立即查明原因，予以纠正；

（5）即使过程处于控制状态，尚可根据相邻几次测定值的分布趋势，对分析质量可能发生的问题进行初步判断。当控制样品测定次数累积更多以后，这些结果可以和原始数据一起重新计算总均值、标准偏差，再校正原来的控制图。

实际应用中控制图有多种模式，如平均值—极差控制图、不合格品率控制图等。感兴趣的同学请参阅质量管理的教材。

9.3.3 抽样检查

抽样检查是从一批产品中随机抽取少量产品进行检验，以判断该批产品是否合格的统计方法和理论。这一批产品称作总体，抽出的产品称作样本。全面检验需对整批产品逐个进行检验，而抽样检验则只检验样本，不再检验总体中没有抽到的产品，根据样本中产品的检验结果来推断整批产品的质量水平。如果推断结果认为该批产品符合预先规定的合格标准，就予以接收；否则就拒收。采用抽样检验可以显著地节省检验工作量。在破坏性试验（如检验灯泡的使用寿命）、散装产品（如矿产品、粮食）、连续产品（如棉布、电线）等检验中，也只能采用抽样检验。抽样检验是统计质量管理的一个重要组成部分。

抽样检验方案，简称抽样方案，是一套规则，依据它去决定如何抽样，一次抽或分几次抽，抽多少，并根据抽出产品检验的结果决定接收或拒绝该批产品。抽样方案按指标性质分为计数抽样方案与计量抽样方案两类，按抽取样本的方式分为一次、二次、多次及序贯抽样方案。除了根据抽样检验方法制订适用于各种特定情形的抽样方案外，抽样检验方法的标准化是一个重要的研究方向。

1. 抽样检验方案及其特性

在确定了一个抽样方案后，可以计算具有指定质量指标，如不合格品率为 p 的一批产品，接收概率 $L(p)$ 是 p 的函数，称为抽检特性函数，简称 OC 函数，其图形称为抽检特性曲线（OC 曲线），如图 9-5 所示。理想的抽样曲线应该是确定了合格率的界限 P_0 后；如果 $p>P_0$，判定这批产品不合格，即接受的概率 $L(p)=0$；如果 $p<P_0$，判定这批产品合格，即接受的概率 $L(p)=1$，这种情况可以表示为图 9-5(a)的图形。现实中如果达到这样的理想状态，唯一的办法就是全检，抽检没有这样的特性曲线。若采用直线形式，如图 9-5(b)的图形，$L(50\%)=0.5$ 时，当产品质量已经坏到有一半的不合格品时，两批中仍然有一批被接受，可见，直线型抽样曲线对质量的判断能力及

对用户的质量保证都很差。图9-5(c)的图形，规定两个数值 P_0，P_1，（$0<P_0<P_1<1$），当一批产品的合格率 $p \leq P_0$ 时，认为产品质量较好，愿意以高概率接受这批产品；当一批产品的合格率 $p \geq P_1$ 时，认为产品质量较差，允许以小的概率接受这批产品；当 $P_0<p<P_1$ 时，接受的概率下降很快。

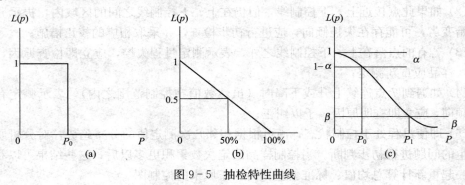

图9-5 抽检特性曲线

2. 抽样的方法

1) 简单随机抽样

简单随机抽样是指一批产品共有 N 件，其中任意 n 件产品都有同样的可能性被抽到，如抽奖时摇奖的方法就是一种简单的随机抽样。简单随机抽样时必须注意不能有意识地抽好的或差的，也不能为了方便只抽表面摆放的或容易抽到的。

2) 系统抽样

系统抽样是指每隔一定时间或一定编号进行，每一次从一定时间间隔内生产出的产品或一段编号产品中任意抽取一个或几个样本的方法。这种方法主要用于无法知道总体确切数量的场合，如每个班的确切产量，多见于流水生产线的产品抽样。

3) 分层抽样

分层抽样是指针对不同类产品有不同的加工设备、不同的操作者、不同的操作方法时对其质量进行评估时的一种抽样方法。在质量管理过程中，逐批验收抽样检验方案是最常见的抽样方案。无论在企业内或在企业外，供求双方在进行交易时，对交付的产品验收时，多数情况下验收全数检验是不现实或者没有必要的，往往要进行抽样检验，以保证和确认产品的质量。验收抽样检验的具体做法通常是：从交验的每批产品中随机抽取预定样本容量的产品项目，对照标准逐个检验样本的性能。如果样本中所含不合格品数不大于抽样方案中规定的数目，则判定该批产品合格，即为合格批，予以接收；反之，则判定为不合格，拒绝接收。

3. 抽样方案的分类

1) 计量型抽样检验

有些产品的质量特性，如灯管寿命、棉纱拉力、炮弹的射程等，是连续变化的。用抽取样本的连续尺度定量地衡量一批产品质量的方法称为计量抽样检验方法。

2) 计数抽样检验

有些产品的质量特性，如焊点的不良数、测试坏品数以及合格与否，只能通过离散的尺度来衡量，抽取样本后通过离散尺度衡量的方法称为计数抽样检验。计数抽样检验中对单位产品的质量采取计数的方法来衡量，对整批产品的质量，一般采用平均质量来衡量。计数抽样检验方案又可分为：标准计数一次抽检方案、计数挑选型一次抽检方案、计数调整型一次抽检方案、计数连续生产型抽检方案、二次抽检、多次抽检等。

(1) 一次抽检方案。

一次抽检方案是最简单的计数抽样检验方案，通常用 (N, n, C) 表示。即从批量为 N 的交验产品中随机抽取 n 件进行检验，并且预先规定一个合格判定数 C。如果发现 n 中有 d 件不合格品，当 $d \leqslant C$ 时，判定该批产品合格，予以接收；当 $d > C$ 时，则判定该批产品不合格，予以拒收。例如，当 $N=100$，$n=10$，$C=1$ 时，则这个一次抽检方案表示为 $(100, 10, 1)$。其含义是指从批量为 100 件的交验产品中，随机抽取 10 件，检验后，如果在这 10 件产品中不合格品数为 0 或 1，则判定该批产品合格，予以接收；如果发现这 10 件产品中有 2 件以上不合格品，则判定该批产品不合格，予以拒收。

(2) 二次抽检方案。

与一次抽检方案比，二次抽检方案包括五个参数，即 $(N, n_1, n_2; C_1, C_2)$。其中：

n_1——抽取第一个样本的大小；

n_2——抽取第二个样本的大小；

C_1——抽取第一个样本时的不合格判定数；

C_2——抽取第二个样本时的不合格判定数。

二次抽检方案的操作程序是：在交验批量为 N 的一批产品中，随机抽取 n_1 件进行检验。若发现 n_1 件被抽取的产品中有不合格品 d_1，则：

若 $d_1 \leqslant C_1$，判定该批产品合格，予以接收；

若 $d_1 > C_2$，判定该批产品不合格，予以拒收；

若 $C_1 < d_1 \leqslant C_2$，不能判断。在同批产品中继续随机抽取第二个样本 n_2 件产品进行检验。

若发现 n_2 中有 d_2 件不合格品，则根据 $(d_1 + d_2)$ 和 C_2 的比较作出判断：

若 $d_1 + d_2 \leqslant C_2$，则判定该批产品合格，予以接收；

若 $d_1 + d_2 > C_2$，则判定该批产品不合格，予以拒收。

例如，当 $N=100$，$n_1=40$，$n_2=60$，$C_1=2$，$C_2=4$，则这个二次抽检方案可表示为 $(100, 40, 60; 2, 4)$。其含义是指从批量为 100 件的交验产品中，随机抽取第一个样本 $n_1=40$ 件进行检验，若发现 n_1 中的不合格品数为 d_1：

若 $d_1 < 2$，则判定该批产品合格，予以接收；

若 $d_1 > 4$，则判定该批产品不合格，予以拒收；

若 $2 < d_1 \leqslant 4$（即在 n_1 件中发现的不合格品数为 3、4 件），则不对该批产品合格与否作出判断，需要继续抽取第二个样本，即从同批产品中随机抽取 60 件进行检验，记录其中的不合格品数：

若 $d_1 + d_2 \leqslant 4$，则判定该批产品合格，予以接收；

若 $d_1 + d_2 > 4$，则判定该批产品不合格，予以拒收。

(3) 多次抽检方案。

多次抽检方案是允许通过三次以上的抽样最终对一批产品合格与否作出判断的。按照二次抽检方案的做法依次处理。以上讨论的是计数抽样检验方案，计量抽样检验方案原理相同。

案例

格力积极开展群众性质量管理活动

企业要发展，必须要有好的产品质量，而要得到好的产品质量，首先企业领导要具有强烈的质量意识。格力空调董事长朱江洪特别重视产品质量，在格力电器流传着这样一句警语：格力员工有两怕，一怕违反《格力电器总裁令》；二怕董事长下生产线。违反《格力电器总裁令》中的任何一条者，立即开除。公司董事长朱江洪下生产线，发现质量问题，不是罚款就是辞退。创业初期，朱江洪直接分工抓质量和技术，并亲自制定了《总经理十二条禁令》，其后，格力电器总裁董明珠又进行了相应的补充，重新制定了《格力电器总裁令》。由于企业领导的重视，格力上下形成了一种人人抓质量的良好氛围，产品质量得到了极大的提升。企业发展壮大后，公司专门设置一个副总裁管质量，其他领导成员也把关心质量当作自己义不容辞的职责，公司每次召开质量分析会和质量管理例会，所有公司领导都要参加；当生产进度与产品质量发生矛盾时，进度服从质量。在领导的重视下，格力基层的群众性质量管理活动开展得如火如荼。截至目前，格力在群众性的质量活动中共取得了多个国优、轻工部优、省优、市优的好成绩。为了普及质量管理活动，格力还进行了大规模普及培训，先后培训人数超过 11 000 人；此外格力还大规模进行了 QC 小组注册，群众性质量管理活动以细胞分裂的方式增长，2004 年格力共注册的 QC 小组为 123 个，普及率为 17%，到 2005 年 4 月，注册的 QC 小组达到了 245 个，普及率达 32%。其后，逐年翻倍增加。格力电器高层领导还非常重视质量管理活动的人才。格力品质从培训每一位员工开始培养。每年公司都会选派若干 QC 小组骨干进行脱产培训，这些受训人员均通过考试获得广东省 QC 诊断师的资格，其中不少人还获得了全国 QC 诊断师资格。全员参与是格力空调质量稳步提高的源泉。格力主管质量的黄辉副总裁对记者说：这几年格力取得了飞速的发展，销售量翻了几番，2006 年格力空调的销售额更是达到了 23 803 亿元。在成绩面前，格力不只关注产品数量的增长，更重视品质的提高。实践证明，全员参与是空调产品质量稳步提高的源泉。目前，公司员工已增加到 35 000 多人，这使得质量管理机遇与挑战并存。但公司坚信，只要全体员工都树立了高品质的质量意识，通过开展群众性的质量管理活动，充分发挥人的创造力，从设计、原材料采购、制造等多方面入手，定能在质量管理上取得新的进展，造出最好的空调奉献给广大消费者。

资料来源：http://www.engine1.cn/do?9EJvrYrn10c%3D.htm

本 章 小 结

本章主要讲述质量管理的基本概念、全面质量管理思想，以及一些实用的质量控制方法。

质量是反映实体满足明确或隐含需要特性和特征的总和。

产品质量是产品满足明确或隐含需要特性和特征的总和。

产品质量用性能、寿命、可靠性与维修性、安全性、适应性、经济性、交货期、售后服务的质量来衡量。

服务质量是指服务业各项活动或工业产品的销售和售后服务活动满足明确或隐含需要特性和特征的总和。

服务质量用功能性、经济性、安全可靠性、及时性、舒适性、文明性等方面的具体要求来度量。

产品和服务质量的特性要由"过程"、"活动"来保证，其6个方面的质量特性也要在设计研制、生产制造、销售服务等的全过程中实现并得到保证。过程质量是指过程的条件与活动满足预定的产品或服务质量要求的程度。

工作质量是指与质量有关的一切工作对产品、服务的保证程度。

工作质量主要包括员工的素质、业务水平、技术水平，员工的质量意识，责任心，企业的组织和管理水平。

质量管理是指制定和实施质量方针的全部管理职能。

质量保证是指对某产品或服务能满足规定质量要求，提供适当信任所必需的全部有计划、有系统的活动。

质量控制是指为满足质量要求所采取的作业技术和活动。

质量体系是指为实施质量管理的组织机构、职责、程序、过程和资源。

质量管理相关概念之间有密不可分的关系，总结如下：
(1) 质量管理全包含质量体系、质量控制、内部质量保证；半包含外部质量保证；
(2) 质量管理是整体，又有自己具体的内容——质量方针的制定；
(3) 质量体系与质量控制、内部质量保证不可分割；
(4) 质量控制与质量保证互相渗透；
(5) 外部质量保证给内部质量保证施加压力和动力。

全面质量管理的特点是："三全一多样"。
(1) 全面质量管理；
(2) 全过程的管理；
(3) 全员参加的管理；
(4) 质量管理方法的多样化。

为了控制质量首先要进行质量分析。工序分析首先分清质量波动的原因，是正常的随机波动，还是异常的波动。

工序分析主要是分析影响质量的五大因素，人、机、料、法、环境。根据具体情况分析质量问题：人起主导作用的情况，装置起主导作用的情况，材料起主导作用的情况，方法起主导作用的情况，时间、温度、湿度等环境因素起主导作用的情况。

控制图是行之有效的控制方法。控制图是用来分析判断工序是否处于受控状态，并带有控制界限的图形。它是预报工序中出现质量异常的有效工具。所谓受控状态，就是加工过程在质量允许的范围内，没有出现异常。质量控制图的基本原理是在受控状态下，操作过程只存在一定的随机误差，用数理统计方法测量受控状态下允许的随机误差的范围，用图示的方法画出随机波动的上下界限，而后继续测量工序过程的参数，一旦当某一个结果超出了随机误差的允许范围时，运用数理统计的方法，参照控制图，可以判断结果的异常。

抽样检验是从一批产品中随机抽取少量产品进行检验，以判断该批产品是否合格的统计方法和理论。这一批产品称作总体，抽出的产品称作样本。抽样检验只检验样本，不再检验总体中没有抽到的产品，根据样本中产品的检验结果来推断整批产品的质量水平。如果推断结果认为该批产品符合预先规定的合格标准，就予以接收；否则就拒收。采用抽样检验可以显著地节省检验工作量。在破坏性试验，以及散装产品、连续产品等检验中，也只能采用抽样检验。抽样检验是统计质量管理的一个重要组成部分。

接收概率 $L(p)$ 是 p 的函数，称为抽检特性函数，简称 OC 函数，其图形称为抽检特性曲线（OC 曲线），规定两个数值 P_0，P_1，$(0<P_0<P_1<1)$，当一批产品的合格率 $p \leqslant P_0$ 时，认为产品质量较好，愿意以高概率接受这批产品，而当一批产品的合格率 $p \geqslant P_1$ 时，认为产品质量较差，允许以小的概率接受这批产品，而当 $P_0<p<P_1$ 时，接受的概率下降很快。

抽样有简单随机抽样、系统抽样和分层抽样。抽样检验有计量型抽样检验和计数抽样检验。抽样方案有一次抽样方案、二次抽样方案和多次抽样方案。

讨论题

1. 产品质量的衡量指标是什么？
2. 服务质量的衡量指标是什么？
3. 全面质量管理的核心思想是什么？
4. 抽检与全检相比有哪些优点？
5. 为什么当 $P_0<p<P_1$ 时，接受的概率下降很快？

练习题

9-1：测得某零件加工直径的尺寸数据为 1 110，1 111，1 112，1 113，1 109，1 108，1 107，1 111，1 112，1 114，1 110，1 111，1 112，1 113，1 111，1 110，1 111，1 109，1 112，1 113，1 114，1 110，1 111，1 112，1 113，1 110，1 111，1 112，1 113。请绘制此零件加工的控制图。

9-2：一次抽样方案表示为 (N, n, C)，当 $N=100$，$n=10$，$C=2$，则这个一次抽检方案表示为 (100, 10, 2)。请解释这个抽样方案的具体含义。

9-3：比较一次抽样方案 A(100, 10, 1) 和 B(200, 20, 2)。说明这两个抽样方案哪个更严格一些？

第10章

本章学习目标
1. 理解工期管理的意义；
2. 熟悉车间工序排序的程序和方法；
3. 了解网络方法的应用步骤；
4. 学会网络图的绘制；
5. 学会网络方法时间参数的计算。

工期管理

质量、成本、交货期是生产管理中的三个重要方面。成本是自己的要求，质量和交货期是客户的要求。满足客户交货期的要求，在尽可能短的时间内完成任务，需要科学合理地安排自己的资源，特别是装备和人力资源。为了降低成本，企业的装备水平经常不能满足生产能力的要求，生产任务的不均衡也导致生产能力进一步不足。因此，迫使人们研究出许多可用的排序方法，以紧凑安排生产计划，缓解装备能力的不足。本章具体介绍作业排序问题的解决方法和复杂工程的网络计划方法。

10.1 作业排序

排序问题在实际生产中普遍存在，本节提出排序问题，讲述通过改变工件的移动方式可以使得整个加工过程缩短，如果可能，还能重新安排任务的顺序，也能达到缩短整个加工过程的目的。通过排序问题的学习，充分展示了计划的意义，在不提高设备生产能力的前提下，通过合理的工作安排，可以缩短整批工件的加工工时。作业排序的研究成果很多，现在仍然有人在研究排序问题。

10.1.1 排序问题的提出

加工装配型生产中，工件的加工是成批的，一批工件要在多台机器上加工，为简单起见，假设只有3道工序，一批有3个工件，一批工件依次在这3台机器上加工完成，工件整批从第一台移动到第二台，再到第三台，这样的移动方式叫顺序移动，参见图10-1。图中 t_1、t_2、t_3 分别表示工件在设备1、设备2和设备3上的加工时间。用颜色将工件区分开来。顺序移动占用整体3台机器的时间比较长，因为这批工件在第一台机器上加工时，第二台、第三台机器处在空闲状态。为了减少第二台和第三台机器的空闲时间，人们想到一件一件地移动工件，这样的移动方式叫平行移动，故而3台机器出现了平行作业，平行移动参见图10-2。显然，平行作业使得作业时间大大缩短了，但是，平移使得工件的加工不连续，违反了连续性原则，将有间断的地方衔接起来，就构成了平行顺序移动，参见图10-3。

看来，改变工件的移动方式会缩短整批工件的总的加工时间，如果可能，改变工件的加工顺序，也可以使得总的加工时间缩短，这就是优化排序方法。

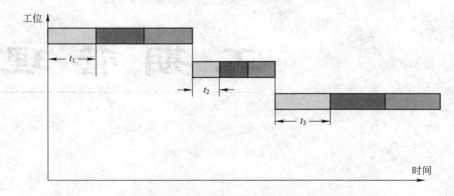

图10-1 工件加工顺序移动方式示意图

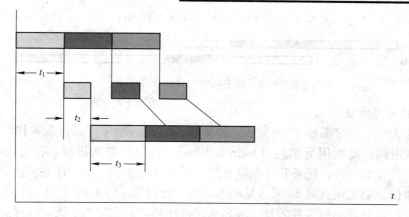

图 10-2　工件加工平行移动方式示意图

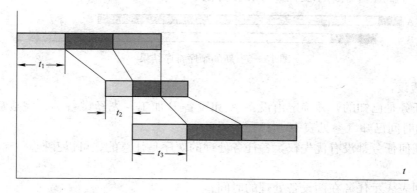

图 10-3　工件加工平行顺序移动方式示意图

10.1.2　优化排序方法

1. 计划横道图

前面见到的工件移动方式的示意图称作计划横道图。排序问题经常用计划横道图表示。计划横道图横向表示时间，纵向表示各个设备，给某个设备下达任务，就对着这个设备和规定的时间处划出横道。所有设备的任务画完之后，就形成一张计划横道图。下面结合示例进一步说明计划横道图的应用。

如 5 项加工任务先后在两个机器上加工，估计所需的时间见表 10-1。

表 10-1　排序问题原始数据

任务	设备 A	设备 B	排序结果
Ⅰ	5	6	第三
Ⅱ	5	2	第五
Ⅲ	1	3	第一
Ⅳ	2	7	第二
Ⅴ	4	4	第四

按照原来给定的顺序，绘出计划横道图排序结果，见图 10-4。

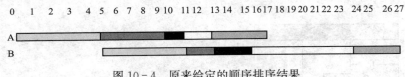

图 10-4 原来给定的顺序排序结果

2. 优化排序方法

按任务表中的顺序需要 27 天完成。如果任务完成的顺序可以打乱重排，有可能缩短总的完成时间。此例用贝尔曼（John Bellman, 1954）方法排序, 任务完成顺序变为：任务Ⅰ排在第三位, 任务Ⅱ排在第五位, 任务Ⅲ排在第一位, 任务Ⅳ在第二位, 任务Ⅴ在第四位。总工期只需 23 天（见图 10-5）。比较图 10-4 和图 10-5, 会发现, 原来的顺序, 设备 B 开始时需要等待 5 天, 重新排序后, 只需等待 1 天, 这样总工期节省出来 4 天。下面就介绍贝尔曼两工序排序方法。

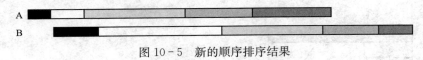

图 10-5 新的顺序排序结果

基本假设：

(1) 任务是已知的, 并确定由设备 A 和设备 B 加工, 先经设备 A, 完成后到设备 B, 完成的时间已知（参见表 10-1）;

(2) 任何任务都没有优先权, 各任务处理的次序是任意的, 可以互换。

步骤：

(1) 列表表示任务在两设备处理的时间;

(2) 在所有给出的时间中, 选取其中最短的时间;

(3) 最短时间属于设备 A, 此任务往前面排, 属于设备 B, 此任务往后面排;

(4) 从任务中删去已排完的, 再对余下的重复 (2) 和 (3), 将所有给定的任务排完为止。

具体到例题, 参见表 10-1, $\min\{5, 5, 1, 2, 4, 6, 2, 3, 7, 4\}=1$, 且 1 对应任务Ⅲ, 属于设备 A, 所以将任务Ⅲ排在第一位, 去掉任务Ⅲ, $\min\{5, 5, 2, 4, 6, 2, 7, 4\}=2$, 有两个 2, 一个对应任务Ⅱ, 属于设备 B, 往后排, 将任务Ⅱ排在第五位, 另一个对应任务Ⅳ, 属于设备 A, 往前排, 排在第二位。同样的道理, 可将任务Ⅰ排第三位, 任务Ⅴ排第四位。

作业排序问题是管理科学中一个重要的理论研究领域, 许多学者做了大量工作, 提出了一些相对简单问题的启发性算法, 但是由于作业问题的复杂性, 大多 NP 难题（多解, 量大）, 迄今还没有解析方法。目前只是在一些简单问题上可用数学方法求解。

10.2 工期管理的网络方法

网络方法是进度控制的有效方法, 又叫计划评审术（Program Evaluation and Review Technique, PERT）。由美国军方发明, 20 世纪 60 年代引入我国, 华罗庚教授称其为统筹法。此法用于工程项目进度管理特别有效, 进一步还可以用于项目资源优化。

网络方法的应用需要几个步骤：①工程工序分析，把大的工程分解成若干相对独立的具体工序，确定各工序之间的衔接关系；②估计各工序的完成时间；③绘制工程网络图；④计算时间参数，找出关键线路和关键工序；⑤对所有关键线路上的工序进行重点控制，或采取措施缩短工期。

10.2.1 工程分析

工程分析要注意对大的工程不要分得过细，以便把握全局。例如，一个城区开发的总体布局，建一片小区居民楼可以划为一道工序，修一条路也是一道工序。具体到小区的开发上，一栋楼可以看作一道工序。对于某一栋楼的承包商，工序还要细分为打基础、建筑体、内装修、外装修等。工序不要分得过多，一般不超过 30 个。多了，绘成的网络图太复杂，主要问题不突出。工程分析一定要满足工艺流程的先后次序，不能本末倒置。每道工序都要找出其紧前工序和紧后工序，某工序可以开工时，制约它开工的前面一道或几道工序是它的紧前工序；某工序完工时，它后面可以开工的一道或几道工序称它的紧后工序。紧前工序和紧后工序是后面绘制网络图的依据。

10.2.2 估计各工序的完工时间

某一工序所需时间 t_{ij} 由下式计算：

$$t_{ij}=(a+4m+b)/6$$

式中：a——工序的最短时间估计；

m——工序最可能的时间估计；

b——工序最长时间估计。

以上三个数值最好由以往同类工序的统计数据得到，如果没有统计数据，就要由同行专家集体审定。

10.2.3 绘制网络图

依据工序分析和工序时间估计，可得到如表 10-2 所示的网络图原始数据表，紧前工序是某工序开工前必须要完成的其他工序。给出所有工序的紧前工序就等于给出了整个工程的工序衔接关系，据此衔接关系可以绘制网络图。网络图中以一个箭线表示一道工序，把各箭线图的交汇点称为节点，节点的编号由起点到终点依次增大，对任何工序，其箭头的编号都要大于箭尾的编号。通常，箭线的长度并不表示工序时间的长短，因此，网络图重在表示各工序之间的衔接关系。除了最后一道工序，网络图都应该是闭合的。任何工序都应该在某一从起点到终点的通路上。表 10-2 的数据可绘成图 10-6 所示的网络图。

表 10-2 网络图原始数据表

工序名称	工序时间	紧前工序	工序名称	工序时间	紧前工序
A	3	—	E	6	B
B	2	—	F	2	C
C	4	A	G	3	D, E
D	5	A			

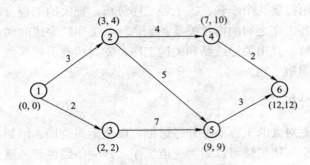

图 10-6 网络图

10.2.4 时间参数计算

为了后面叙述和计算方便，以节点号给工序重新命名，见表 10-3。

表 10-3 以节点命名的网络图数据表

工序名称	序 号	工序时间	紧前工序
A	①-②	3	—
B	①-③	2	—
C	②-④	4	A
D	②-⑤	5	A
E	③-⑤	6	B
F	④-⑥	2	C
G	⑤-⑥	3	D, E

(1) 工序时间。就是工序要持续的时间，记作 $t(i, j)$，i, j 是工序在网络图中节点的编号。工序时间根据以往的工程时间估计得到，时间参数计算时作为已知数据。

(2) 节点的最早时间。记作：$t_E(i)$，i 是节点号。

设 $t_E(1)=0$，某节点 i 的最早时间用下列公式求出：

如 (j) 的紧前工序是 $i_1, i_2, i_3, \cdots, i_m$，则

$$t_E(j) = \max\{t_E(i_1)+t(i_1, j), t_E(i_2)+t(i_2, j), \cdots, t_E(i_m)+t(i_m, j)\} \quad (10-1)$$

参见图 10-7。

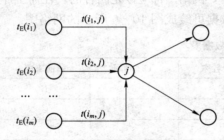

图 10-7 最早时间计算示意图

节点的最早时间就是以该节点为终点的工序全部完工的时刻，有一道工序未完工，下一道工序就不能开始，选最大就是找出谁最后完工。

(3) 工序最早开工时间。它等于工序箭尾节点的最早时间，表示为：

$$t_{ES}(i, j) = t_E(i)$$

(4) 节点的最迟时间。规定最后一个节点的最迟时间等于它的最早时间：

$$t_L(N)=t_E(N)$$

然后从后向前计算各节点的最迟时间。

设节点 i 分别与节点 j_1, j_2, $\cdots$, j_m 有工序相连，则节点 i 的最迟时间为：

$$t_L(i)=\min\{t_L(j_1)-t(i,j_1), t_L(j_2)-t(i,j_2),\cdots,t_L(j_m)-t(i,j_m)\} \quad (10-2)$$

参考图 10-8。

选最小就是选出各个从 (i) 发出的工序中谁必须最早开工。

（5）工序的最迟开工时间。可由下式表示：

$$t_{LS}(i,j)=t_L(j)-t(i,j)$$

（6）工序的最迟完工时间。工序的最迟时间就等于箭头节点的最迟时间：

$$t_{LF}(i,j)=t_L(j)$$

（7）工序的总时差 R 和工序的单时差 r。分别计算如下：

$$R(i,j)=t_{LF}(i,j)-t_{EF}(i,j) \quad (10-3)$$
$$r(i,j)=t_{FS}(j,k)-t_{EF}(i,j)$$

注意 $R(i,j)$ 是由本工序的 LF-EF，而 $r(i,j)$ 是由本工序相接的另一工序的 ES 减去本工序的 EF。同一道工序的 $R(i,j) \geqslant r(i,j)$ 总是成立的。

总时差是在不影响总工期的条件下，工序完工可以推迟的时间。

单时差是在不影响紧后工序最早可能开工的前提下，工序最早可能完工时间可以推迟的时间。二者的关系见图 10-9。

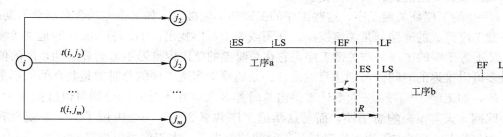

图 10-8 最迟时间计算示意图　　　图 10-9 时间参数关系图

（8）关键线路。总时差为零的工序称关键工序。依次把关键工序连接起来构成从第一个节点开始直到最末节点为止的一条通路称关键线路。

（9）计算实例。具体计算分三步，前两步为图上计算，后一步为表上计算。

① 第一步，令 $t_E(1)=0$，从节点 $i=2$ 起，从前往后选最大，按公式（10-1）计算节点 i 的最早时间 $t_E(i)$，添入对应节点的括号中的第一个数值。

② 第二步，令最后一个结点 N 的 $t_L(N)=t_E(N)$，从 $N-1$ 开始，从后往前选最小，按公式（10-2）计算事项 i 的最迟时间 $t_L(i)$，添入对应节点的括号中第二个数值。

③ 第三步，表上计算求出其他参数。先设计表 10-4 那样的表头，各列依次是：工序名，工序时间，ES，EF，LS，LF，R，r。现在的工序名不再用 A，B，C，D，$\cdots$，取而代之的是①-②，①-③，即以网络图上工序前后的节点号表示，节点号从小到大，这样会给计算带来方便。

表 10-4　时间参数计算表

序号	工序时间	ES	EF	LS	LF	R	r
①-②	3	0	3	1	4	1	0
①-③	2	0	2	0	2	0	0
②-④	4	3	7	6	10	3	0
②-⑤	5	3	8	4	9	1	1
③-⑤	7	2	9	2	9	0	0
④-⑥	2	7	9	10	12	3	—
⑤-⑥	3	9	12	9	12	0	—

表上计算之前，要将图上计算的信息填入表中。表上第一列是以节点号表示的工序，第二列是已知的工序时间，ES 取自网络图中刚刚计算出来的、本工序前一个节点号对应的括号中的第一个数值，LF 取自网络图中刚刚计算出来的，本工序后一个节点号对应的括号中的第二个数值。

其余 EF、LS、R、r 在表上计算得出。参见图 10-9，ES 加上一道工序时间就是 EF，LF 减去一道工序时间就是 LS，$R=\text{LF}-\text{EF}$，或者 $R=\text{LS}-\text{ES}$。单时差的计算比较复杂，要用到另一行的数据，$r=$ 紧后工序的 ES－本工序的 EF，总有 $r\leqslant R$ 成立。

表上计算的好处是不容易出错，便于编程。现在市场上已有多种软件，有的不仅能计算关键线路，还能进行资源优化。

$R=0$ 的工序是关键工序，这些工序的工期都不能推迟，如果推迟就会影响总工期。由关键工序组成的通路就是关键线路，从图或表中可以找出，①、③、⑤、⑥是关键线路。R 不等于零的工序是非关键工序，它在总时差的范围内推迟不影响总工期，R 的值是最多可以推迟的时间。特别注意的是，一条通路上多道工序的总时差是共享的而不是独占的，如工序②-④和④-⑥都计算得出总时差 3 天，并不是它们分别可以耽搁 3 天，一共耽搁 6 天都不影响总工期，而是这两道工序共享 3 天，一个占用了另一个就没有了。r 的值是在不影响下道工序最早开工时间的前提下，本工序可以推迟的时间。

10.3　劳动定额与学习曲线

排序方法和网络方法都是经过工序的排序合理安排次序，经过计算得到总工期和关键工序，通过加强关键工序的管理尽量缩短工期。其中都要用到工序时间估计，即这些方法都假定事先知道工序需要多少时间。实际上，工序时间的估计是否准确会影响计划的效果。本节讲述的劳动定额和学习曲线都会帮助准确地作出工序时间估计。

10.3.1　劳动定额

泰勒的科学管理的内容之一是研究劳动定额，现代化管理还要研究劳动定额，可以说，劳动定额是准确计划的基础。正确估计每一道工序的完成时间，知道操作人员应该完成多少任务、能够完成多少任务，才能够合理地下达任务。

1. 劳动定额的概念和计算[1]

劳动定额是指在一定的生产技术和组织条件下,为生产一定数量的产品或完成一定量的工作所规定的劳动消耗量的标准。

劳动定额是计划的基础。在现代工业企业里,员工一般只从事某一工序的工作,企业内部的这种分工是以协作为条件的,要使这种分工在空间和时间上紧密地协调起来,就必须以工序为对象,规定在一定时间内应该提供一定数量的产品,或者规定生产一定产品所消耗的时间。否则,生产计划就会遭到破坏,造成生产过程的混乱。劳动定额的基本表现形式有两种:

(1) 生产单位产品消耗的时间——时间定额;
(2) 单位时间内应当完成的合格产品的数量——产量定额。

两者互为倒数关系。另外,还有一种看管定额,即一个人或一组操作人员同时看管几台机器设备。工业企业采用什么形式的劳动定额,要根据生产类型和生产组织的需要而定。产量定额主要适用于产品品种少的大量生产类型企业,看管定额主要适用于纺织企业。劳动定额的时间构成同企业的生产类型有着密切的关系。

在大量大批生产条件下,由于工作的生产专业化,长期固定地完成几道工序的制品,准备结束时间分摊到单位产品上去的比重小,可以忽略不计,因此,劳动定额的组成包括作业时间、布置工作的时间、休息与生理需要三部分。工序单位时间定额的计算公式如下:

$$T_0 = T_1 + T_2 + t_0 \tag{10-4}$$

式中:T_0 为单件时间,T_1 为作业时间,T_2 为布置工作的时间,t_0 为休息与生理需要的时间。T_1 是对每一个零件都要重复的,所以在计算单件时间时,能够直接进行,但是布置工作时间 T_2 和休息与生理需要的时间 t_0,不是对每个零件都要重复的,所以在计算单位时间时要分摊到每个零件中去。均摊的方法通常以占作业时间的百分比来表示,即:

$$T_2 = T_1 \cdot k_2/100 \quad t_0 = T_1 \cdot k_0/100$$
$$T_0 = T_1 + T_1 \cdot k_2/100 + T_1 \cdot k_0/100 = T_1 \cdot (1 + k_2/100 + k_0/100)$$

式中:k_2 为布置工作时间占作业时间的比值;k_0 为休息与生理需要的时间占作业时间的比值。

在成批的生产条件下,由于轮番地生产制造,每一种制品都要消耗一次准备结束时间。因此除了计算单位时间及其定额外,还要确定准备时间的定额,并将此时间按批量分摊到每一件制品的时间定额中去,这个时间定额叫作单件计算时间定额 T_3。计算公式如下:

$$T_3 = T_0 + T_4/n \tag{10-5}$$

式中:T_4 为批零件的结束准备时间,n 为批量。

在单件生产条件下,为了简化时间定额工作,可用公式(10-6)确定单件时间定额。

$$T_0 = T_1 \cdot (1 + k_3) + T_4 \tag{10-6}$$

---

[1] http://wiki.mbalib.com/wiki/%E5%8A%B3%E5%8A%A8%E5%AE%9A%E9%A2%9D

其中：k_3 为布置工作的时间和生理需要的时间占作业时间的比值。

2. 劳动定额的作用

劳动定额是生产管理的一项重要基础性工作。在企业的各种技术经济定额中，劳动定额占有重要地位。正确地制定和贯彻劳动定额，对于组织和推动生产管理的发展具有多方面的重要作用。

1) 劳动定额是企业编制计划的基础，是科学组织生产的依据

企业计划的许多指标都与劳动定额有着密切的联系。例如，制订生产计划时，必须应用工台时定额，以便把生产任务和设备生产能力、各工种劳动力加以平衡。在制订劳动计划时，要首先确定各类人员的定员、定额。在生产作业计划中，劳动定额是安排工人、班组以及车间生产进度，组织各生产环节之间的衔接平衡，制定量化标准的极为重要的依据。在生产调度和检查计划执行情况过程中，同样离不开劳动定额。在科学的组织生产中，劳动定额是组织各种相互联系的工作在时间配合上和空间衔接上的工具。只有依据先进合理的劳动定额，企业才能合理地配备劳动力，保持生产均衡协调地进行。

2) 劳动定额是挖掘生产潜力，提高劳动生产率的重要手段

劳动定额是在总结先进技术操作经验的基础上制定的，同时，它又是大多数员工经过努力可以达到的，因此，通过劳动定额，既便于推广生产经验，促进技术革新和巩固革新成果，又利于把一般的和后进的员工团结在先进员工的周围，相互帮助，提高技能水平。先进合理的劳动定额，可以调动广大职工的积极性和首创精神，可以鼓励广大职工学先进、赶先进、超先进，充分挖掘自身潜力，不断地提高自己的文化、技术水平和熟练程度，促进车间、企业生产水平的普遍提高，不断提高劳动生产率。

3) 劳动定额是企业经济核算的主要基础资料

经济核算是企业管理中的一项重要工作，它是实现勤俭办企业和加强企业经营管理的重要手段。每个企业都要对各项技术经济指标严格地实行预算。企业的经济核算，一方面要求生产更多更好的产品，满足市场的需要；另一方面还要尽量节约生产中的活劳动和物化劳动的消耗，严格核算生产的消耗与成果，不断提高劳动生产率，降低成本。定额是制定计划成本的依据，是控制成本的标准。没有先进合理的劳动定额，就无从核算和比较。所以劳动定额是企业实行经济核算、降低成本、增强积累的主要依据之一。

4) 劳动定额是衡量职工贡献大小，合理进行分配的重要依据

企业必须把职工的劳动态度、技术变化、贡献大小作为评定工资和奖励的依据，做到多劳多得、少劳少得、不劳不得。劳动定额是计算员工劳动量的标准。无论是实行计时奖励或计件工资制度，劳动定额都是考核员工技术高低、贡献大小、评定劳动态度的重要标准之一。没有劳动定额，就难以衡量劳动业绩，合理地进行分配。

3. 劳动定额的方法

1) 估工法

估工法是由定额专业人员、技术人员和有经验的操作人员，依照图纸、工艺技术要求并考虑加工条件直接估算定额的方法。一般适用于没有历史统计数据的新产品的生产。估工法可采用简单估工法或概率估工法。简单估工法就是集体讨论直接得出估计值。概率估工法集体讨论得出，a 是可能的最小值，b 是可能的最大值，c 是最可能值，根据这三个数值计算出估计值 m 和标准差 σ。计算公式如下：

$$m = \frac{a+4c+b}{6} \qquad (10-7)$$

$$\sigma = \frac{b-a}{6}$$

2) 统计分析法

统计分析法是依据同类加工的原始数据，去掉明显不正常的数据，采用简单平均算法或者加权平均算法得到加工时间的估计值。统计分析数据的选取很重要，得到的结果要根据技术条件的差异、操作人员的熟练程度等因素进行必要的调整。调整时，学习曲线也是考虑的因素之一。

3) 类推比较法

类比法是找到已经有定额的类似工件，分析待加工工件的难易程度，比较得出定额。与统计分析法相比，类比法简单实用，不用繁复的计算。关键是要找到可以类比的有定额的工件。

4) 技术测定法

技术测定法首先确定加工条件，选出中等水平的操作人员，按照正常的操作，技术人员在现场测定时，最好选出多组同时测定，平均得出劳动定额。应该说，技术测定法是比较科学的。但也要考虑操作熟练后，效率提高的因素，调整得到合理的劳动定额。

10.3.2 学习曲线

人们早就发现，随着熟练程度的增加，操作性的工作的劳动生产率会成倍提高。学习曲线是描述这一规律的理论成果。

学习曲线的概念首先是科蒂斯于20世纪30年代在飞机的制造过程中提出的。科蒂斯所观察到的现象是：每当生产零件的总数增加一倍的时候，直接劳动时间就以一定的百分比在减少。最原始的学习曲线的意义是，随着员工熟练程度的提高，第二架飞机的装配时间只有第一架飞机的装配时间的80%，如果飞机的装配数量再多一倍，也就是到第四架飞机时，应该是第二架飞机装配时间的80%，是第一架飞机装配时间的64%；进一步说，如果飞机的装配数量再多一倍，也就是到第八架飞机时，应该是第四架飞机装配时间的80%，那么是第一架飞机装配时间的51.2%。以此类推，可以得到表10-5。

表10-5 飞机装配时间表

X	1	2	4	8	16	⋯
Y	1	0.8	0.64	0.512 0	0.409 6	⋯
	0.8^0	0.8^1	0.8^2	0.8^3	0.8^4	⋯

其中：Y为学习率产生的结果；X为生产数量；0.8为学习率。

下面来求学习曲线的计算公式，设b为学习率，m为b上的指数，有

$$Y = b^m \qquad (10-8)$$

从表10-5中可以看出，学习率上的指数和X的关系为：

$$2^m = X$$

两边取以10为底的对数得：

$$m\lg 2 = \lg X$$
$$m = \lg X/\lg 2 \tag{10-9}$$

将（10-9）带入（10-8）得到：
$$Y = b^{\lg X/\lg 2}$$

两边取以10为底的对数：
$$\lg Y = \lg b \cdot \lg X/\lg 2$$

再取反对数得出：
$$Y = 10^{\lg b \cdot \lg X/\lg 2} \tag{10-10}$$

最终，通过如下方程式，可以根据特定的学习曲线，计算生产 X 个单位产品所需要的时间：
$$Y_X = K \times 10^{\lg b \cdot \lg X/\lg 2} \tag{10-11}$$

式中：Y_X——生产第 X 个单位产品所需要的时间；

　　　K——生产第1个单位产品所需要的时间；

　　　X——生产数量；

　　　b——学习率。

例如，对于一个学习率为80%的曲线，生产第1个单位产品所需要的时间是43分钟，生产第5个产品所需要的时间就是：
$$Y_5 = 43 \text{ 分钟} \times 10^{\lg 0.8 \cdot \lg 5/\lg 2} = 25.6 \text{ 分钟}$$

值得注意的是，学习曲线的规律是有界限的，工时的减少不能总是遵循这样的规律。例如，装配1、2、4…16架飞机是这样的规律，装配32架飞机时可能不一定了。因为，开始时操作人员没有掌握技巧，熟练后效率提高了，但一旦提高到某个极限，再提高的余地就不大了，而趋向于平稳。找到平稳点是学习曲线应用的关键。将学习曲线下降的区间称为学习区间，过了学习区间之后就是标准时间区间。参见图10-10。

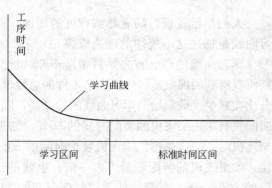

图10-10 学习曲线的学习区间

案例

中石油高层检查陕京二线分项工程的工期

中国油气管道网消息（记者张新武，特约记者陆培贵）2005年6月15日，集团公司副总经理、股份公司高级副总裁苏树林到陕京二线石家庄、安平、永清、采育4个分输站检查工作，管道局局长、党委书记苏士峰，北京华油天然气有限责任公司总经理刘勇等陪同，并分别汇报了工作。

陕京二线原定于9月30日投产，后提前至7月30日，现在的投产工期是7月20日，7月1日要进行进气置换。集团公司领导高度关注陕京二线能否按期投产。经过检查，4个分输站的主体工程已基本完工，正进行绿化等后期工作。苏树林表示：可以放心。由管道局承担施工的石家庄、安平两个分输站建设进展较快；管道局还承担了陕京二线河北、北京段354公里及陕西、山西两省部分管段的生产运营任务，现在人员已全部配齐并进站开始实地培训。

下午，在检查完采育末站后，苏树林指出，陕京二线投产工期的提前，给工程建设及施工单位增加了压力，但通过现场检查，总体进度不错。他表示对7月20日投产工期非常有信心。陕京二线在业主、设计、监理、施工等单位的配合下，工程进展非常顺利，总体建设水平比西气东输也有所提高，这些建设及管理经验、创新的技术等都要好好总结。苏树林特别提到了管道局的队伍，称赞管道局不愧是管道建设的正规军，在管道施工的许多方面值得其他单位学习。苏树林认为，陕京二线建设得好，取决于精神、管理和技术三个方面。在工程建设中，广大建设者充分发扬了石油人不畏艰苦、敢打硬仗的精神，依靠科学管理和技术进步，完成了主体建设，即将通气。

刘勇表示，一定要在7月20日前实现通气，请集团公司领导放心。苏士峰表示，一定要完成好后期施工和管线的生产运营任务。

陕京二线全长918公里，管道局承担了15个标段中的8个标段共计546公里的施工任务，以及12条大型河流穿越和23座阀室、5座站场安装和546公里的管道干燥施工任务，管道焊接一次合格率达99.61%，高于以往任何国内管道建设。经过1年多的艰苦奋战，现已在业主要求的计划工期内完成了任务。

本 章 小 结

本章讲述了与工期管理密切相关的作业排序问题、缩短工期的网络方法、劳动定额和学习曲线。

排序问题最基本的概念是顺序移动、平行移动和平行顺序移动。顺序移动是工件整批移动，前面工序的装备工作时，后面的设备在等待，这样可能需要较长的整体加工时间。平行移动是工件一件一件地移动，减少了后面设备的等待时间，使得整批加工的时间缩短，但是，有可能造成设备的开开停停。平行顺序移动，是在平行移动的基础上，设法将设备的运转连续起来，既能缩短时间，又能使得加工过程连续。

实际工作中经常遇到多台设备同时接受多项加工任务的情况，改变任务的顺序，也能缩短整套任务的完成时间。最简单的情况是，多项任务在两台设备上完成，而且完成任务的顺序可以任意安排。

网络方法是进度控制的有效方法，又叫计划评审术。网络方法的步骤是：①工程工序分析，把大的工程分解成若干相对独立的具体工序，确定各工序之间的衔接关系；②估计各工序的完成时间；③绘制工程网络图；④计算时间参数，找出关键线路和关键工序；⑤对所有关键线路上的工序进行重点控制，或采取措施，缩短工期。

各个工序是经过工程分析得出的，对于较大的工程，要有多层网络图。绘制网络图目前还没有成熟的方法，只能通过经验试探性地绘出，绘制完成后要检验所有工序之间的关系成立。网络图中以箭线表示工序，工序之间的圆圈表示节点，节点的编号规则是，对于所有的工序，箭头的节点号必须大于箭尾的节点号，而且只有一个起点和一个终点，任何工序都处在从始点到终点的某一条通路上。

时间参数先是在图上计算，后在表上计算。图上计算分两步，从前向后选最大计算节点的最早时间，从后向前选最小计算节点的最迟时间。将图上的计算结果按规矩填入表中，计算出其他参数。最关键的参数是总时差，总时差为零的工序构成的从起始到结束的通路叫关键线路，关键线路上的工序都不能耽搁，耽搁了就影响总工期。总时差不为零的工序可以耽搁的时间最多是总时差的数值，特别注意的是，一条通路上多个工序的总时差常常是共享的而不是独占的。显然，关键线路上的工序就是关键工序，对这些工序要严格工期管理，达到工期控制的目标。

劳动定额是指在一定的生产技术和组织条件下，为生产一定数量的产品或完成一定量的工作所规定的劳动消耗量的标准。

劳动定额的基本表现形式有两种：①生产单位产品消耗的时间——时间定额；②单位时间内应当完成的合格产品的数量——产量定额。

劳动定额的作用有：①劳动定额是企业编制计划的基础，是科学组织生产的依据；②劳动定额是挖掘生产潜力，提高劳动生产率的重要手段；③劳动定额是企业经济核算的主要基础资料；④劳动定额是衡量职工贡献大小，合理进行分配的重要依据。

劳动定额的计算方法有：①估工法；②统计分析法；③类推比较法；④技术测定法。

学习曲线是描述随着操作熟练程度的增加，劳动生产率提高，劳动时间缩短规律的曲线。学习曲线中的参数：Y——生产所需时间；K——生产第 1 个单位产品所需要的时间；X——生产数量；b——学习率，观察测得的小于 1 的常数。值得注意的是，学习曲线的规律是有界限的，生产初期工时有明显的减少，后面趋于稳定。稳定前的区域称学习区间，后面称为标准时间区间。

讨论题

1. 平行顺序移动的优点是什么？
2. 为什么贝尔曼排序方法可以缩短计划时间？
3. 网络方法的步骤是什么？
4. 什么叫关键工序和关键线路？
5. 为什么学习曲线的规律是有界限的？

练习题

10-1：已知 4 个相同的工件要经 6 道工序加工，其工序单件时间见表 10-6。

表 10-6 工件加工时间表

工序号	1	2	3	4	5	6
工序单件时间（分）	8	10	4	5	2	7

求：在平行顺序移动方式下，这批零件的加工周期。

10-2：考虑由两台机器组成的流水作业生产线，假设任务的次序可以改变，具体数据见表 10-7。

表 10-7 工件加工任务表

任务	J_1	J_2	J_3	J_4	J_5	J_6
机器 A	2	23	25	5	15	10
机器 B	29	3	20	7	11	2

求：（1）总加工周期最短的作业顺序；
（2）计算出总加工周期；
（3）画出计划横道图。

10-3：按表 10-8 提供的条件绘制箭线形网络图，计算时间参数，并说明作业 F、I 的最早结束时间和最迟开始时间，求出关键线路。

表 10-8 网络方法基础数据表

作业代号	紧前作业	作业时间
A	—	3
B	—	4
C	A	2
D	B	5
E	A	4
F	E	4
G	B、C	7
H	D	5
I	G	6
J	G、F	9

第11章

本章学习目标
1. 理解作业成本管理的定义;
2. 理解作业成本对象;
3. 理解作业成本动因;
4. 理解价值链的概念;
5. 了解作业成本管理的操作方法。

作业成本管理

作业成本管理（Activity-Based Costing Management，ABCM）将顾客的需求与企业的作业、资源的消耗、成本的形成联系起来，从作业的角度权衡成本和顾客价值。企业的生产和服务活动是由一系列作业组成的，这些作业组成作业链，对产品和服务有价值的作业叫价值链。价值链的基本理念是，有效的作业是增值活动，对重要的增值活动要投入较多的人力物力，对次要的增值活动要尽量降低成本和消耗，没有增值的活动尽可能不做。作业成本管理还涉及企业内部各种作业的协调配合，使各种作业之间环环相扣，形成较为理想的"作业链"，以保证每项有效作业都高效率地完成。将作业作为成本核算的基础单元，作业再与价值链相联系，区别增值作业和非增值作业，分门别类地控制成本，而不是一刀切压缩成本，既达到了控制成本的目的，又能保证生产质量，这是作业成本控制与传统成本控制的区别。本章讨论作业成本管理的概念及相关操作方法。

11.1 作业成本原理[①]

11.1.1 作业成本的概念

1. 作业成本管理的概念

作业成本管理是以提高客户价值、增加企业利润为目的，基于作业成本法的新型集中化管理方法。它通过对作业及作业成本的确认、计量，最终计算产品成本，同时将成本计算深入到作业层次，对企业所有作业活动追踪并动态反映，进行成本链分析，包括动因分析、作业分析等，为企业决策提供准确信息，指导企业执行有效的作业，消除和精简不能创造价值的作业，从而达到降低成本、提高效率的目的。

2. 作业成本管理和核算要素

作业成本管理涉及的基本要素是作业、作业所用资源、作业成本、作业成本对象、成本动因。其中前三个要素是一个统一体，作业成本对象是说这些作业成本属于谁，成本动因则是导致生产中成本发生变化的因素，只要能导致成本发生变化，就是成本动因。

1) 作业

作业是指企业为了达到其生产经营目标所进行的与产品相关或对产品有影响的各项具体活动，作业活动贯穿于动态活动的全过程。但实际上并不是所有的作业都能形成产品价值或称作业价值，所以，一般又将作业分为增值作业和非增值作业。增值作业反映作业消耗的有效性；而非增值作业则反映作业工作的无效性。根据企业业务的层次和范围，可将作业分为以下四类。①单位作业：使单位产品或服务受益的作业，它对资源的消耗量往往与产品的产量或销量成正比；②批别作业：使一批产品受益的作业，作业的成本与产品的批次数量成正比；③产品作业：使某种产品的每个单位都受益的作业；④维持作业：为维持企业正常生产，而使所有产品都受益的作业，作业的成本与产品数量无相关关系。通常认为前三个类别以外的所有作业均是支持作业。

---

① http://www.studa.net/chengben/090321/14282199-2.html

2) 作业所用资源

资源是企业为提供一定量的产品或劳务所消耗的人力、技术、原材料、工时和动力，换言之，资源就是作业发生各项费用的实体。作业成本管理中，资源统一用货币表示就是作业的各项消耗，实质上是指为了产出作业或产品而进行的费用支出。

3) 作业成本

将某个作业资源发生的费用一项项累加起来，就构成了作业成本，作业成本是以作业为单元核算的成本。它是后面价值链分析和成本动因分析的基础。

4) 作业成本对象

要找到作业成本对象，就必须先找出作业的服务对象，就某个服务对象而言，所有面向这个服务对象的作业构成一个作业链，在这个作业链上的作业成本都属于这个作业对象。作业成本对象是企业需要计量成本的对象。根据企业的需要，可以把每一个生产批次作为作业成本对象，也可以把一个品种作为作业成本对象。在顾客组合管理等新的管理工具中，需要计算出每个顾客的利润，以此确定目标顾客群体，这里的每个顾客就是作业成本对象。

成本对象可以分为市场类成本对象和生产类成本对象。市场类成本对象的确定主要是按照不同的市场渠道不同的顾客确定的成本对象，它主要衡量不同渠道和顾客带来的实际收益，核算结果主要用于市场决策，并支持企业的产品决策。生产类成本对象是在企业内部的成本对象，包括各种产品和半成品，用于计量企业内部的生产成果。

5) 成本动因

成本动因是指解释发生成本的作业的特性的计量指标，反映作业所耗用的成本或其他作业所耗用的作业量。成本动因可分为三类。①交易性成本动因。计量作业发生的频率，如设备调整次数、订单数目等。当所有的产出物对作业的要求基本一致时，可选择交易性成本动因，以家电制造企业为例，安排一次某型号冰箱生产或处理同一型号产品订货，所需要的时间和精力与生产了多少产品或订货的数量无关。②延续性成本动因。反映完成某一作业所需要的时间。如果不同数量的产品所要求的作业消耗的资源显著不同时，则应采用更为准确的计量标准。例如，工艺流程简单的产品每次所进行的设备调整时间较短，而工艺流程复杂的产品所需要的设备调整时间较长，如果以设备调整次数为成本动因的话，则可能导致作业成本计算的不实，此时以设备调整所需要的时间为成本动因更为合适。③精确性成本动因。直接计算每次执行每项作业所消耗资源的成本。在每单位时间里进行设备调整消耗的人力、技术、资源等存在显著差异的情况下，则可能需要采用精确性成本动因，直接计算作业所消耗资源的成本。

11.1.2 作业成本管理原理

作业成本管理的基本原理是，以作业为核算的基本单元，按作业成本对象构成作业链，分析作业链，去掉不必要的非增值作业，保留增值作业，作业链上的增值作业构成价值链。作业成本对象有多种，一般以产品和服务为对象，也可以顾客为对象。

1. 作业成本构成分析

作业成本构成分析是作业成本管理的基本工作，作业要消耗资源，如原材料、工时、燃料、动力，分析作业应该分担的部分，形成一项项费用，将各项费用累积起来就是本作业的成本构成。作业成本构成分析与传统的成本管理非常类似，区别在于这里强调以作业为单元核算，以便为后续分析做好准备。

2. 价值链分析

价值链分析是作业成本管理的关键步骤。从成本角度讲，生产和服务过程是消耗过程。从价值链角度讲，生产和服务过程是增值过程，通过这个过程，产出了产品和服务，如果符合顾客要求，顾客愿意为此买单。价值链分析将成本看作增值作业和非增值作业，并以顾客价值作为衡量增值与否的最高标准。一方面，将顾客的需求与企业的作业发生、资源的消耗、成本的形成等联系起来，从而有利于从作业的角度权衡成本和顾客价值；另一方面，协调组织企业内部的各种作业，使各种作业之间环环相扣，形成较为理想的作业链，以保证每项必要作业都以最高效率完成，保证企业的竞争优势，进而为扬长避短、改善成本构成和提高作业的质量及效率指明方向。

3. 成本动因分析

成本动因分析是挖掘成本动因以寻找引起浪费的根源，以价值链成本最小为目标。传统的成本管理模式只注重商品投产后与生产过程相关的成本管理，忽视了商品开发、设计、物流等的成本管理，极大地阻碍了企业竞争能力的提高。挖掘成本动因的目的就是为了找出产生非增值作业的根源，从而有效地消除其相应的非增值作业以达到增加企业价值的目的。因此，作业成本管理以客户价值增值为导向，融合精益采购、精益设计、精益生产、精益物流和精益服务技术，把精益管理思想与成本管理思想相结合，形成全新的成本管理理念——精益成本管理。它从采购、设计、生产和服务上全方位控制企业价值链成本，以达到企业价值链成本最优，从而使企业获得较强的竞争优势。

及时、有效地提供成本控制所需的相关信息。作业成本管理将企业视为满足顾客需要而设计的一系列作业链，企业商品凝聚了在各个作业上形成而最终转移给顾客的价值，作业链同时表现为价值链。从而将成本管理的着眼点与重点从传统的商品转移到了作业，将作业作为成本计算单元，以一批产品或者服务构成的作业链或称价值链为对象分配成本，这样不仅能够合理地分配各种制造费用，提供较为客观的成本信息，而且能够通过价值链分析、成本动因分析，追根溯源，不断改进作业方式，合理地进行资源配置，实现持续降低成本的目标。

11.2 作业成本管理过程及注意事项

11.2.1 作业成本管理过程

1. 作业划分

树立新的企业观，即把企业看成是满足顾客需要而设计的一系列作业集合体，是一个由内到外的作业链，作业链又组成价值链，只有这样，才能较为准确地划分各项作业。成本动因是决定成本发生的那些重要活动或事项。

随着企业的规模、工艺和组织形式的不同，划分作业可采用几种方法：一是绘制企业的生产流程图，将企业的各种经营过程以网络的形式表现出来，每一个流程都分解出几项作业，最后将相关或同类作业归并起来；二是从企业现有的职能部门出发，通过调查分析，确定各个部门的作业，再加以汇总；三是召集全体员工开会，由员工或工作组描述其所完成的工作，再进行汇总，这种办法有助于提高全体员工的参与意识，加速作业成本管理的实施。前两种办法可以较快取得资料，准确性高，不会对员工造成干扰。

2. 成本归集

准确地记录各作业中心资源消耗。在各项生产资源消耗时，按各受益对象分别记入各作业中心，从而计算出各作业中心的作业成本。在本步骤要找出与各项作业相关的资源成本，可以通过现有的计量指标直接进行分配。而后，根据作业的类型和资源成本的性质来确定成本动因。

3. 建立成本库

一旦选定作业成本动因后，就可按照成本动因的相似性将相关的成本归集起来。每个成本库可以归集人工、直接材料、机器设备折旧、管理性费用等。有几个成本动因，就建立几个成本库。建立不同的成本库按多个分配标准分配制造费用是作业成本计算优于传统成本计算之处。

4. 建立作业成本核算模型

在对企业的运作进行充分了解与分析的基础上，设计企业的作业成本核算模型，主要确定以下内容：企业资源、作业和成本对象的确定，包括其分类，与各个组织层次的关系，各个计算对象的责任主体，资源作业分配的成本动因，资源到作业的分配关系，作业到产品的分配关系建立。

5. 开发作业成本实施工具系统

作业成本管理需要比传统会计核算更丰富的信息，它是建立在大量计算基础上的。因此作业成本的实施离不开应用软件工具的支持，软件工具有助于完成复杂的核算任务，有助于对信息进行分析。作业成本软件系统提供了作业成本核算体系构造工具，可以帮助建立和管理作业成本核算体系，并完成作业成本核算。

6. 运行分析和持续改进

在建立作业成本核算体系的基础上，输入具体的数据，运行作业成本法。对作业成本的计算结果进行分析与解释。对作业成本实施过程中发现的问题采取相应措施，实现持续的效果改进，如考核组织和员工，重塑企业生产经营流程，消除不增值作业，提高增值作业运行效率等。

7. 建立健全业绩评价体系，加强成本管理的绩效考评

实施作业成本管理，必须结合责任会计制度建立健全成本管理的绩效评价体系，将作业中心的确立与责任中心的划分衔接一致，明确经济责任和权限范围。通过使用合适的成本动因，保证成本指标和经营绩效的真实性与可靠性，从而有助于管理当局从非财务的角度进行业绩评价，进一步从理论上完善责任会计。

11.2.2 作业成本管理注意事项

1. 注重局部和整体的统一

作业成本管理通过消除不增值作业，降低可增值作业的资源消耗使企业达到整体经营业绩改善的思想是一种从局部至整体的管理思想。认为局部最优必将导致整体最优的

思想割裂了价值链之间的相互联系。事实上，由于价值链中各个环节的相互作用，局部效率的提高未必能促进整体效率的提高。在很多时候，为换取整体效率的提高，一些局部必须牺牲自身的效率。企业的成本管理应从整体而非局部出发，从而避免局部最优整体不优的问题。随着企业面临环境的变化，成本管理模式呈现出越来越明显的局限性，已经不能很好地适应现代企业的发展，对成本管理模式进行变革，构建出一种体现整体观的成本管理模式已成为企业发展的现实需要和历史发展的必然。

2. 现代企业成本管理的重点应是如何提高产出而非降低成本

企业关注的不应该是如何将成本在不同成本对象中分配，而应该是产生成本的主要因素及其对经营绩效的影响。如果将企业作为一个整体，许多对于系统整体而言不变的成本，如一段时间内与产品产量无关的人工成本，对于企业的管理决策而言是无关的。成本分配和计算实际上是一个成本在不同成本对象中的再分配过程，不同的分配方式将会产生不同的成本计算结果，而且这些分配不会对企业产生更加有用的信息。企业如果能够认识到这一点，就可以更加有效地避免大量无关成本的分配和计算问题，从而在很大程度上避免了不准确地分配成本产生的缺陷。

3. 实施作业成本管理应遵循成本效益原则

一个成本系统并不是越精确越好，关键要考虑主要成本，忽视次要成本。作业成本管理增加了大量的作业分析、确认、记录和计量，增加了成本动因的选择和作业的分配工作，从而大大增加了核算成本。因此，在实施作业成本法时，必须要遵循成本效益原则。

4. 抓好配套管理工作

作业成本管理的成功实施是一个庞大的系统工程，从生产到消费是全方位的，而不仅仅是一个成本管理过程。如与质量管理、财务管理、过程管理和零存货管理等是密不可分的。同时，企业的基础管理工作也很重要，如计量工作、生产统计工作、监控系统的建立与完善等。若企业的基础统计数据不真实、不全面、不及时，作业成本管理也难以实施。

5. 提高人员的素质，全员参与管理

作业成本管理是一种全面管理的模式，应将作业链上的有关信息有机地融入企业整个管理信息系统，为作业成本管理提供可靠的技术支持。同时，作业成本管理的实施需要企业全体员工的积极参与，全体员工具有强烈的责任感、节约意识、成本意识、改进作业的意识以及参与管理的意识。

11.3 作业成本的应用[①]

作业成本管理将控制成本、降低成本的视野由以商品为单元转移到以作业为单元，它不是以成本论成本，而是联系成本发生的前因（成本动因）与后果（成本耗费）来寻求控制成本的途径和方法。它不简单、盲目地削减成本，而是通过对作业的跟踪和动态反映，

---

① http://www.amteam.org/print.aspx?id=477014

通过事前、事中、事后的作业链及价值链分析,实现企业持续低成本、高效益目标。

11.3.1 作业成本应用原则

作业成本管理方法实质上来自于几个基本原理。

原理1:作业消耗资源。执行的作业越多,它所消耗的资源也越多。

原理2:作业总是有原因的。所有执行的作业(活动)总有一个原因或理由。在最有效率的公司里,作业主要致力于外部对象——客户、产品或分销渠道。然而,一些作业常有一个内部原因,例如,内部支持作业,如执行人力资源或IT业务,一般是由公司内部其他部门的需要所引起的。

原理3:客户、产品或分销渠道引发不同级别的作业。传统的成本核算,如标准成本法或完全成本法,将成本直接分配到产品、客户或分销渠道。这些方法忽略了这样一个原则——资源实际上常常是由作业所消耗的,而不是由产品、客户和分销渠道直接消耗的。作业成本管理以作业为单元计算成本,然后将作业按作业链分配到对象上去,这些对象可以是产品、客户或者分销渠道。

11.3.2 作业成本分配原理

作业成本的分配见图11-1,一些资源成本被分配至作业(图中灰色部分),基于其使用的作业动因数量,每个作业相关的成本被分配至产品和客户。一些作业,感觉原因与产品和客户相联系并不明显,甚至根本就没有什么联系。例如,大多由组织最高主管执行的作业可能不能归属于特定的产品或客户。图11-1的右支表示不能归属于作业及与产品和客户无关的非特定成本。如公司形象费用支出就属于这一类。

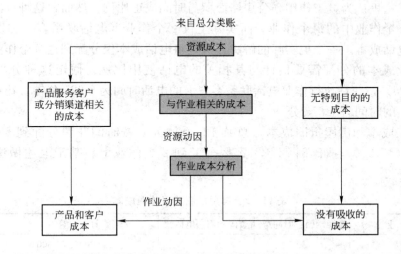

图11-1 作业成本分配原理图

有时,一些资源直接归属于产品、客户或分销渠道,但几乎没有任何理由归属于任何作业。例如,特定产品的广告费明显直接归属于那个产品,而与任何特定作业无关。图11-1左边的分支说明不能归属于作业但直接归属于产品及与客户相关的成本。

11.3.3 作业成本应用实例

使用产品销售中的信用控制业务作为例子。信用控制是会计的主要职责。大多数经理都知道这项业务是由销售作业引起的,尽管在成本的发生和特定客户之间并不总是存在特定关系。首先作如下假设:

第一,房屋折旧成本总是基于使用面积将成本分配给信用控制的;

第二,电话次数和成本由电话系统确定;

第三,本业务有 6 名员工,都是全职工作。

计算的基本数据见表 11-1。

表 11-1 资源作业和时间

资源	费用/元	作业	所用时间百分比/%
人 工	100 000	打印及邮寄发票	30
1 个经理×25 000	25 000	电话联系客户	100
5 个员工×15 000	75 000	发行信用单据	400
房屋折旧(面积 50 平方米)	25 000	分配收据	50
电话(7 500 分钟)	15 000	计划、组织及管理员工	20
总 计	140 000	人工合计	600

从表 11-1 可以看出,有 5 个作业。首先需要计算每个作业的成本。假定资源成本 140 000 元被分配到所有作业。依据上述假定,打印及邮寄发票的成本应是 7 000 元(140 000×30%÷600)。对于人工成本,按时间分配是很合理的,但对于房屋折旧却有争议,这里认为员工使用办公房屋面积与时间成正比例。然而,这种方法将电话成本分配到 5 个作业中的每个作业,而实际上仅 2 个作业(电话联系客户和发行信用单据)消耗电话成本。一个更实际的解决办法是将电话成本仅分配到这 2 个作业上去。对这 2 个作业成本的分配需要估计与其相关的电话使用比例,假定这种分配比例估计为 75%∶25%,花在执行作业电话联系客户上的电话时间为 5 625 分钟,花在作业发行信用单据上的时间为 1 875 分钟。

将人工成本和房屋折旧成本(总共 125 000 元)按时间花费分配到 5 个作业上,电话成本(15 000)按比例 75%∶25%分配到 2 个作业上。基于上述做法,作业成本见表 11-2。

表 11-2 信用控制业务作业成本

作业	资源动因:时间/%	资源动因:电话数	计 算	成本
打印及邮寄发票	30		125 000×30÷600	6 250
电话联系客户	100	5 625	125 000×100÷600=20 833 15 000×5 625÷7 500=11 250 合计	32 083
发行信用单据	400	1 875	125 000×400÷600=83 333 15 000×1 875÷7 500=3 750 合计	87 083

			续表
分配收据	50		125 000×50÷600	10 417
计划、组织及管理员工	20		125 000×20÷600	4 167
总 计	600	7 500		140 000

下一步是分配作业成本到客户和产品上去。以电话联系客户作业为例。需要决定使用这个作业的作业动因是什么。换言之，驱动作业的最直接原因是什么？一个可能的候选者是应收款过期发票数，或过期账户数。后者假定每个过期的账户电话联系时间相同，而前者假定过期发票数的电话联系时间相同。然而，实际上最适合的动因可能是最不易取得的，如平均过期账户价值，可能需要使用最近发票数。

表 11-3 显示出，客户 A，B，C 的作业动因数量。因为最近已付发票数与已开票产品之间不存在关系，所以不存在产品的分解。使用最近已付款发票数作为电话联系客户作业的作业动因，计算客户成本，如表 11-4 所示。

表 11-3 作业动因最近付款发票数

成本对象	数 量
客户 A	200
客户 B	500
客户 C	0

表 11-4 客 户 成 本

客 户	计 算	成 本
客户 A	32 083×200÷700	9 167
客户 B	32 083×500÷700	22 916
客户 C	32 083×0÷700	0

传统成本核算方法可能分配成本 10 694 元到每个客户（32 083÷3）。作业成本法给出了公正的结果。作业成本发生的最大数额是客户 B，他是最慢的付款者。客户 C 及时地付款，没有这项作业，因而也就没有成本分配。作业成本法突出了客户 B 是组织中成本消耗最高的一位客户。这使管理者采取适当的行动，要么改进客户 B 的付款进度，要么以另一种方式予以处罚。

现在，检查一下作业发行信用单据。假定每个信用单据作为客户返回的结果。合适的作业动因是返回的单据数（另一个可能的动因是信用单据数，但我们要把成本分配到产品，而返回的产品数据比较容易取得。在实际的 ABC 实施中大多这么做）。返回的单据数动因的数量见表 11-5。

表 11-5 作业动因返回的单据数

成本对象	数 量	成本对象	
客户 A			
	—产品 I	700	

续表

客户 B		—产品Ⅱ	20
		—产品Ⅰ	1 600
		—产品Ⅱ	50
客户 C		—产品Ⅱ	30

值得质疑的是，返回单据数是作为多维成本动因看待的。因为在动因和成本对象的一个以上维数（客户和产品）之间存在关系。多维成本动因的成本分配见图11-2。

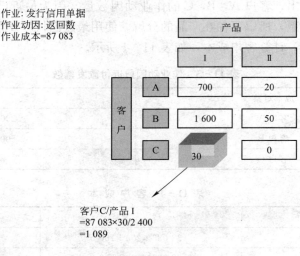

图 11-2 客户成本——多维成本动因

可以看出，成本被分配至成本对象维数的不同组合。一些作业只被分配到产品、而没有被分配到客户或分销渠道；一些则被分配到客户或渠道；一些可能被分配到产品、客户与渠道；一些被分配到产品与客户，但不被分配至渠道，如此等等。重要的是确定每个作业的可能成本动因，然后选取一个合适的成本动因。最根本的考虑是数据应能从组织内某些来源获取。很明显，整个作业成本方法集中关注资源的耗费方式——作业，而不像传统财务所表现的资源花费的形式。

案例

庆阳石化公司实行作业成本管理

按照中油股份公司炼油板块关于炼油作业成本管理信息系统推广应用的要求，庆阳石化公司财务资产处高度重视，积极开展调研和学习培训，完善硬件环境建设，准备了大量的系统初始数据和相关资料，内容涉及财务、计划、统计、生产、技术等各个方面。于2006年2月初邀请北京华油博联工程技术人员进行现场指导，完成了作业成本管理系统数据初始化、生产流程设置和报表自动生成公式定义等工作，系统开始试运行。3月份系统正式上线运行，开始向炼油板块、公司领导及主要车间报送炼油作业成本核算报表。作业成本管理系统功能模块包括系统维护模块、成本核算模块、计划预测与分析模块、成本分析与控制模块、报表分析模块、系统工具模块六大部分。其中，系统维护模块是整个系统运行的基础，成本核算模块、计划预测与分析模块、成本分析与控制模块是作业成本管理系统的核心内容。作业成本管理系统的建成启用转变了成本管理观念，创新了成本核算方法，为成本管理和生产管理提供了重要的决策信息。

作业成本管理系统的实施，为庆阳石化公司构建了先进的成本管理体系，是公司成本管理的一场自我革命，提升了公司成本管理水平，改进了成本分配方法，加强了经济核算和业绩考核，实现了分装置成本的精细化管理。

1. 实现了成本的精细化管理

为正确反映企业的生产成本，成本核算流程应紧密结合企业生产工艺和生产组织特点进行设计。炼化企业的生产工艺具有多装置、连续加工、投入一种原料同时产出多种产品的特点，要使成本核算结果能够真实反映企业各个生产环节的生产成本，就必须按生产工艺的工序逐个装置进行成本核算。作业成本管理系统的实施，使庆阳石化公司现有8套炼油装置全部实行了分装置核算，大大加深了成本管理的细化程度，便于成本分析和控制。

"作业链"的建立，使成本管理突破了以往局限于一个"点"层次上的落后管理方式，实现了"点"与"面"的有机结合，使"资源消耗链"与"成本形成链"都清晰地得到反映，为实现过程控制和精细化管理提供了有力的工具。

"作业成本法"的建立，使成本计算及控制深入到各项生产活动即作业层面，为成本管理提供了较为细致的数据信息，同时也解决了公司由于采用单一的成本分配方法导致的产品成本扭曲的问题，提供了较为真实的产品成本，为公司决策提供了比较准确的成本信息。

2. 优化了生产运行方案

企业的效益是通过产品的销售实现来完成的，而产品又是经过多个生产装置的连续加工完成的，要想知道效益到底产生在哪几个装置，每个装置到底产生多少效益，就必须按生产装置进行成本核算，将这些装置加工的原料和产品都转换成市场价格，分别计算各个装置的加工效益，从而实现装置效益与市场相结合，做到心中有数，并以此来优化和调整生产方案，使有限的原料和加工能力为企业创造出更多的利润。作业成本管理系统实施后，借助其成本预测和分析功能，每周根据市场价格变化情况及时进行效益测算，将测算数据作为调整生产方案的依据，优化了产品结构，使公司生产装置始终实现效益的最大化。

3. 实现了成本的深度控制

在成本动态分析的基础上，根据作业成本管理系统已建立的各种作业、半成品、产成品的实际作业及产品成本数据库，形成公司的作业及产品标准定额，确定各个作业费用要素可控成本的比例，计算每月各个作业成本的可控成本、可控要素的单位成本和非可控成本，作为考核依据，严格奖罚兑现，实现了成本的深度控制。

4. 加强了成本分析

根据作业成本管理系统成本分析模型，对各装置、作业、产品的计划成本和实际成本进行成本的构成分析、差异分析，为生产经营决策提供决策支持数据。在成本分析中，还引入了"三因素分析"，对于指导生产具有重要意义。通过对价、量、消耗的三因素分析，能够更加全面准确地对成本发生情况进行认真剖析，从而合理有效地控制成本，有效的成本分析对于改善管理、降低消耗、控制成本、提高效益作用十分明显。随着企业成本核算向管理延伸，实施作业成本管理系统是炼化企业进行成本管理的必经之路，它将推动企业各项经营管理工作的提升，为企业带来更大的效益。作业成本管理系统促进企业细化成本管理，使成本管理工作向精细化、标准化方向发展，随着全员成本意识的增强，将促使企业各项管理工作更规范，部门之间配合更融洽，炼油作业成本管理将为建设节约型企业提供强大的动力。

资料来源：http://www.blogchinese.com/6863/viewspace-897558。

本 章 小 结

作业成本管理是以提高客户价值、增加企业利润为目的，基于作业成本法的新型集中化管理方法。作业成本管理的基本原理是将生产与服务划分成若干作业，以作业为单元核算成本，以产品和服务或者顾客为对象形成作业链，从顾客角度描述作业链又称价值链，价值链就是一系列相互关联的有效的增值作业。通过价值链分析加强增值作业，消除非增值作业。通过成本动因分析，更加全面准确地对成本发生情况进行剖析，从而合理有效地控制成本，有效的成本分析对于改善管理、降低消耗、控制成本、提高效益都有很好的作用。

作业成本管理涉及的基本核算要素是：作业、作业所用的资源、作业成本、作业成本对象、成本动因。其中，前三个要素是一个统一体，作业成本对象是作业成本发生的受益者，成本动因则是导致生产中成本发生变化的因素，只要能导致成本发生变化，就是成本动因。作业成本管理的工作程序是作业成本构成分析、价值链分析、成本动因分析。作业成本构成分析是以作业为单元核算原始成本，就是按作业所用的资源一项项累加费用，这与传统的成本核算很相似，只是以作业为单元。价值链分析是作业成本管理的重要组成部分，主要是要有观念的转变，从单纯地降低成本变为看费用的发生是不是对产品和服务有增值作用，增值明显的作业可以多花钱，没有增值作用的作业尽量少做。价值链分析通过价值链条将作业成本与顾客联系起来，也就是将成本和效益联系起来，视野更宽，系统性更强。成本动因分析就是分析成本发生的深层次原因，有助于降低作业成本。

作业成本管理的应用要注重局部和整体的统一，重点应是如何提高产出而非降低成本，实施作业成本管理应遵循成本效益原则，抓好配套管理工作，提高人员的素质，全员参与管理。本章通过简单的实例展示了作业成本管理的应用过程。从案例中可以看出，作业成本管理已经落实到具体的企业，并且开发了相应的管理信息系统，减轻了人工的烦琐计算。可以说，信息化的作业成本管理是未来成本控制与管理的方向。

 讨论题

1. 作业链和价值链之间的关系是什么？
2. 作业成本管理涉及哪些基本核算要素？
3. 作业成本管理的核心思想是什么？

4. 作业成本管理与传统成本管理的区别是什么？
5. 作业成本管理对成本的控制理念与传统成本管理的控制理念的区别是什么？

 练习题

假设某加油站每年发生的费用如表 11-6 所示，请参考书中案例，计算作业成本。如果年终计算得到油品销售收入 2 000 000 元，油品成本 1 600 000 元，洗车销售收入 30 000 元，便利店销售收入 1 000 000 元，商品成本 900 000 元。请分析各种业务的盈利能力。

表 11-6 加油站作业成本计算原始数据表

资　源	费用/元	作　业
人　工	205 000	管理工作
1 位经理×30 000	30 000	加油工作
5 位加油员 5×20 000	100 000	便利店业务
3 位洗车员 3×20 000	60 000	洗车业务
1 位售货员 1×15 000	15 000	安保业务
房屋租金（面积 50 平方米）	30 000	卸油业务
水 电 费	30 000	
办 公 费	10 000	
油品运输费	500 000	
商品运输费	20 000	
总　计	285 000	

第 12 章

本章学习目标
1. 理解零部件的磨损规律；
2. 理解设备的故障规律；
3. 了解设备综合工程学；
4. 掌握设备的选择与评价的一般方法；
5. 了解设备的维修与保养制度；
6. 掌握设备的更新与改造的方法。

设备管理

现代生产和服务与传统手工作业的区别是大量使用现代化设备，生产出人们需要的产品和服务。现代生产管理的重要任务就是设计建造好这些设备，使用维护好这些设备。如果设备在正常运转，生产就正常，设备出了故障，生产就中断了。这在流程型生产中尤为突出。在装配加工型生产企业，随着生产技术的提高，自动化和流水线作业越来越多，所使用的装备也越来越复杂。设备的选择、维护、保养在生产中起着举足轻重的作用。在服务部门也有需要维护的设备，如游乐场的过山车、索道。在宾馆饭店也有游泳馆、电梯等设备需要维护。交通运输业有车辆、道路需要维护。可以这样说，生产管理就是管人、管设备、管物流。精密仪器设备又发生巨大的投资，所以设备管理与生产成本密切相关。管理好设备是生产运作管理的重要方面。本章讲授设备管理理论、设备的选择与评价、设备的使用与维护、设备的更新改造。

12.1 设备管理理论

工业革命以来，人们利用自然力的能力逐渐增强，这也体现在设备的大型化和复杂化中。从最早的机械设备、电气设备、液压设备、电子设备到现在将机械、动力、液压、电子智能控制融为一体的综合设备。人们常说的技术创新，更多的是与生产设备相联系的生产流程的创新。复杂的设备对设备管理提出新的要求，人们也不断探索新的设备管理理论。

12.1.1 设备管理的形成与发展

在设备维修方面比较著名的是设备故障的浴盆曲线，浴盆曲线描述了在设备生命周期内的故障规律，初期故障多发，中期故障水平较低，后期设备已经老旧，故障又多了。在早期，设备制造工艺复杂，多数是手工作业，设备昂贵，老旧设备需要维修。此期间产生了设备维修制度，包括预防维修制度和状态预知维修制度。后来，制造技术降低了制造成本，设备使用到一定期限，维修成本过高，就要报废更新。再后来，制造技术日新月异，设备不等用旧，换代设备已经出现，需要更新设备。在设备管理理论方面，20世纪70年代，英国产生了综合设备工程学，接着，日本人提出了设备的全员维修制度。总之，设备管理大体可分为四个阶段：事后修理、计划预防维修、状态预知维修和设备综合管理。

1. 事后维修阶段

事后维修就是在设备发生故障后，再进行修理。生产管理早期，生产设备比较简陋，设备常常是能用就用，有故障了再修理。结构简单的设备修理也相对简单，很快能修好，不至于影响生产。但是，生产设备的结构越来越复杂，事后的维修逐渐不能满足生产的需要，设备维修进入计划预防维修阶段。

2. 计划预防维修阶段

在此阶段，设备的结构设计考虑了维修方便，整个设备设计有终身部件、定期更换部件和易损配件。终身部件在设备的生命周期内不需要更换，定期更换部件达到使用期限需要更换，易损配件随时更换。预防维修制要求设备维修以预防为主，在设备使用过程中做好维护保养工作，加强日常检查和定期检查，根据零件磨损规律和检查结果，在发生故障前有计划地进行修理。由于加强了日常维护保养工作,设备总能保持良好状况,保证了生产的正常进行。

3. 状态预知维修阶段

预防维修虽有上述优点,但有时会使维修工作量增多,造成过分保养。为此,1954年出现了状态预知维修。状态预知维修要求以提高企业生产经济效果为目的来组织设备维修,根据设备重要性选用维修保养方法。重点设备采用预防维修;对生产影响不大的一般设备采用事后修理。这样,一方面可以集中力量做好重点设备的维修保养工作,同时又可以节省维修费用。

20世纪60年代后,状态预知维修又有了新的发展,增加了改革性维修,也就是经常发生故障的设备和部位在维修时要积极进行结构改革。因为需经常修理的部分必定是有问题的地方,如果维修的同时对结构进行改革,就可以减少修理工作量。

4. 设备的综合管理阶段

20世纪60年代,出现了预防维修的设想(Maintenance Prevention,MP)。这是设备维修体制方面一个重大突破,第一次提出了设备管理不只是设备维修部门的工作,设计部门也必须关心。只有在设备设计阶段就考虑维修问题,提高设备的可靠性和易修性,才能减少或取消维修。因此,可以认为预防维修是设备综合管理的萌芽阶段。

20世纪70年代,英国发展和完善预防维修设想,开始形成设备综合工程学。设备综合管理完全不同于前述各种维修制度,不像其他制度只研究维修阶段的管理工作,而是研究设计、制造、使用、维修、改装到更新的设备全生命周期管理工作;不是只追求维修阶段的费用节约,而要求设备全生命周期所消耗的总费用最低;不是单纯的设备管理,而是把技术、管理等方面综合起来对设备进行研究。所以设备综合工程学的产生是设备管理方面的一次革命。

日本在学习设备综合管理的过程中,结合生产维修的实践经验,创造了全面生产维修(Total Productive Maintenance,TPM),所以可以认为全面的生产维修是日本的设备综合管理,是设备使用单位实行设备综合管理的一种实践。

12.1.2 设备的磨损与故障规律

1. 设备的磨损规律

设备在使用过程中有些部件会经历磨损,经过多年的实践,人们已经掌握了零部件的磨损规律,参见图12-1。零部件的磨损可分为3个阶段,阶段Ⅰ为初期磨损阶段,阶段Ⅱ为正常磨损阶段,阶段Ⅲ为急剧磨损阶段。初期磨损又叫磨合期磨损,其实质是零部件表面的毛刺和或不平整、不圆导致相互啮合的零部件之间相互摩擦;正常磨损阶段属于稳定的磨损期,这一阶段持续时间较长,一般通过润滑来减少这一时期的磨损;急剧磨损是由于长时间使用,或者使用不当,零部件表面处理过的耐磨层已经损坏,致使零部件急剧磨损。零部件应该在急剧磨损期到来之前的 T 点更换。

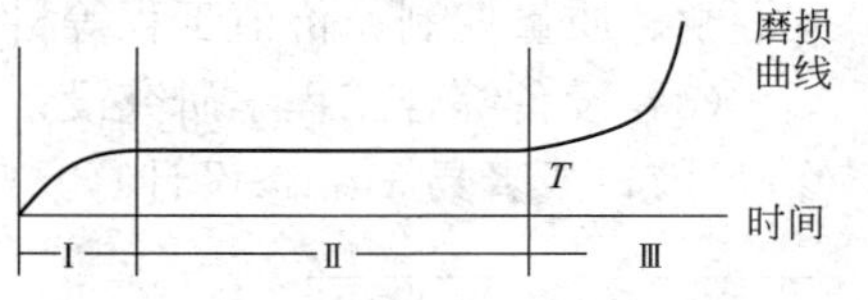

初期磨损也是相互啮合的零部件之间的适应过程,传统上一般要求新设备有磨合期,在磨合期,设备空转或者半负荷运转,并检查调整各个运转零

图12-1 零部件磨损规律

部件的间隙。磨合好以后，设备进入正常运转。这样做可以大大提高设备的性能。但是，随着制造技术的提高，或者厂家为了给顾客一个好的印象，在出厂前做了磨合工作。现在的设备都不强制规定磨合期。另外，初期磨损期与初期故障期相联系。

2. 设备的故障率

如图 12-2 所示，设备的磨损在初期比较快，经过一段稳定时期之后，后期磨损也很快，加上其他的制造缺欠、安装缺欠，设备的故障也是前期频发，然后趋于稳定，到后期设备用旧了、老化了，故障率又提高了。设备故障率的规律曲线如同一个浴盆形状，因此得名浴盆曲线。设备的浴盆曲线告诉我们，在设备使用初期是故障频发期，在此期间，要密切关注设备的运行状况，发现问题及时处理，将问题都解决了，进入到设备的正常使用期；在设备使用的中期，要按要求维修保养设备，尽可能地延长设备的使用寿命，延迟设备劣化期的到来；但是，劣化期终究要到来，人们要做的就是在设备劣化期到来之前及时更换设备，避免发生安全生产事故。

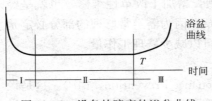

图 12-2 设备故障率的浴盆曲线

12.1.3 综合设备工程学[①]

设备综合工程学是英国于 20 世纪 70 年代在设备工程的基础上创立的，1979 年引入我国。设备综合工程学综合研究与设备有关的生产流程、设备设计、工程管理、财务管理等方面，目标是实现设备全寿命周期费用最低。工厂设备、装置、建筑物的可靠性和有关可靠性的方案设计、使用和费用的信息反馈，都属于它的研究范围。设备综合工程学的特点如下。

（1）设备工程学以全寿命周期费用作为经济指标，并追求全寿命周期费用最低。寿命周期费用由设备的初期投资和使用费两部分组成。设备的初期投资一般包括研究、设计、试制、安装、试验以及设备使用和维修技术资料的制作等费用的总和，设备的使用费是在整个设备周期内必须支出的与设备有关的费用。对于企业来说，在选购设备时，不能只考虑设备的初期投资，而且要考虑到使用期间的各种费用支出，即应当从设备寿命周期总费用最低的角度，经济全面地评价设备的优劣。

（2）设备综合工程学是关于固定资产的技术、管理、财务等方面的综合性学科，要对设备从技术、经济和组织管理方面进行综合管理。在工程技术方面，高度自动化、高速化的设备，正是综合了机械、电气、电子、化学、环保技术等各专门技术的产物，要对设备进行技术研究，以提高设备的工作效率，使其保持最佳的技术状态。在经济方面，就是要讲求经济效果，严格计算和控制与设备有关的各种费用，合理选择与确定设备维修、更新与改造的经济界限。在组织管理方面，就是在设备管理中运用管理工程、运筹学、质量控制、价值工程等科学管理技术和方法。

（3）设备综合工程学研究设备的可靠性，易于维修设计。为逐步接近理想的"无维修设计"，或者易于维修设计，易于拆装的模块化设计，当设备某一部件出现故障时，

---

① http://www.beidabiz.com/bbdd/kmsjk/kmsjk_sczygl/82/823/8232/82322/5901.htm

很快更换部件,将故障部件换下来修理。易损件的易于拆装设计,当易损件需要更换时,使用者可轻易更换。设备综合工程学的可靠性、维修性设计是对新设备和现有设备进行改善维修或在更新改造时所进行的工作。

(4) 设备综合工程学以设备的全寿命周期为设备管理范围,改善与提高每一环节的性能。设备的全寿命周期是:研究—设计—试制—制造—选购—安装调试—使用—维修—改造—更新—报废。设备工程学就是对设备整个寿命周期进行系统管理,从每一个工作环节的优化到整个系统的优化。

(5) 设备综合工程学是关于设计、使用和费用的信息反馈的管理。信息反馈包括厂内信息反馈和厂外信息反馈。厂内信息反馈是指在设备使用过程中,由使用部门记录、统计设备在使用过程中发现的缺陷,由修理部门进行改善修理;厂外信息反馈是指由设备使用企业记录,统计设备在使用过程中发现的缺陷,由设备制造企业在研制下一代新设备时从设计、制造等方面加以改革。

12.2 设备的选择与评价

12.2.1 设备的类别[①]

1. 按资产属性和行业特点分类

国家技术监督局 1994 年 1 月批准发布了《固定资产分类与代码》国家标准(GB/T 14885—94)。该标准按资产属性分类,兼顾了行业管理的需要,包括十个门类,其中七类为设备。目前各产业部门对行业设备都有不同的分类方法。

(1) 机械工业将机械设备分为六大类,动力设备分为四大类,共有十大类。包括金属切削机床、锻压设备、起重运输设备、木工铸造设备、专业生产用设备、其他机械设备、动能发生设备、电器设备、工业炉窑和其他动力设备等。

(2) 化学工业设备可分为反应设备、塔、化工炉、交换器、贮罐、过滤设备、干燥设备、机械泵、破碎机械、起重设备和运输设备等 20 类。

(3) 纺织工业设备可分为棉纺织设备,棉印染设备,化纤设备,毛、麻、丝纺织设备,针织设备和纺织仪器,毛、丝、针织、纱线染整设备等。

(4) 冶金工业设备由于行业特点,按联动机组加以分类。主要分为高炉、炼钢炉、焦炉、轧钢及锻压设备、烧结机和动力设备六大类。

2. 按设备在企业中的用途分类

(1) 生产设备。生产设备是指企业中直接参与生产活动的设备,以及在生产过程中直接为生产服务的辅助生产设备。

(2) 非生产设备。非生产设备是指企业中用于生活、医疗、行政、办公、文化、娱乐、基建等的设备。

通常情况下,企业设备管理部门主要对生产设备的运动情况进行控制和管理。

[①] http://www.powerem.com.cn/Article/2008/200801/22744.html

3. 按设备的技术特性分类

按设备本身的精度、价值和大型、重型、稀有等特点分类，可分为高精度、大型、重型稀有设备。所谓高精度设备，是指具有极精密元件并能加工精密产品的设备；大型设备一般是指体积较大、较重的设备；重型、稀有设备是指单一的、重型的和国内稀有的大重型设备及购置价值高的生产关键设备。

根据国家统计局颁发的《主要生产设备统计目录》，对高精度、大型、重型、稀有设备的划分作出了规定，凡高精度、大型、稀有设备，都应按照国家统计局的规定进行划分。

4. 按设备在企业中的重要性分类

按照设备发生故障后或停机修理时，对企业的生产、质量、成本、安全、交货期等方面的影响程度与造成损失的大小，将设备划分为三类。

(1) 重点设备（A类设备），是重点管理和维修的对象，尽可能实施状态监测维修。

(2) 主要设备（B类设备），应实施预防维修。

(3) 一般设备（C类设备），为减少不必要的过剩修理，考虑到维修的经济性，可实施事后维修。

重点设备的划分，既考虑设备的固有因素又考虑设备在运行过程中的客观作用，两者结合起来，使设备管理工作更切合实际。设备应该按重要性程度来管理，重点设备状态监测维修，主要设备预防维修，一般设备事后维修。

12.2.2 设备的选择评价

1. 设备的评价指标

设备的选择评价首先是技术指标和安全指标。安全是第一位的，应该选择通过安全认证的产品。技术指标比较复杂，一般而言，包括设备的生产率、设备的可靠性、设备的维修性、设备的成套性、设备的节能性、设备的经济性、设备的环保性。

1) 设备的生产率

设备的生产率以单位时间内的产出表示。动力设备用功率来表示，也用设备的生产能力表示。如卡车用载重量表示，吊车用最大起重量表示。化工设备用设备的处理能力来表示。如800万吨常减压设备，具有每年处理原油800万吨的能力。

2) 设备的可靠性

设备的可靠性常用两个方面的指标衡量，一是设备运行稳定，故障率低；二是经此设备加工的零部件保证达到质量要求，或者装置产出的产品保证达到质量要求。

3) 设备的维修性

设备的维修性又叫易于维修性。就是设备要方便维修，故障多发的部件要易于更换，易损件要容易更换，并且维修所用零部件易于得到。

4) 设备的成套性

设备一般都是配套使用，便于和上下流程相衔接。类似于集装箱与卡车的配套。如摄像设备，要留有信息的接口，方便信息编辑处理。

5) 设备的节能性

设备需要有动力驱动，常见的有电动、气动、液动。不管何种驱动都需要能量，能量消耗是重要的设备指标，关系到设备运行的经济性。

6）设备的经济性

设备的经济性是设备的重要方面，在技术可选的设备中，选择经济性好的设备。

7）设备的环保性

设备的环保性主要是指控制设备的噪声和其他污染。设备都是运转的，噪声是不可避免的。但是，必须对设备噪声提出必要的要求。尾气与其他排泄物也要符合行业或国家的环保标准。

2. 设备的经济评价

经济评价的基本方法有投资回收期、现值比较法、年值比较法。

1）投资回收期法

$$设备投资回收期 = 设备投资总额 / 设备年收益$$

设备选择评价的决策准则：设备选购时，其他条件相同，应选投资回收期最短者。

投资回收期虽然属于静态的方法，但是指标的本身就是时间，所以，它在某种程度上反映了动态特性，是设备选择经济评价的首选指标。

2）成本费用比较法

设备发生的费用有两项，一项是购置费，一项是每年的维持费。如果设备性能和服务年限基本相同，可以直接比较两项费用，一项较低或者两项较低者为好。但是，一般是购置费高的设备维持费较低，购置费较低的设备维持费较高，或者，购置费高的设备性能较好，购置费较低的设备性能较差。实际上，应将购置费、维持费和设备的性能综合考虑。综合技术性能和经济性的常规指标是性能价格比。综合购置费和维持费的方法有现值法、年值法和终值法。就是按照项目经济评价的方法，将发生的多个时间点上的费用，考虑资金的时间价值，换算成一个时间点上的价值，换算到起始点就是现值法，换算到终点就是终值法，将现值或者年值再进一步换算成等价的年值就是年值法。

例如，设备的购置费为 I，维持费为每年相等的 C，利率为 r，服务年限为 n。假设费用的分布如图 12-3 所示。设备的费用的现值 P 按公式 (12-1) 计算。

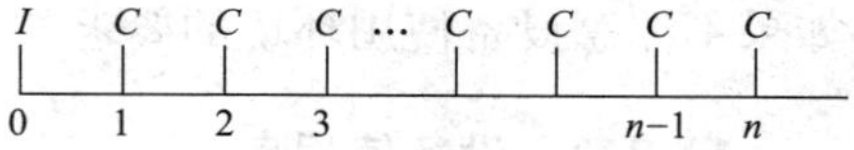

图 12-3 投资和维持费的分布图

$$P = I + C\left(\frac{1}{r} + \frac{1}{r(1+r)^n}\right) \tag{12-1}$$

设备的费用的终值 E 按公式 (12-2) 计算。

$$E = I(1+r)^n + C\left(\frac{1}{r} + \frac{(1+r)^n}{r}\right) \tag{12-2}$$

设备的费用的年值 Y 按公式 (12-3) 计算。

$$Y = I\left(\frac{r(1+r)^n}{(1+r)^n + 1}\right) + C \tag{12-3}$$

例 12-1 设备有两种选择，设备 A 的购置费为 $I = 20$ 万元，维持费为每年相等的 $C = 2$ 万元，设备 B 的购置费为 $I = 30$ 万元，维持费为每年相等的 $C = 1$ 万元，利率 $r = 8\%$，服务年限 $n = 10$。请按经济因素选择。

解： 分别按公式计算设备 A、设备 B 的现值，现值小者为优。

$$P_A = I + C\left(\frac{1}{r} + \frac{1}{r(1+r)^n}\right) = 20 + 2 \times \left(\frac{1}{0.08} + \frac{1}{0.08(1+0.08)^{10}}\right) = 56.58$$

$$P_B = I + C\left(\frac{1}{r} + \frac{1}{r(1+r)^n}\right) = 30 + 1 \times \left(\frac{1}{0.08} + \frac{1}{0.08(1+0.08)^{10}}\right) = 48.28$$

显然，设备 B 略好一些。这个例子，静态计算初期投资加 10 年的维持费是相等的，都是 40 万元，通过动态计算，两方案的差别就出来了。

读者可按终值法、年值法计算，结果应该是一样的。

12.3 设备的使用与维护

设备管理中重要的是合理使用和维护设备。设备的合理使用涉及设备的使用环境、设备的使用者和相应的设备使用制度。环境是保持设备良好的基础条件。创造良好的设备使用环境，或者设备选择时要充分考虑设备的使用环境，甚至设备设计时要考虑使用环境，例如，井下设备要防爆、防腐。设备的使用者是减少维护费、增加设备使用寿命的关键，为此，要保证使用者有足够的技术水平和经验，建立严格的设备使用保养制度。

12.3.1 设备使用环境

设备的使用环境涉及两个方面的问题：一是设备的设计考虑到使用环境；二是使用者按设备既定的使用环境使用。从环境保护的角度，设备的设计还要考虑满足环保标准。控制噪声与尾气排放。

为了提高设备的竞争力和对环境的适应性，设备设计者已经考虑了设备的环境问题。但是，为了降低制造成本，设备不可能设计成在任何条件下使用。设计室内使用的仪器设备避免拿到室外使用。限定在特定温度范围内使用的也要满足设备的使用要求。如果不注意设备使用环境的要求，可能产生安全事故。

12.3.2 设备使用者

设备的使用者必须有相应的使用资质。特别是在环境恶劣的矿山，几千万的设备由一些文化水平很低的操作人员操作，造成设备的事故频繁发生，维护费用增加，特别是安全风险加大。

在成熟的工业领域，设备的使用者得到充分的重视，例如，中国石油独山子大炼化，在试车投产前半年，就将操作班组派往设备提供商西门子公司培训。并且，设备操作人员的组成非常严格，由有工作经验的工程师带领经过培训的大中专毕业生组成。上岗前组织深入学习设备的操作规程，通过严格的考试，合格上岗。

从整个社会看，近年来逐渐重视基层操作人员的培养，并增加技术能手的待遇。各级工会组织也开展各种形式的技能竞赛，选拔优秀的操作人员。全国劳动模范多数也来自基层操作岗位，这种正确的引导，使得素质高的年轻人安心基层工作。从国外经验看，德国、瑞士、日本等工业发达的国家，无一不是有一支强大的基层操作人员队伍支撑。下面看看某企业对数控车床操作工的具体要求。

数控机床操作工工作职责：

（1）根据机加作业流程和生产实施情况，及时完成调试工作；

（2）根据机加作业流程和车间生产计划，对本组加工零件质量进行监控，及时填写《过程检验单》、《调试记录卡》、《刀具列表》、《标识卡》，及时提交给车间文员；

（3）根据机加作业流程，及时解决生产过程出现的质量问题和导致生产效率低下的其他问题，如遇特殊情况，及时报告给组长；

（4）根据本小组生产计划，在组长的指导下，负责本小组加工零件所需的各类刀具、量具、工具，并编写加工程序；

（5）根据《设备维修规程》和5S管理要求，负责清洁、整理、整顿生产现场和机床，并进行日常维护和保养。

数控机床操作工任职资格：

（1）中专以上学历，数控、机床、模具专业；

（2）有良好的责任心，积极主动；

（3）一年以上工作经验，会手动编程。

12.3.3 设备使用制度

设备的使用制度，第一位的是安全制度，其次是操作规程。操作规程是根据设备的特性多年设备操作经验的总结，有些是通过血的教训得来的。下面以空气压缩机操作规程为例来学习操作规程的主要内容。空气压缩机的主要功能是制造高压空气，高压空气作为气动力供给一些气动力装置或工具使用。T30空气压缩机操作规程如下。

1. 启动前的检查

（1）润滑油的油位应在油尺两刻度之间，油质良好，否则换油；

（2）空气滤清器应保持干净无污物；

（3）检查空压机排出的气体与储气罐、干燥器之后的流程畅通；

（4）启动干燥器按钮，检查干燥器是否正常运行。

2. 启动及运行中的检查

（1）接通电源，如储气罐压力为常压时，可在无负荷的状态下直接启动压缩机。

（2）倾听压缩机运转声音是否正常，检查所有螺栓和螺母是否松动，皮带是否松弛和过紧。

（3）启动后，观察压缩机的级间压力应为 $0.19\sim0.24$ MPa 之间，如级间压力高于 0.24 MPa 时，表明二级气缸、活塞环或气阀磨损或损坏，当级间压力低于 0.19 MPa 时，表明一级气缸、活塞环或气阀磨损或损坏，应停机更换。

（4）开机后，当输出压力达到额定值，调整中体压力在 $0.07\sim0.21$ MPa 范围内，中体压力是通过调整中体减压阀和中体限压阀进行控制的。中体减压阀调整如下：将调节旋帽上提旋转（顺时针旋转，中体压力上升，逆时针旋转，中体压力下降），压下定位。如果调节中体减压阀效果不理想，可以稍稍调节中体限压阀。其调节如下：将锁紧螺母松开，旋转调压螺杆（顺时针旋转，中体压力上升，逆时针旋转，中体压力下降），调整完毕后将锁紧螺母拧紧。注意：通常将中体压力调整在 $0.15\sim0.2$ MPa 范围内为宜。

(5) 检查调压阀上载、卸载情况：当储气罐压力达到 0.6 MPa 时，应能自动卸荷，低于 0.6 MPa 时自动上载。其调整方法如下：①松开调压阀上部的锁紧螺母；②稍微旋紧螺套，顺时针旋进，压力增高，逆时针旋出，压力下降；③使空压机反复卸荷—上载运行，观察压力表，直到压力合适为止；④将锁紧螺母锁紧。

(6) 需两台压缩机切换运行，且储气罐压力大于 0.2 MPa 时，必须在卸荷状态下启动另一台压缩机。

12.3.4 设备维修制度与维修管理

1. 设备的维修制度

前面已经提到，设备维修制度经历了多个发展阶段，从事后维修到计划维修，再到设备综合工程学。但是，落后的事后维修制度在有些场合仍然适用，而对贵重的仪器设备需要预防维修制度。

日常生活中，自行车、手表、各种家用电器的检修，实施事后维修。工厂中不常用的工具类设备也采用事后维修制度。关系人身生命安全的特种设备都是强制定检的，如电梯、矿井的提升机、铁路机车、车辆的强制计划检修。计划维修保养主要是检查补充润滑油，检查易损件是否磨损到更换的程度。

1) 事后维修制度

它是指在设备发生故障损坏之后，性能已不合格才进行修理的一种维修方式。事后维修方式适用于具有设备损坏后直接损失、间接损失都不大的设备。具有管理投入小的优点，但控制不当，易导致事故。

2) 计划预防维修制度

一种按修理计划对机器设备进行预防性的日常维护保养、检查和大修、中修、小修的制度。它以修理周期结构和修理复杂系数为基础，规定了修理工作的严格计划，在计划预修制度中，设备按其类型和工作环境等来划分等级，根据设备等级规定设备的修理间隔期，进而确定不同的修理周期及结构。具有安全、可靠性高的优点，同时存在一定的过剩修理现象，维修费用较高。

大修是对设备的全面修理，可能包括对老旧设备的技术改造。大修的目的是全面维修设备的部件，因此一般将能拆的零部件全都拆卸下来检查后再安装上。

小修是对设备的局部修理，可能包括对设备运转部件的更换、过滤部件的更换，以及清洁上油。小修的目的是恢复设备的性能，保证运转安全。如果生产任务有周期性，小修安排在任务少的间歇进行。

中修介于大修和小修之间，一般局部拆卸，更换比较贵重的零部件，同时更换易损件和磨损部件。有些设备不安排中修，只有随时的小修，必要时就安排大修。随着制造技术的提高，设备的流水线制造相对容易，而修理却非常困难，因此，现代的设备可能只有小修和保养，需要大修时就买新的。

3) 状态预知维修制度

状态预知维修制度是一种以设备状态为依据的预防维修方式。它是根据设备的日常点检、定检、状态检测和诊断提供的信息，经过统计分析来判断设备的劣化程度、故障部位和原因，并在故障发生前进行适时和必要的维修。由于这种维修方式对设备有针对性地进行维修，修复时按需修理或更换将要或已损坏零件，从而有效地避免意外故障和防止事故发生并减少维修费用。采用状态预知维修方式，进行例行技术状监测时，需要用昂贵的监测仪器，主要适用于利用率高的重点设备和连续运转的设备。状态预知维修是当今世界上新兴的维修方式，是设备维修发展的方向。

2. 设备的维修管理[①]

1）建立起与目标维修制度相适应的维修管理体制

维修制度的改进作为一种历史趋势，依赖于一定的维修组织体系。建议采用全员维修体制。全员维修体制是在设备综合工程学的指导下，建立起来的设备终生综合管理体系。这种维修体系要求从领导到第一线的所有部门、全体人员参与，积极关注生产维修，并要求把上级的目标管理和第一线的设备管理结合到一起。它可以满足各种维修制度的要求，因而能为维修制度的改进提供有效的组织保证。例如扬子石化热电厂通过推行"设备保洁制"，引导全厂员工关心生产，进而树立"以生产为中心"的管理思想，这一举措有力地推动了全员维修体制的建立，促进了该厂维修制度改进目标的实现。

2）鼓励自主管理活动的开展

自主管理活动，如质量小组活动（QC）、无缺陷小组活动（ZD），能够调动人的积极性和提高劳动生产率，是减少设备故障、保证设备稳定运行的重要手段。因此，鼓励自主管理活动的开展，为全员维修制度提供了必要的群众基础。

3）加强培训教育工作

增强维修、操作人员的技术能力和业务素质不仅对提高维修作业效率有好处，而且有助于减少误操作，增加设备的可靠性。人是设备管理工作的根本，加强培训教育工作为全员维修制度的落实提供了必要的人力资源基础。

4）推进设备诊断技术的开发和实用化

通过设备诊断技术，可以定量地掌握设备状态，从而在不解体设备的情况下掌握故障的特性，确定修复方法。所以，推进设备诊断技术的发展和实用化，能为全员维修制度提供有力的技术支持。

5）积极寻找适合企业设备管理特点的维修方式

设备维修制度改进目标的实现不可能一蹴而就，它是一个长期的动态管理过程。应针对不同的设备特点和人员状况提出切实可靠的维修方式。例如，"点检定修制"作为预防维修体制的高级形式，在不少动力类企业得到有效运用，就是一个很好的例证。

12.4 设备更新改造

如果设备老旧，不能满足生产的需要，就要更新改造设备。最简单的是用同样的新设备替换老设备，在现代工业领域，新技术不断出现，最常见的是用换代的新设备替代老设备。或者，按生产的需要进行设备的技术改造，以获得更好的生产效果。

设备更新改造的基本目标是全寿命周期成本最低。在设备选择的时候已经谈到，设

---

① http://www.china-plant.com/plantmanage/jianxun/detail.asp? id=172

备的购置费低,可能营运费高,所以,购置设备时要全面考虑其购置费、运营费,还要考虑其性价比。性价比是一个比较模糊的概念。一般地讲,性能与成本有关,性能好的设备成本也相对高,定价也会较高。但是,消费者并不确切知道设备的真实成本,没有使用设备之前也不知道设备的真实性能,只有靠品牌和供应商的信誉。品牌也有成本和价值,品牌靠多年的技术积累、广告宣传和货真价实。

要想使设备有更好的性能,就要用更好的材料,精细的加工,这样成本就会提高,价格也会提高,因此,性能与价格成正比,如图12-4所示。当然,如果想追求完美的性能,价格就会非常高,一般在资金有限的情况下,人们只追求满足生产要求的性能,也就是可接受价格下的可接受性能。

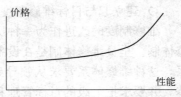

图12-4 价格和性能的关系曲线

12.4.1 设备的寿命

设备更新换代涉及设备的寿命。设备的寿命有物理寿命、技术寿命和经济寿命,以及设备的全寿命周期。

1. 物理寿命

设备的物理寿命是指设备物理形态上能够正常运转的服务期限。从设备制造成可以使用到不能正常运转为止。显然,物理寿命结束,其他寿命不可能延续。

2. 技术寿命

设备的技术寿命是指设备能够保持比较先进的技术状态的服务期限。还能够正常运转的设备,若从技术性能上讲已经落后,不能再用,则标志着技术寿命的结束。一般认为,有了更新换代的设备,旧设备的技术寿命就结束了。但是,在实际生产中,技术寿命结束的设备还在使用。设备的技术寿命有时很难界定,因为在有些场合旧设备可能更合适。例如,有了电动车,无动力的自行车、三轮车照样使用。有了数控车床,手动的车床在小厂照样使用。

3. 经济寿命

设备的经济寿命是指设备能够保持比较好的经济性的服务期限。虽然设备仍能正常运转,但由于老旧,维修费用增加,或加工出来成品率很低,其运转已经不经济,标志着经济寿命的结束。

4. 设备的全寿命周期

在有些场合会用到设备的全寿命周期,是指从设备的概念设计开始直到设备的报废为止。将设备管理前移到设计阶段,是设备管理的进步之一,因为性能好的设备是设计出来的,易于维修的设备也是设计出来的,权衡购置费和运转费用也要在设计阶段考虑。

12.4.2 设备更新改造的常用方法

有很多数学方法可以用于设备的更新改造。比较简单的有经济寿命法和最低总费用法。设备的更新改造还可以用动态规划方法,有兴趣的读者可参考运筹学的书籍。

1. 经济寿命确定法

一般认为,设备用旧了,维持费就会升高,高到一定程度,设备再继续使用就不合适了，不如买台新的。经济寿命确定法考虑购置费和维持费两个因素，求出使得总费用最低的服务年限。推导过程如下：

$$每年设备费 = (K_0 - K_1)/T$$

设备的总费用
$$C = (K_0 - K_1)/T + T\lambda/2$$

对 T 求导数并令其等于零，$dC/dT = -(K_0 - K_1)/T^2 + \lambda/2 = 0$

得到：
$$T = [2(K_0 - K_1)/\lambda]^{1/2} \tag{12-4}$$

式中：K_0——设备购置费；

K_1——设备残值；

$T\lambda/2$——年运行费用的平均值；

T——设备的寿命；

λ——设备的最高维持费。

例 12-2 某设备的初期投资 $K_0 = 4\,000$ 万元，设备的处理残值 $K_1 = 200$ 万元，设备的最高维持费 $\lambda = 200$ 万元/年，计算设备的经济寿命。

解：将上述数据代入公式（12-4）
$$T = [2(K_0 - K_1)/\lambda]^{1/2} = [2 \times (4\,000 - 200)/200]^{1/2} = 6.16(年)$$

答：此设备 6 年多就需要更换。

2. 最低总费用法

经济寿命确定法只考虑了一台设备的购置费和维持费，这里隐含的假设是新设备和旧设备的投资和性能基本一样。实际上，这种假设有时是不成立的，新设备的投资和性能都高于旧设备，这需要考虑新、旧设备的投资和维持费，还要考虑新设备效率的提高。总费用的计算如下：

$$TC = TC_0 + TC_1/B \tag{12-5}$$

式中：TC——总费用；

B——新设备效率是旧设备的倍数；

TC_0——旧设备总费用；

TC_1——新设备总费用。

TC_0、TC_1 按式（12-6）、式（12-7）计算：

$$TC_0 = K_{00} - K_{L0} + \sum_{j=1}^{T} C_{j0} \tag{12-6}$$

$$TC_1 = K_{01} - K_{L1} + \sum_{j=N-T}^{N} C_{j1} \tag{12-7}$$

式中：K_{00}——旧设备原值；

K_{01}——新设备原值；

K_{L0}——旧设备残值；

K_{L1}——新设备残值；

C_{j0}——旧设备年维持费；

C_{j1}——新设备年维持费。

例 12-3 某设备的初期投资 $K_{00} = 4\,000$ 万元，已经使用 2 年，现在出现了效率为旧设备 1.3 倍的新设备，初期投资 $K_{01} = 6\,000$ 万元，假设此项生产业务至少还需要持续 4

年，新旧设备各年的残值和维持费见表 12-1，请按最低总费用法确定何时更新设备。

表 12-1　设备各年的残值和维持费表　　　　　　　　　　单位：万元

	使用年限	1	2	3	4	5	6
新设备	年维持费	200	210	220	230	240	260
	年末残值	5 400	4 800	4 200	3 600	3 000	2 400
旧设备	年维持费	200	210	220	230	240	260
	年末残值	3 600	3 200	2 800	2 400	2 000	1 600

　　解： 解题的思路是穷举法，分别计算 2 年末更新、3 年末更新、4 年末更新、5 年末更新、不更新的总费用，选择总费用最低的更新方案。计算结果见表 12-2。表中的第①列是旧设备的使用年限，第②列是旧设备在上列使用年限内的总费用，由式（12-6）计算，第③列是新设备的使用年限，年限与旧设备的使用年限相对应，旧设备使用 2 年，新设备就使用 4 年，依次递减，旧设备使用 6 年，新设备就使用 0 年，第④列是新设备的总费用，由式（12-7）计算，第⑤列是第④列除以新设备的效率倍数，最后一列数值是②+⑤，最小者为 3 698，对应的方案是旧设备使用 4 年，新设备使用 2 年，也就是再过 2 年更新。

表 12-2　各方案总费用计算表　　　　　　　　　　单位：万元

旧设备的使用年限	旧设备 T 年的总费用	新设备使用年限	新设备 $N-T$ 年的总费用	新设备费用的 $1/B$	N 年的总费用 TC
①	②	③	④	⑤	⑥=②+⑤
2	1 210	4	3 260	2 507	3 717
3	1 830	3	2 430	1 869	3 699
4	2 460	2	1 610	1 238	3 698
5	3 100	1	800	615	3 715
6	3 760	0	0	0	3 760

案例

炼化企业设备管理信息化——从 CMMS 到 EAM

　　炼化企业是资产密集型企业，一般情况下企业资产总额都在数十亿以上，而年资产维护费用也在几千万到几亿元的水平，其设备种类繁杂、数量庞大，维护维修的方式方法千差万别，采用不同的维护维修策略将带来费用总额上的明显差异，进而直接影响企业的成本水平。而连续型生产特点又要求企业最大限度地保证设备安全稳定运行，这是保证安全生产和取得企业效益的前提。以上炼化企业设备管理目标中互为矛盾的两个方面，怎样在保证设备安全稳定运行的前提下降低设备资产的总体维护成本，一直是炼化企业设备必须要面对的问题。几十年来，炼化企业一直不断努力提升设备管理的水平，设备管理信息化是一个重要的途径。炼化企业设备管理信息化是软件技术和设备维护理论思想相互促进、相互融合的结果。前些年主要推行 CMMS（Computerized Maintenance Management System，计算机化维修管理系统），近年来，引入了 EAM（Enterprise Assets Management，企业资产管理），它有很多优点。

1. EAM 相对 CMMS 的比较优势

CMMS 起源于 20 世纪 80 年代。目前对大多数炼化企业来说，已经接受了这个概念，认识到它能通过对企业设备的跟踪、维护、维修等管理工作，实现不断的持续改进，优化维修、资源配置，从而提高设备利用率，降低企业运营维护成本，提高企业经济效益和市场竞争力。总体而言，CMMS 的目标有三个：

- 定义管理规则/组织/职责；
- 运用工具进行规范化管理；
- 在部门之间进行信息共享。

因此，CMMS 系统是将重点放在维修的层面上，借助计算机实现维护工作管理和备件采购库存管理的业务流程管理和信息共享。

EAM 在 21 世纪才开始在国际上推广应用，系统以资产、设备台账为基础，以工作单的提交、审批、执行为主线，按照缺陷处理、计划检修、预防性维护、预测性维修几种可能模式，以提高维修效率、降低总体维护成本为目标，将采购管理、库存管理、人力资源管理集成在一个数据充分共享的信息系统中。EAM 不仅包括了 CMMS 的全部功能，而且还融合了设备管理领域的最新管理理论，如 RCM（Reliability-Centered Management，以可靠性为中心的维修）、TPM（Total Productive Maintenance，全员生产维护），实现了对设备的预防性维护和预测性维修管理，同时还借鉴了 ERP 系统中对库存、采购和人力资源的管理方式。

2. EAM 覆盖了企业的全部资产

对炼化企业而言，资产不外乎四种类型：生产设备、基础设施、运输工具和 IT 资产。CMMS 主要针对生产设备的管理，而 EAM 则将四种类型全部覆盖，是一个一体化的产品平台，尤其是 IBM 公司的 MAXIMO，更是将 EAM 和 ITSM（IT 服务管理）整合在一起。

3. EAM 实现的是全方位的业务协同

CMMS 关注于企业内部的业务协同，但也仅限于设备、财务、采购三个业务之间。EAM 不但将内部协同的范围从设备、采购、财务三个业务扩展到包括计划、安全、环保和生产在内的七个甚至更多业务范围，还跨出企业范围，实现了对外部供应商的管理，实现了以资产为中心的全方位的业务协同。这里的供应商不但包括物资的供应商，还包括服务供应商，如专业设计院、专业工程建设公司、维护和检修服务公司等。因此这业务系统覆盖了资产设计、安装、维护等全生命周期。

以上几个方面的突出表现使得 EAM 支持企业战略与业务执行过程的整合，可以管理企业的全部资产，实现资产的个性化管理，避免了一刀切式的计划维修方式带来的过度维修，也避免了缺陷式维修模式给生产带来的不稳定因素，保证了设备资产处于高可用性状态，因而是更适合炼化企业的设备资产管理平台。在 EAM 这个新的平台上，炼化企业的设备管理将从传统的"以工作为中心"跃升到"以资产为中心"的高度上，将资产管理相关的项目管理、人力资源、安全与职业健康、维修成本、移动应用等纳入管理范围之内，以达到这些资产使用的最优化，因而也就能够使在这些资产上的投资回报最大化，从根本上提升炼化企业的设备管理水平。

本 章 小 结

设备管理经历了事后维修阶段、计划预防维修阶段、状态预知维修阶段，以及设备综合管理阶段。指导设备综合管理的理论是设备综合工程学，它对适用于固定资产的工程技术、管理、财务等实际业务进行综合研究，目标是实现设备全寿命周期费用最低。在设备管理的基础理论中，最著名的是描述设备磨损规律的设备磨损曲线和描述设备故障规律的浴盆曲线，零部件的磨损可分为3个阶段，阶段Ⅰ为初期磨损阶段，阶段Ⅱ为正常磨损阶段，阶段Ⅲ为急剧磨损阶段，零部件应该在急剧磨损期到来之前的T点更换。与设备磨损的三个阶段相对应，设备故障也分为三个阶段，设备使用初期故障较多，中期故障较低，后期零部件已经磨损，设备老旧，故障开始频发。设备应该在故障频发之前更换。

企业中的设备一般分为生产设备和非生产设备。按设备的重要性还分为重点设备、主要设备和一般设备。设备应该按设备的重要性程度来管理，重点设备状态监测维修，主要设备预防维修，一般设备事后维修。

设备的购置应根据设备的评价指标作出评价。设备的评价指标包括设备的生产率、设备的可靠性、设备的维修性、设备的成套性、设备的节能性、设备的经济性、设备的环保性。

设备的经济性评价比较简单实用的评价指标是设备的投资回收期，设备投资回收期＝设备投资总额/设备年收益，设备的投资回收期越短越好。

成本费用比较法考虑设备的购置费和设备的维持费，维持费分布在服务期限的各年中，需要将它们集中起来，以便于比较，考虑利率 r 的动态方法可按式 (12-1)、式 (12-2)、式 (12-3) 计算现值、终值、年值，两设备的服务期限相同用现值就可以了，设备的服务年限不同需要用年值。

设备需要在特定的环境下使用，设备的使用者是设备管理的核心人物，要通过培训提高设备使用人员的技术水平，同时用持证上岗制度保证设备使用者的技术水平，加强教育，使得使用者爱护设备，精心保养设备。在设备使用人员上的足够的投资可减少设备本身的投资。

设备的使用要有严格的制度和操作规程。文中展示了某企业T30空气压缩机的操作规程，启动、运转、日常保养都按照规程来做。

设备的维修制度与设备管理的发展阶段内容基本类似，这里不再重复。

设备的寿命有物理寿命、技术寿命和经济寿命，有时还用到设备的全寿命周期。设备的更新常用的方法有经济寿命法和最低总费用法。经济寿命确定法考虑购置费和维持费两个因素，求出使得总费用最低的服务年限。最低总费用法考虑新旧设备的投资和维持费，一般认为，新设备的投资和效率高于旧设备。在给定的年限内，考虑新、旧设备的投资和维持费，并考虑可能的更换方案，计算各种可能的更换方案的总费用，选取总费用最低的方案。

 讨论题

1. 设备管理经历了哪几个阶段？
2. 为什么说设备的投资回收期具有动态特性？
3. 设备投资的经济比较，在什么条件下使用现值，什么条件下使用年值？

4. 比较设备的物理寿命、技术寿命和经济寿命的异同。
5. 设备的更新改造需要考虑哪些因素？

练习题

12-1：设备有两种选择，设备 A 的购置费为 $I=60$ 万元，维持费为每年相等的 $C=4$ 万元，设备 B 的购置费为 $I=80$ 万元，维持费为每年相等的 $C=2$ 万元，利率 $r=8\%$，服务年限 $n=10$。假设两设备效率相等，请按经济因素选择。

12-2：某设备的初期投资 $K_{00}=4\,200$ 万元，已经使用 2 年，现在出现了效率为旧设备 1.3 倍的新设备，初期投资 $K_{01}=6\,200$ 万元，假设此项生产业务至少还需要持续 4 年，新旧设备各年的残值和维持费见表 12-3，请按最低总费用法确定何时更新设备。

表 12-3 设备各年的残值和维持费表　　　　　　单位：万元

	使用年限	1	2	3	4	5	6
新设备	年维持费	200	210	220	230	240	260
	年末残值	5 600	5 000	4 400	3 800	3 200	2 600
旧设备	年维持费	200	210	220	230	240	260
	年末残值	3 800	3 400	3 000	2 600	2 200	1 800

第 13 章

本章学习目标

1. 理解准时生产方式的定义；
2. 了解准时生产方式的新思维；
3. 了解配合准时生产方式的设计制造技术；
4. 了解推动式与拉动式的原理；
5. 掌握看板管理原理。

准时生产方式

准时生产方式（Just In Time，JIT），是日本丰田汽车公司在20世纪60年代实行的一种生产方式，1973年以后，这种方式对丰田公司度过第一次能源危机起到了突出的作用，后来引起其他国家生产企业的重视，并逐渐在欧洲和美国的日资企业及当地企业中推行开来，现在，这一方式与源自日本的其他生产、流通方式一起被西方企业称为"日本化模式"，其中，日本生产、流通企业的物流模式对欧美的物流产生了重要影响，近年来，JIT不仅作为一种生产方式，也作为一种通用管理模式在物流、电子商务等领域得到推行。准时生产方式追求零库存，基本要点是：只在必要的时候，按必要的数量，生产必要的产品（零件、部件、成品）。其目标是将在制品储备压缩到最低限度，从而最大限度地节约资金，最充分地利用人力和设备，提高效率，降低成本。准时生产方式改变过去的计划推动所有生产环节的思想，只给装配线下达计划，依靠装配线向生产线传送零部件需求"看板"，将上下道工序联系起来，在生产线形成需求拉动的生产模式，把人力、物资和设备完整地有机地结合起来，组成流水作业，顺利地、高效率地进行生产。与此同时，看板使得生产工人主动参与到生产管理中来，发挥了员工的积极性。本章将论述JIT的基本思想，阐述看板控制系统，讨论实施准时生产的条件。

13.1 准时生产方式理论基础

JIT的基本含义是：在需要的时间和地点，生产必要的数量和完美质量的产品和零部件，以杜绝超量生产，消除无效劳动和浪费，达到用最小的投入实现最大产出的目的。

13.1.1 准时生产方式的理念

1. 准时生产方式的起源

准时生产方式是丰田汽车公司副总经理大野耐一创建起来的一种生产管理制度。经过二十多年的改进与发展，逐渐趋于完善，在提高生产效率和促进公司发展方面起了相当大的作用。准时生产方式是计划思想的有效补充，引起了管理理论界的高度重视。

在准时生产方式倡导以前，世界汽车生产企业包括丰田公司均采取福特式的"总动员生产方式"，即有时人员和设备、流水线等待零件，等零件一运到，全体人员总动员，紧急生产产品。这种方式造成了生产过程中的物流不合理现象，尤以库存积压和短缺为特征，生产线或者不开机，或者开机后就大量生产，导致了严重的资源浪费。丰田公司的准时制采取的是多品种少批量、短周期的生产方式，实现了消除库存、优化生产物流、减少浪费的目的。

为了克服传统生产方式的缺点，丰田认为有必要建立一种制度，将从生产准备到完成成品的周期尽量缩短。在这种制度下，一切工序只在必要的时候生产必要的零部件，并只保留能使各道工序连续进行的必要的最少量的储备。

2. 准时生产方式的运作过程

准时生产方式按生产汽车所需的工序从最后一个工序开始往前推，确定前面一个工序的类别，并依次恰当安排生产流程，根据流程与每个环节所需库存数量和时间先后来安排库存和组织物流。尽量减少物资在生产现场的停滞与搬运，让物资在生产流程上毫无阻碍地流动。

在需要的时候，按需要的量生产所需的产品。对于企业来说，各种产品的产量必须能灵活地适应市场需要量的变化。众所周知，生产过剩会引起人员、设备、库存费用等一系列的浪费。避免这些浪费的手段就是实施适时适量生产，只在市场需要的时候生产市场需要的产品。

为了实现适时适量生产，首先需要致力于生产的同步化。即工序间不设置任何形式的库存，前一工序的加工结束后，使其立即转到下一工序去，装配线与机械加工几乎平行进行。在铸造、锻造、冲压等必须成批生产的工序，则尽量缩短作业转换时间，缩小生产批量。生产的同步化通过"后工序领取"来实现。后工序只在需要的时间到前工序领取所需的半成品；前工序中按照被领取的数量和品种进行生产。这样，制造工序的最后一道即总装配线成为生产的出发点，生产计划只下达给总装配线，以装配为起点，在需要的时候，向前工序领取必要的半成品，而前工序提供该半成品后，为了补充生产被领走的量，必定向再前道工序领取物料，这样就把各个工序都连接起来，从而实现同步化生产。

3. 拉动式，而不是推动式

拉动式，而不是推动式，是准时生产方式的核心思想。推动式就是计划推动，参见图13-1，车间管理从无序到有序，计划起到了很大的作用，但过分强调计划的作用，计划到所有的细节，一旦某一细节出了问题，计划就被束之高阁。拉动式的主要观点是只给装配线下达计划，对零配件的生产线不下达计划，参见图13-2，由装配线的需求拉动，具体做法是通过传送看板和生产看板传递信息，一级一级向生产线前端传递生产要求信息，这样需求多少就生产多少，将生产过程每一个环节中的库存都降到最低，由此防止过度生产和提前生产，极大地减少半成品的挤压，降低生产成本。

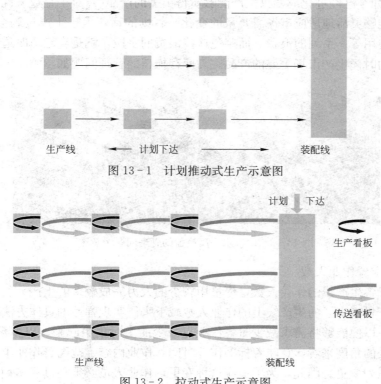

图13-1 计划推动式生产示意图

图13-2 拉动式生产示意图

13.1.2 通过准时生产消除浪费

在福特时代，降低成本主要是依靠单一品种的大规模生产来实现的。大规模生产可以解决从无到有的市场需求，而难以满足个性化的需求，个性化只能采用多品种中小批量生产，这样，准时生产方式是必然的选择。准时生产方式力图通过"彻底消除无效劳动和浪费"来达到降低成本的目标。

1. 浪费的含义

浪费被定义为"只使成本增加的生产诸因素"，也就是说，不会带来任何附加价值的诸因素。这其中，最主要的有生产过剩（即库存）所引起的浪费。准时生产方式的第一个观点是杜绝无效劳动和浪费。这是泰勒时间动作研究的扩展，准时生产方式在更广阔的范围内思考无效劳动和浪费，主要有：

(1) 制造过剩的零部件和库存积压；
(2) 废品；
(3) 空闲怠工；
(4) 加工本身的无效劳动；
(5) 动作方面的无效劳动；
(6) 无效的搬运。

2. 消除浪费的手段

1) 适时适量生产

"Just in Time"一词本来所要表达的含义是"在需要的时候，按需要的量，生产所需的产品"，如今已经进化成"只生产能够卖得出去的产品"。对于企业来说，各种产品的产量必须能够灵活地适应市场需要量的变化。否则的话，由于生产过剩会引起人员、设备、库存费用等一系列的浪费。而避免这些浪费的手段，就是实施适时适量生产，只在市场需要的时候生产市场需要的产品。高库存掩盖的管理问题如图13-3所示。

图13-3 库存水平高掩盖的管理问题示意图

2) 弹性配置作业人数

弹性配置各生产线的作业人数，尽量用较少的人力完成较多的生产。这里的关键在于能否将生产量减少了的生产线上的作业人数减下来。实现弹性的具体方法是实施独特的设备布置，以便能够将需求减少时各作业点减少的工时集中起来，以整数削减人员。这从作业人员的角度来看，意味着标准作业时间、作业内容、范围、作业组合以及作业顺序等的一系列变更。因此，为了适应这种变更，作业人员必须是具有多种技能的"多面手"。

3）保证质量

历来认为，质量与成本是矛盾的，即要提高质量，就得提高成本。但在准时生产方式中，却是通过将质量管理贯穿于每一工序之中来实现提高质量与降低成本的一致性，具体方法是"自动化"。这里所讲的自动化，不是一般意义上的设备、监控系统的自动化，而是指融入生产组织中的这样两种机制。第一，使设备或生产线能够自动检测不良产品，一旦发现异常或不良产品可以自动停止的设备运行机制。为此，在设备上开发、安装了各种自动停止装置和加工状态检测装置。第二，生产第一线的设备操作工人，发现产品或设备的问题时，有权自行停止生产的管理机制。依靠这样的机制，不良产品一出现马上就会被发现，防止了不良产品的重复出现或累积出现，从而避免了由此可能造成的大量浪费。而且，由于一旦发生异常，生产线或设备就立即停止运行，比较容易找到发生异常的原因，从而能够有针对性地采取措施，防止类似异常情况的再发生，杜绝类似不良产品的再产生。

通常的质量管理方法，是在最后一道工序对产品进行检验，如有不合格进行返工或作其他处理，而尽量不让生产线或加工中途停止。但在准时生产方式中，却认为这恰恰是使不良产品大量或重复出现的"元凶"。因为发现问题后如果不立即停止生产的话，问题得不到即时解决，以后还会出现类似的问题。而一旦发现问题就使其停止，且立即对其进行分析、改善的话，久而久之，生产中存在的问题就会越来越少，企业的生产素质就会逐渐增强。

图13-4说明这三个方面所组成的JIT构造体系。

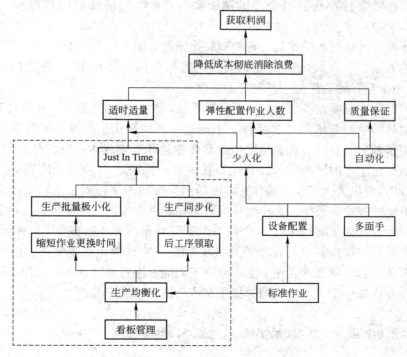

图13-4　JIT构造体系示意图

13.1.3 实现适时适量生产的具体方法

1. 生产均衡化

生产均衡化是实现适时适量生产的前提条件。所谓生产的均衡化，是指总装配线在向前工序领取零部件时应均衡地使用各种零部件，生产各种产品。为此在制订生产计划时就必须加以考虑，然后将其体现于产品生产顺序计划之中。在制造阶段，均衡化通过专用设备通用化和制定标准作业来实现。所谓专用设备通用化，是指通过在专用设备上增加一些工夹具的方法使之能够加工多种不同的产品。标准作业是指将作业节拍内一个作业人员所应担当的一系列作业内容标准化。

生产中将一周或一日的生产量按分秒时间进行平均，所有生产流程都按此来组织生产，这样流水线上每个作业环节上单位时间必须完成多少何种作业就有了标准定额，所在环节都按标准定额组织生产，因此要按此生产定额均衡地组织物质的供应、安排物品的流动。因为 JIT 生产方式的生产是按周或按日平均，所以与传统的大生产、按批量生产的方式不同，JIT 的均衡化生产中无批次生产的概念。

标准化作业是实现均衡化生产和单件生产、单件传送的又一重要前提。丰田公司的标准化作业针对多技能操作员要操作多种不同作业，要在标准周期时间内，把每一位多技能操作员所承担的一系列的多种作业标准化。丰田公司的标准化作业主要包括：标准周期时间、标准作业顺序、标准在制品存量。

2. 资源配置合理化

资源配置的合理化是实现降低成本目标的重要途径，具体指在生产线内外，所有的设备、人员和零部件都得到最合理的调配和分派，在最需要的时候以最及时的方式到位。

就设备而言，包括相关模具实现快速装换调整，如丰田公司发明并采用的设备快速装换调整的方法，所有大中型设备的装换调整操作均能够在 10 分钟之内完成，这为"多品种、小批量"的均衡化生产奠定了基础。

在生产区间，需要设备和原材料的合理放置，快速装换调整，为满足后工序频繁领取零部件制品的生产要求和"多品种、小批量"的均衡化生产提供了重要的基础。但是，这种频繁领取制品的方式必然增加运输作业量和运输成本，特别是如果运输不便，将会影响准时化生产的顺利进行。合理布置设备，特别是 U 形单元连接而成的"组合 U 形生产线"，可以大大简化运输作业，使得单位时间内零件制品运输次数增加，但运输费用并不增加或增加很少，为小批量频繁运输和单件生产、单件传送提供了基础。

就人员而言，多技能操作员（或称"多面手"）是指那些能够完成多种作业的工人。多技能操作员是与设备的单元式布置紧密联系的。在 U 形生产单元内，由于多种设备紧凑地组合在一起，就要求且便于生产作业工人能够进行多种设备的操作，同时负责多道工序的作业，如一个工人要会同时操作车床、铣床和磨床等。

13.2 准时生产方式的关键技术和方法

据统计，与 JIT 有关的技术和方法有 40 多项，大致可以分为三类，即制造技术、准时采购和质量控制。下面分别讨论其中的关键技术。

13.2.1 制造技术

1. 调整时间减少

调整时间减少对 JIT 来说至关重要，只有减少设备调整时间，才能大幅度地提高生产率、降低成本、缩短生产周期、提高生产柔性。准时制的批量为 1，品种更换频繁。日本人在缩短调整时间上花费了大量的人力和物力，终于取得了惊人的效果，西方人需进行 2 小时的工装调整，日本人只需要 2 分钟。日本人认为只要设计合理，更进一步地减短调整时间是可能的。赛车的轮胎可以在几秒钟内更换完成，日本人认为机器的调整也是如此。

2. 改进设计

立足于标准化、简化的原则，重视产品的工艺性。标准化和简化大量地减少了装配零件数，降低了制造成本，也削减了存货，减少了设备调整时间，缩短了生产周期。良好的产品工艺性很好地保证了产品的质量，提高了生产率。所以说，改进设计就是增加产品的竞争力，也是实施 JIT 的关键。

3. 单元及生产线布置

以增加生产柔性、保证物流畅通为前提，减少空间需求。购置多台小型设备，避免购置大型昂贵的专用设备，增加生产的柔性。

4. 柔性工人

准时生产方式要求工人都是多面手的熟练工人，能快速准确地调整设备和工装。一旦生产出现异常，能迅速查出原因并杜绝之。由于准时制生产中对工人没有过细的分工，而倡导集体协作，所以每个工人并不是固定在一个岗位，而是被随时调往最需要的地方。工人在上岗前都经过严格的培训和考核。

5. 机器人

机器人技术在准时制生产中起到越来越重要的作用。机器人被用于从事单调重复性劳动，将人从这些枯燥的劳动中解脱出来。机器人的应用，不仅能保证质量，提高生产率，而且降低了生产成本。在日本，一个机器人的成本只相当于 10 个熟练工人的月工资。

6. 看板（Kanban）

看板是控制生产和库存的工具，是实现准时制生产的有效手段。看板选择是确定生产系统的首要问题。看板数多，将使库存增加；看板数少，又会因库存少而不能保证需求，影响服务水平。如何合理地选择看板数，既能保证需求，又能使制造成本降低是十分复杂的问题。一般是先有较多的看板，然后逐渐减少看板数，暴露问题，解决后，再减少看板数，发现问题，解决问题，直至看板达到合适的数值为止。

7. 计算机应用及自动化技术

计算机系统的应用，保证了准时制生产的信包传递和共享，提高了质量和效率。自动化技术和设备是提高生产率、提高生产柔性的关键技术。与 JIT 有关的计算机系统包括 CAD/CAM、CAT、FMS、CIMS 等。

8. 成组技术

成组技术研究的是如何改善多品种、小批量生产的组织管理，以获得如同大批量那样高的经济效益。它根据零件的结构形状特点、工艺过程和加工方法的相似性，打破多品种界限，对所有产品零件进行系统的分组，将类似的零件合并、汇集成一组，再针对不同零件的特点组织相应的机床形成不同的加工单元进行加工。成组技术生产单元如图13-5所示。

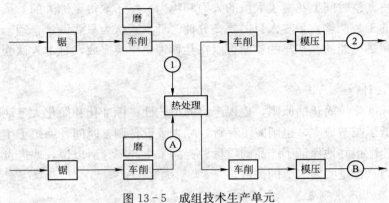

图13-5 成组技术生产单元

13.2.2 准时供应

准时生产方式要求原材料（和半成品）的提供要准时准量，要保证供货质量，否则将影响整个生产。所以与准时生产方式采购有关的技术包括：单一零件来源、标准容器应用、小量多批送货、协作厂参与设计、使用购买看板、信息网络系统等。企业在实施准时生产方式时，一个重要环节就是要减少库存、缩短生产周期，要做到这两点，采购及供应商的管理至关重要。

1. 准时供应的目的

准时供应的目的是为了降低原材料库存，缩短原材料交货周期，要求供应商保证供应。供应商为保证供应、满足顾客的需要，保持了适量的成品库存，改变了工作方法，也采取准时生产方式，随时通过生产及时将产品供应给顾客，并将原材料库存的压力进一步传递给"上游"供应商。因此，在供应商与本企业之间开展准时供应的基本思路是：将本企业的材料库存压缩到最低，甚至取消库存，说服供应商增加送货频次，减少每次送货量，并尽量做到随要随到，要什么送什么，要多少送多少。

2. 准时供应的实施步骤

分析现状，确定供应商。首先根据采购物品的分类模块选择价值量大、体积大的主要原材料及零部件，以此为出发点，结合供应商的合作关系，选择伙伴型或优先型供应商进行准时供应可行性分析，选定供应商。分析采购物品及供应商情况时考虑的因素有：原材料或零部件的采购量、年采购额、物品的重要性（对本公司产品生产、质量等的影响），供应商的合作态度，供应商的地理位置，物品的包装及运输方式，物品存贮条件及存放周期，供应商现有供应管理水平，供应商参与改进的主动性，该物品的供应周期，供应商生产该物品的生产周期及重要原材料采购周期，供应商现有的送货频次，该物品的库存量等。然后要根据现状,进一步分析问题所在以及产生的原因。

针对供应商目前的供应状态,提出改进目标,制订实施计划。改进目标包括供货周期、供货频次、库存等,计划包括主要的行动点、行动负责人、完成时间、进度检查方法及时间、进度考核指标等。其中在本企业需要做的主要工作有:将原来的固定订单改为开口订单,订单的订购量分成两部分,一部分是已确定的、供应商必须按时按量交货的部分,另一部分是可能因市场变化而增减的、供应商准备原材料、安排生产计划参考的预测采购量。两部分的时间跨度取决于本企业的生产周期、供应商的生产交货周期、最小批量等。调整相应的运作程序及参数设置(如 MRP 系统参数等);在本企业内相关人员之间进行沟通、交流,统一认识、协调行动,确定相应人员的职责及任务分工等。在供应商方面,应组织对供应商的培训,使供应商接受准时供应的理念。

3. 流程改进

流程改进的前提是供应原材料的质量改进和保障。同时还应统一标准、循环使用包装、周转材料与器具,以缩短送货的装卸、出入库时间。流程改进的主要环节是将原来的独立开具固定订单改成滚动下单,并将订单与预算结合起来。每季度向供应商提供一次半年或全年采购预测,便于供应商提前安排物料采购及生产安排,每周或每月向供应商提供每月或每季的开口订单,供应商按要求定期、定量送货。为更好地衔接供应商在整体供应链之间的关系,供应商定期(每周、每半月或每月)向本企业提供库存(含原材料、在制品、成品)报告,以便本企业在接受客户订单及订单调整时能准确、迅速、清晰地了解供应商的反应能力。实施准时供应还应充分注意改进行政效率,尽量利用电话、传真、电子邮件、互联网等手段进行信息传递以充分保证信息传递的及时性、准确性、可靠性。准时供应中,最重要的是纪律性,要严格按确定的时间做该做的事情(如开具采购预测、订单、库存报告等),同时要有合作精神与团队意识。只有采购、计划、仓管、运输、收验货、供应商等密切配合,才能保证即时供应顺利实施。

4. 绩效衡量

衡量准时供应实施效绩要定期检查进度,以绩效指标(具体化指标)来控制实施过程。采购部门或准时供应实施改进小组定期(每月)对照计划检查各项行动的进展情况、各项工作指标、主要目标的完成情况,并用书面形式采用图表等方式报告给相关成员和经理,对于未如期完成的部分则重新提出进一步的跟进行动,调整工作方法或必要时调整工人目标。

13.2.3 质量控制

质量是实行 JIT 的保证。当需要一件才生产一件时,如果某道工序出了废品,则后续工序将没有输入,会立即停工。所有上游工序都必须补充生产一件,这样就完全打乱了生产节拍。要实行准时生产方式,必须消除不合格品。

1. 开展质量小组活动

以工人为核心的质量管理形成全面质量管理小组,解决生产中出现的问题,并不断设立新的目标,逐步解决,使质量不断提高,生产成本不断降低。另一个质量管理的组织是所谓的"动态小组",即由线上的熟练工人组成,即时处理线上出现的随机问题,并查出原因,彻底根绝。

2. 过程检验

准时生产方式以过程检验代替最终检验，便于随时发现问题，解决问题，避免损失和返修。

3. 自律化

自律化是指自动识别生产过程中出现的异常现象。由于准时制生产依赖于无缺陷零件，所以能自动发现问题成为准时制生产质量保证的关键。准时制生产的一个显著特点是随时解决生产中出现的问题，并不惜使整个生产线停止。

4. 全员生产维护

准时生产方式系统中运用全员生产维护（TPM）来维护和管理设备，以保障生产的正常进行。

5. 持续质量改进

在制造业中，不论企业大小，质量的重要性都是超越其他一切因素的。持续质量改进（CQI）是在全面质量管理（TQC）的基础上发展起来的一种新的管理理念，其特点就是强调过程管理，将管理渗透到工作周期的每个环节，同时将决策者的集中管理转化为各个层面的自觉管理，并在过程管理中不断改进，以期达到更高的工作质量。

13.2.4 人的因素

任何制度都要人来掌握运用，也就是说要考虑人的因素。在丰田的"准时生产制"中，人的因素尤其重要，因为在这种生产制度下，上级生产管理部门较少对车间颁发硬性的生产命令、生产进度表等书面指示或表格，而将生产中的细节授权车间主任或工长等根据具体情况具体安排。另外，尽量少用监督人员，一方面节约了这些人员的工资，另一方面加强了工人的责任感，让他们对如何使用机械设备和如何进行工作有较大的自主权。

丰田认为，西方传统的汽车工厂是用机械的传送带来支配人，而丰田的"准时生产制"则依靠工人的相互联系与协作，组成了一条活的传送带。这个生产制依靠工人来掌握运用，同时又要求工人千方百计不断谋求改进。运用时，要求工人有高度的主动性，改进时，要求工人有高度的积极性，这就是丰田所考虑的人的因素。

很明显，像丰田这样一个按资本主义方式经营的工厂，要发挥工人的主动性与积极性，当然需要社会文化基础的支持。其方法大致有以下几种。

1. 终身雇用制

丰田和日本其他工厂相同，采用所谓的"终身雇用制"，即一个工人被雇用后，原则上就可一直在厂中工作下去。

2. 注意安全生产

对操作中带有危险性的、有损健康的、体力负担过重的、反复单调的工作，都尽量使之机械化或自动化，以增进工人的安全感。据1974年统计，美国汽车工业的工人事故率为1.5，而丰田则为0.8，比美国约低一半。

3. 工人参与管理

授予工人以较大的灵活处理权。例如，当工人发现生产的零部件质量有问题或生产过程发生异常情况时，可以按一下近旁的按钮，使全部生产线停止下来，以便进行必要的调整。

4. 鼓励工人提合理化建议

对提出的合理化建议,不论大小都欢迎,一经采纳即根据其贡献的高低给予奖励。

5. 增进工人福利

公司工人可按一定的优惠条件买到该公司的汽车,价格低于市价,并可分期付款。公司建造宿舍给工人居住,租金低于一般水平,经过若干年后,这间房屋就属工人所有。此外还有各种生活福利,名目繁多,起到了一定的作用。

13.3 看板控制系统

在实现准时生产方式时最重要的管理工具是看板(Kanban),看板就是车间生产指令。具体而言,是一张卡片,卡片的形式随不同的企业而有差别。看板上的信息通常包括:零件号码、产品名称、制造编号、容器形式、容器容量、看板编号、移送地点和零件外观等。看板管理是准时生产方式的核心内容。它使准时生产方式或无库存管理方法从理论描述变为现实。

13.3.1 JIT 的拉动模式

提到准时生产方式,人们必不可少地会想到"拉动式生产系统"和"看板系统",这两种系统可以说是准时生产方式的与众不同之处。拉动式生产系统中的每道工序、每个车间都按照当时的需要向前一道工序、下游车间提出要求,发出工作指令。上游工序、车间完全按照这些指令进行生产。如图13-6所示。

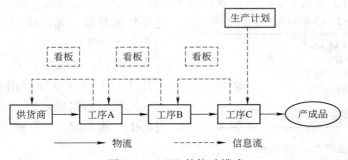

图 13-6 JIT 的拉动模式

准时生产方式中常用"看板"来传递工序之间的需求信息与库存量,每个"看板"只在上下工序之间传递,每道工序之间都有"看板"。这种物料需求指令方向来自后工序,由后工序向前工序传递加工与需求指令,因而称为"拉动式作业"。

"看板"的目的是为了控制在制品库存,即需要时才进行生产,物料才被拉动。拉动式作业大大减少了在制品库存及排队等候时间,并简化了优先级控制与能力控制,简化了工序跟踪,减少了事务处理的工作量,因而可以降低管理费用。

拉动式系统虽然形式简单,但只能在重复生产型车间里运用,在单件小批量的机群式布置车间里却很难实行,因为拉式系统不能处理一些突发订单,而这些突发订单恰恰是单件小批生产的特点。

13.3.2 JIT 的看板控制系统

1. 看板

丰田的"看板"共分两种：一种叫"传递看板"，一种叫"生产看板"。传递看板用于指挥零件在前后两道工序之间移动。当放置零件的容器从上道工序的出口存放处运到下道工序的入口存放处时，传递看板就附在容器上。当下道工序开始使用其入口存放处容器中的零件时，传递看板就被取下，放在看板盒中。当下道工序需要补充零件时，传递看板就被送到上道工序的出口存放处相应的容器上，同时将该容器上的生产看板取下，放在生产看板盒中。

每一个传递看板只对应一种零件。由于一种零件总是存放在一定的标准容器内，所以一个传递看板对应的容器也是一定的。典型的传递看板如表 13-1 所示。

表 13-1 典型的传递看板

从供方工作地： 20♯ 木材	零件号：A530 椅背	到需方工作地： 3♯ 装配
出口存放处号： No.20-3	容器：1 型（黄色） 容器容量：30 件 看板号：2 号（共发出 5 张）	入口存放处号： No.3-1

生产看板用于指挥工作地的生产，它规定了所生产的零件及其数量。它只在工作地和其出口存放处之间往返。当需方工作地转来的传递看板与供方工作地出口存放处容器上的生产看板对上号时，生产看板就被取下，放入生产看板盒内。该容器（放满零件）连同传递看板一起被送到需方工作地的入口存放处。工人按顺序从生产看板盒内取走生产看板，并按生产看板的规定，从该工作地的入口存放处取出要加工的零件，加工完规定的数量之后，将生产看板挂到容器上。典型的生产看板如表 13-2 所示。

表 13-2 典型的生产看板

工作地号：20♯ 木材
零件号：A530 椅背
放于出口存放处号：No.20-3
所需物料：5♯ 木材，褐色
容器容量：30 件
放于 3 号车间储藏室

2. 用看板组织生产的过程

图 13-7 表示用看板组织生产的过程。为简化起见，假设只有 3 道工序，每一道工序的设备附近都设置两个存件箱（或容器），一个储存着上一道工序已制成的本工序的备加工零部件，另一个则储存着本工序已生产完成以备下一道工序随时提取应用的零部件。只有汽车装配的最后一道工序是例外，它只有前一种存件箱，因为这道工序的制成品就是一辆完整的汽车，装配一完成，就可开出厂外交与顾客使用。

图 13-7 中"甲"是本工序备加工件的存件箱，"乙"是本工序已完成件的存件箱，实线是指零部件的传送过程，虚线是指"看板"的传送过程。当汽车最后装配工序（图中第Ⅲ道工序）的工人从"Ⅲ甲"箱中取用一个零部件后，就从箱中取出一块"传件看板"，到上一道工序（图中第Ⅱ道工序）的"Ⅱ乙"箱中提取一个同样的零部件，以补足"Ⅲ甲"箱中已使用的一件。与此同时，再从"Ⅱ乙"箱中取出一块"生产看板"交与第Ⅱ

道工序的工人,这块"看板"的作用相当于一个生产通知,第Ⅱ道工序的工人在接到这块"看板"后就赶紧生产这个零部件,制成后补入"Ⅱ乙"箱中。在开始制造时,又必须按同样程序从"Ⅱ甲"箱中提取备加工件。如此倒溯而上,一条"准时生产制"的流水生产线就在两种"看板"的联系与推动下,一环一环地开动起来了。

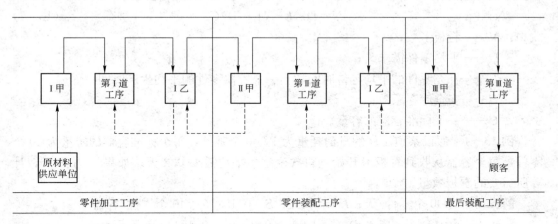

图 13-7 用看板组织生产的过程

3. 看板的功能

1) 生产以及运送的工作指令

看板中记载着生产量、时间、方法、顺序以及运送量、运送时间、运送目的地、放置场所、搬运工具等信息,从装配工序逐次向前工序追溯,在装配线将所使用的零部件上所带的看板取下,以此再去前工序领取。"后工序领取"和"准时生产"就是这样通过看板来实现的。

2) 防止过量生产和过量运送

看板必须按照既定的运用规则来使用。其中一条规则是:"没有看板不能生产,也不能运送。"根据这一规则,看板数量减少,则生产量也相应减少。由于看板所表示的只是必要的量,因此通过看板的运用能够做到自动防止过量生产以及适量运送。

3) 进行"目视管理"的工具

看板的另一条运用规则是:"看板必须在实物上存放","前工序按照看板取下的顺序进行生产"。根据这一规则,作业现场的管理人员对生产的优先顺序能够一目了然,易于管理。通过看板就可知道后工序的作业进展情况、库存情况等。

4) 改善的工具

在准时生产方式中,通过不断减少看板数量来减少在制品的中间储存。在一般情况下,如果在制品库存较高,即使设备出现故障、不良品数目增加也不会影响到后道工序的生产,所以容易把这些问题掩盖起来。而且即使有人员过剩,也不易察觉。根据看板的运用规则之一"不能把不良品送往后工序",后工序所需得不到满足,就会造成全线停工,由此可立即使问题暴露,从而必须立即采取改善措施来解决问题。这样通过改善活动不仅使问题得到了解决,也使生产线的"体质"不断增强,带来了生产率的提高。准时生产方式的目标是要最终实现无储存生产系统,而看板提供了一个朝着这个方向迈

4. 看板数量的确定

实行看板管理需要确定发出的看板数量。尽管各个企业的看板系统不同,但计算看板数量的方法却基本一致。可以按式(13-1)来计算所需的看板数量 N:

$$N = D \times L \times (1+S)/C \qquad (13-1)$$

式中:N——看板卡数;

　　　D——平均零件需求量;

　　　L——补充零件的平均等待时间加上一个容器零件的平均生产时间;

　　　S——安全库存系数;

　　　C——一个标准容器的容量。

例 13-1 假设某道工序的日消耗量为 1 000 个零件,每个标准容器的容量为 40 个零件,每个容器从收到看板卡开始到再次变空,平均需要 0.2 天。如果 S 为 0.15,计算所需要的看板数量。

解: $D=1\,000$ 个零件/天;$L=0.2$ 天;$S=0.15$;$C=40$ 个零件/容器

$$N = D \times L \times (1+S)/C = 1\,000 \times 0.2 \times (1+0.15)/40 = 5.75 \approx 6$$

需要看板 6 个。

5. 看板管理的原则

使用看板的规则很简单,但执行必须严格。

(1) 没有看板指令不生产,也不运送;

(2) 看板的数据反馈表与实物产品在一起才有效;

(3) 前工序按照电子看板反馈表单的指令进行顺序生产;

(4) 不能把不良品送到后工序。

按照这些规则,就会形成一个十分简单的牵引式系统。每道工序都为下道工序准时提供所需的零件,每个工作地都可以在需要的时候从其上道工序得到所需的零件。当该零部件被使用后,则由现场操作人员删减该看板所记录的使用零部件的数量。

6. 信息电子看板

信息电子看板记载加工批量和基准数。电子信息看板主要用于成批制作的产品,当该批产品的数量减至基准数则删除该看板,并自动生成生产工序的电子看板,生产工序按看板的指示开始生产。

以上各种电子看板当某个项目开始时自动生成,由项目规划人员确认后(可进行修改)传入车间控制计算机,现场操作人员只需要少量的操作,如根据完成的数量更改电子看板记录的数量,就可以完成现场对生产进行控制,实现 JIT 思想。当该项目完成后,自动删除所有更改项目电子看板。当下一项目开始时,又开始了下一项电子看板的生成。电子看板的一切改动都记录在数据库内,实现了对生产的监控和查询。

看板管理可以说是 JIT 生产方式中最独特的部分,因此也有人将准时生产方式称为"看板方式"。但是严格地讲,这种概念也不正确。日本筑波大学的门田安弘教授曾指出:"丰田生产方式是一个完整的生产技术综合体,而看板管理仅仅是实现准时化生产的工具之一。把看板管理等同于丰田生产方式是一种非常错误的认识。"

13.4 MRP 与 JIT 的比较

13.4.1 MRP、JIT 产生的背景

MRP 是为了适应西方消费者对商品式样、规格不断翻新的需求而发展起来的。其出发点是运用计算机对不同产品的物料需求进行详尽的管理，使得制造系统的各个环节都能在"正确的时间获得正确的零部件"。准时生产方式是日本制造商在 20 世纪 70 年代应对石油危机的冲击，为尽量降低生产成本保持商品竞争力而发展起来的。其出发点是把制造系统中的浪费降到最低限度，残次品、在制品存储及准备时间等不能增加产品附加值的生产因素均归于浪费之列。

MRP 与 JIT 产生的社会经济背景有如下几方面不同。

1. 资源与自然条件的差别

美国地域辽阔，自然资源丰富，交通发达，制造厂家大多远离市区，资源与地皮受限的问题基本不存在。而日本地域狭小，自然资源几乎全靠进口，制造厂家地皮十分紧张，节省资源、减少存储占地是企业生存的必备条件。

2. 面向的市场不同

美国有广阔的国内市场，产品的退换、维修、备品备件的供应都很方便，而且消费者有"用后即丢"的消费习惯，因此产品的质量问题不易受到重视。日本的国内市场较小，产品主要面向国外市场，退换维修困难，备品备件短缺，产品只有高质量才有销路。

3. 原材料供应方式的差别

日本制造商与原材料供应商协作密切，供需关系基本固定，供应商能按日按小时送料，使制造商无原料库存成为可能。美国制造商与供应商一般关系较松散，原料库存必不可少。

4. 雇用关系不同

美国的社会文化传统使劳动者往往以自我为中心，挑选更换工作频繁，雇主不愿为雇员的培训投资。而且行业工会势力很大，这使得不同工种的相互替换很难实行。日本的劳动者往往是终身雇用，劳动者容易"以厂为家"，雇主通常要对雇员进行全面的职业培训，这使得 JIT "一工多能"的劳动调配方式成为可能。

13.4.2 要素构成与控制方式

MRP 是对制造企业的所有经营生产行为进行计划与控制的信息系统，它借助产品和部件的构成数据，即物料单 BOM、加工工艺数据以及设备状况数据，将市场对产品的需求转换为制造过程对加工工作和外购原材料的需求。MRP 主要包括产品需求预测、主生产计划、物料需求计划、能力计划、采购控制、生产成本核算等几个主要部分。

JIT 不仅是一种生产控制的方法，还是一种管理的哲理，它强调找出并消除生产中的一切浪费，这些浪费包括过量生产、部件与操作者的移动和等待时间、低劣的制造过程、存储以及残次品的产生。其主要构成包括基于看板的生产控制、全面质量管理、全体雇员参与决策、供应商的协作。

MRP 对生产过程的控制方式是，基于产品订货与需求预测制订主生产计划，基于物料单和工序提前时间制订物料需求计划与采购计划，在详尽的能力平衡的前提下，下达生产指令，对生产的全过程进行全面的集中式控制。JIT 的看板控制方式是，严格按订货组织生产，通过看板在工序间传递物料需求信息，并利用看板的权威性将生产控制权下放到各工序的后续工序，这种控制方式是分散式的。

MRP 的推动式见图 13-8，JIT 的拉动式见图 13-9。

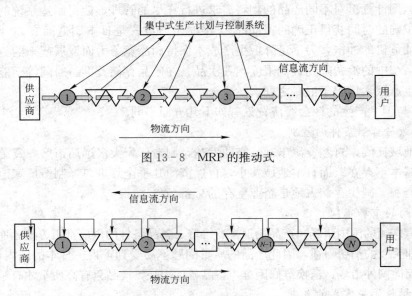

图 13-8　MRP 的推动式

图 13-9　JIT 的拉动式

13.4.3　运行机制与性能对比

MRP 将制造系统的现行参数值，如提前时间、批量、废品率、准备时间、能力需求量、等待与搬运时间等均看作是给定的，并以此作为计划与组织未来生产的依据。而 JIT 则是通过对生产线的改造、能力的重新调配，积极地去改善这些参数，以期获得更好的生产性能。这一根本区别导致了二者在运行机制与性能上的一系列差别。

1. 准备时间与批量

MRP 接受现行系统的准备时间与费用为既定事实。在此前提下降低生产成本的唯一途径是按经济批量（EOQ）安排生产。现行 MRP 软件的并批功能以及 MRP 的确定批量算法都是以此为出发点的。MRP 总是按经济批量组织生产，既要成批，在制品的存储就不可避免。

JIT 则是尽最大努力来降低准备时间，大量使用专用的模具和卡具，使得"一触式装设"成为可能。极短的准备时间使得经济批量降为 1，这样就完全可以根据订货需求交替生产不同型号产品，从而大大减少了在制品与最终产品的存储。

2. 提前时间、制造期与存储期

MRP 采用固定的提前时间（Lead Time）。而提前时间的确定总是留有余地，这样实际完工时间以很大的概率低于提前时间，因此不可避免地产生了在制品和产成品的存储。同时，MRP 采用增加产成品安全储量和在制品储量的方法来调整生产与需求之间及不同工序之间的不平衡，高的存储降低了物料在制造系统中的流动速度，于是导致 MRP 的制造周期较长。

JIT 认为存储不能增加产品的附加值，应视为一种浪费，JIT 将企业比作河中航行的船，企业的潜在问题如同河中的礁石，存储相当于河水水位，只有降低水位才能发现并除去礁石，JIT 用抽去存储的方法暴露出企业的潜在问题，如某工序能力不足、废品率偏高等，然后积极地去解决这些问题，JIT 采用固定的看板数，从而限定了在制品储量。看板数的确定要考虑生产线的许多相关因素，原料供应商按协定分次送货，减少了原料存储，而严格按订单生产则大大减少了产成品存储，这些措施使 JIT 的存储水平大大低于 MRP。

13.4.4 能力计划与瓶颈问题

MRP 的一切计划都是以现有的制造资源为前提条件的。它接受工序间的能力不平衡为既定事实，对瓶颈问题采用容忍态度，只是被动地通过增加缓冲库存和周密的能力计划，力图将能力不平衡的影响降低到最低限度。为此目的发展起了许多 MRP 的能力计划的方法，粗能力计划和详细的能力需求计划是制造资源计划系统 MRP Ⅱ 的主要特征。

JIT 不允许生产线中存在瓶颈，也不作详细的能力计划。它用增加能力的方法来消除生产线中的不平衡。JIT 的低存储策略使得能力不平衡很容易显露出来。JIT 生产线中设有显示问题的灯，黄灯报急，红灯报被迫停工，工人均受过多种职业培训，一旦某工序告急，其他人可以支援。为了便于工人调配，JIT 生产线常设计为"U"形或平行线型。为了提高生产线的可靠性，生产常安排在低于最高产能的状态下运行，即生产线的能力是过剩的，这当然增加了初始的投资。JIT 的另一个不足之处是由于加工时间的波动，不平衡总会产生，仿真结果表明 JIT 对波动和设备故障产生的不平衡的承受能力要远低于入 MRP 系统。

13.4.5 需求预测与主生产计划

MRP 的制造周期较长，使得其主生产计划的计划水平较长。由于未来需求不能及时确定，计划就不得不依赖对未来需求的预测。在 MRP 的主生产计划编制中，要详细计算设备的能力、在制品与原材料的储量。而实际中这些数据很难精确得到，加上未来需求的不确定性，使得 MRP 的主生产计划往往精度较低，执行中必须不断修改。于是造成了MRP 系统的"神精质"，即易变性，主计划的"冻结法"就是针对这一问题提出的。

JIT 的制造周期很短，它并不作真正的主生产计划。其主生产计划仅仅是一个计划水平很短的最终产品的装配发运计划。由于 JIT 完全按订单生产，不必作需求预测，不会有计划的"神精质"问题。JIT 的计划模型都是基于以上前提编制的。

13.4.6 物料单与制造柔性

MRP 利用物料单 BOM 能够详尽地表达出不同类型产品的零部件构成及加工工艺的变化，制造柔性较好。MRP 比较适应于单件小批量的制造企业。

JIT 没有复杂的多级物料单，其产品结构及加工工艺已由生产线的设计固定下来，因此，JIT 主要适于大批量的、重复性制造的企业，如汽车、水泵等定型产品的生产，在生产工艺不变的前提下，JIT 可以作规格型号的变化。一旦工艺路线改变，JIT 就必须改造生产线本身。美国福特汽车公司就曾抱怨，使用 JIT 技术就不得不在已有 8 缸汽车生产线的前提下又建一条 6 缸汽车生产线以适应市场变化，造成了资源浪费，也有文献指出，如果 MRP 也能像 JIT 那样致力于缩短准备时间，在同样小批量生产环境下，MRP 比 JIT 更有效。

案例

人力资源管理的准时制

1. 人力资源的准时制的好处

（1）减少人员维护成本。企业对内部员工不但要长期支付工资、福利等成本，而且要不断投入培训费用以提高和维持员工的各项技能。使用准时制人员，虽然可能一次性支出较大，但从长远看能节省很多成本。

（2）不断吸收外部信息。通过准时制方式随时吸引外部人才的加入，能加强企业与外部的交流，及时取得各种有价值的信息，尤其是一些技术发展趋势方面的情况，往往从其他渠道难以得到。

（3）集中力量于核心职能。实践证明，"大而全，小而全"的企业结构是效率低下的，目前出现的虚拟化管理的趋势，就是要把企业内部的部分职能逐渐分离出来，由社会或其他组织承担，从而使企业把非核心因素排除在企业组织之外，集中力量于企业的战略核心环节。我国进行的企业剥离部分社会职能、高校后勤社会化等一系列改革都体现了这种要求。

2. 人力资源准时制方式的可行性

在计划经济体制下，人力资源管理的准时制方式是绝不可能实现的，但是随着市场经济的深入发展，准时制方式已成为可能，并且将发展成为一种常用的重要的方式。

（1）随着人才市场的发展和完善，人员流动性增强，人才素质提高，从而对外部人才的可获性增强。众多的猎头公司、人才中心、咨询公司等都是可以利用的渠道，通过与这些公司长期广泛的联系，企业可以在需要的时候得到需要的人才，使准时制成为可能。尤其在我国，劳动力资源丰富的特点为企业采用准时制方式提供了资源保障。

（2）用人制度的改革为 JIT 的实施提供方便。企业与个人之间新型的劳动合同关系消除了终身制的种种弊端，使得企业在用人方面拥有更大的主动性和灵活性。通过签订劳动合同，企业可以决定员工的聘用、待遇、绩效以及辞退等问题，也可以事先确定员工的服务时间，从而保证了准时制的顺利实施。

（3）从国外经验看，准时制在人力资源管理中有着广泛的应用。在国外，早已出现的人才租赁公司为企业聘用准时制人员提供了帮助。据统计，美国约有 20% 的中小企业都采用人才租赁的方式，而人才租赁正是准时制的一种主要方式。

3. 准时制人员的对象

按照准时制的基本思想，企业中的任何人员都可能成为准时制管理的对象，只要企业出现人员需要，就要做到准时制。根据企业中各类人员的特点和作用，可以把准时制管理的对象分为两大类。

（1）企业迫切需要的核心人员。一般来讲，企业的核心人员包括决策人员、管理人员、研究开发人员以及业务开发人员等。这些核心人员决定了企业的综合竞争力，对于企业的生存和发展起着关键性的作用，他们是企业不可或缺的力量。因此，如果需要这部分人员，就必须及时补充，做到 Just In Time。例如，由于业务扩展或人事变动，企业急需业务开发人员，人力资源管理部门就应当做到使所需人员及时到位，否则将影响企业业务的开展。

有人认为，企业核心人员是企业的中坚力量，不应属于"随叫随到"的准时制人员。这是对准时制本质认识不清的结果，准时制要求在需要的时候提供需要的人员，并不涉及这种需要的时间长短。既然出现了对核心人员的需要，就应当使核心人员准时到位。尽管这类人员是企业长期需要的，而且也相对稳定，但其最初加入企业应当是 Just In Time。

(2) 企业暂时需要的人员。这类人员虽然不构成企业的核心力量，但是他们的可获性将直接影响企业各项工作的顺利进行。这类人员可以是一些急需的专门人才，如产品开发人才、项目开发人才，因为这类人才只为特定产品或项目服务，企业没有必要长期拥有，因此可采用准时制方式临时雇用，尤其对于一些中小企业，自身的技术力量不强，不能吸引或保留高层次技术人才，通过准时制方式获取外部人才将是一种理想的选择。另外，企业暂时需要的人员也可能是一些临时性或季节性工作要求的辅助人员，如偶尔出现的货物运输、季节性的工作量增加，都需要使用准时制人员。由于这部分人员类型多、变动频繁，因此进行准时制开发的工作量相对较大，必须有科学详尽的准时制人员规划。

在人力资源开发与管理工作中，准时制既是一种技术，更是一种思想。它要求人力资源管理部门着眼于企业实际需要，周密计划、严格控制，既不能出现人员短缺，也不能有人员的闲置，这是一项非常困难而又很有意义的工作。

资料来源：http://tieba.baidu.com/f?kz=154430285

本章小结

本章对准时生产制（JIT）的思想和实施问题进行了全面阐述。JIT 是指在需要的时间和地点，生产必要数量和完美质量的产品和零部件，以杜绝超量生产，消除无效劳动和浪费，达到用最小的投入实现最大产出的目的。

准时生产方式的第一个观点是，杜绝无效劳动和浪费。这是泰勒时间动作研究的扩展，准时生产方式在更广阔的范围内思考无效劳动和浪费，主要有：

(1) 制造过剩的零部件和库存积压；
(2) 废品；
(3) 空闲怠工；
(4) 加工本身的无效劳动；
(5) 动作方面的无效劳动；
(6) 无效的搬运。

拉动式，而不是推动式，是准时生产方式的核心。推动式就是计划推动，车间管理从无序到有序，计划起到了很大的作用，但是，过分强调计划的作用，计划到所有的细节，一旦某一细节出了问题，计划就被束之高阁。拉动式的主要观点是只给装配线下达计划，零配件的生产线不给计划，由装配线的需求拉动，具体做法是通过传送看板和生产看板传递信息，一级一级向生产线前端传递生产要求信息，这样需求多少就生产多少，将生产过程中每一个环节的库存都降到最低，由此防止过度生产和提前生产，极大地减少半成品的挤压，降低了生产成本。

> 拉动式是准时生产方式的灵魂，看板是准时生产方式的必要手段，看板的本质是从装配线开始，与零部件实物传送的相反方向传送制造需求信息，以实现需求多少零部件就生产多少零部件，围绕看板管理，产生了一整套看板管理规则，在严格的规则指导下，形成了看板控制系统和零库存的制造运行系统。本章还阐述了JIT实施的关键技术包括制造技术、准时供应、质量控制以及人的因素。

讨论题

1. 准时生产方式的基本理念是什么？
2. 什么是推动式？什么是拉动式？拉动有什么好处？
3. 准时生产方式认为有哪些无效劳动和浪费？
4. 比较MRP和JIT的异同。
5. 什么是看板？什么是看板管理？看板的作用是什么？如何使用？

练习题

13-1：以自行车装配为例，绘制看板管理的流程图，包括生产看板和传送看板。

13-2：假设某道工序的日消耗量为2 000个零件，每个标准容器的容量为50个零件，每个容器从收到看板卡开始到再次变空，平均需要0.2天。如果S为0.15，计算所需要的看板数量。

第 14 章

本章学习目标
1. 了解石油及石油产品；
2. 了解石油工业的主要生产流程；
3. 了解石油勘探生产管理特点；
4. 了解石油开发生产管理特点；
5. 了解石油开发经济评价的基本内容；
6. 了解石油开采的基本工作。

石油企业生产管理概述

石油的广泛应用，促使人们勘探开发石油、开采石油、炼制石油、做石油化工，形成了一个庞大的石油工业体系。从石油勘探开发到开采出原油为止称作石油工业的上游生产领域，石油炼制、石油化工称作石油的下游生产领域。此外还有石油和成品油管道建设，石油和石油产品的贸易、储运、销售。另外，天然气的勘探开发与石油有类似性，石油公司也负责天然气的开发、储运。本章主要讲授石油上游生产领域生产管理及其特点。管道建设、炼化生产、天然气生产需要更多的专门知识，这里不讲了。通过本章的学习，将读者的视野从加工制造业的生产车间扩展到能源开采的采油厂、作业区，虽然它们常常在方圆上千平方千米的空间上分布，但本质上，它们也属于一个生产车间。

14.1 石油及石油产品

1. 石油及石油产品

"石油"是根据中国北宋杰出的科学家沈括（1031—1095年）所著《梦溪笔谈》上说"油生于水际砂石，与泉水相杂，汪汪而出"而命名的。

从地下开采出来的石油又称原油，精炼制加工后变为成品油和化工原料，常见的成品油就是汽油、柴油、煤油、润滑油，沥青、塑料、纤维等许多工业用品都是从石油中提炼出来的。而日常所用的天然气是从专门的气田中产出的，通过输气管道和气站再输送到各家各户。

石油经过加工提炼，可以得到的产品大致分为四大类。

1) 石油燃料

石油燃料是用量最大的油品。按其用途和使用范围可以分为如下五种：

（1）汽油，作为点燃式发动机燃料，用于航空汽油、车用汽油等；

（2）煤油，作为喷气式发动机燃料，用于航空煤油；

（3）柴油，作为压燃式发动机燃料，用于铁路机车、重型卡车、拖拉机等；

（4）液化石油气，作为民用燃料；

（5）燃料油，作为锅炉燃料，用于工业锅炉和船舶。

2) 润滑油和润滑脂

润滑油和润滑脂被用来减少机件之间的摩擦，保护机件以延长其使用寿命并节省动力。其重量只占全部石油产品的5%左右，但品种繁多，高档润滑油增值空间大。

3) 蜡、沥青和石油焦

它们用生产燃料油品和润滑油时的副产品进一步加工而成，其产量约为所加工原油的百分之几。石蜡是工业包装、制药的原材料，沥青是修路的重要材料。

4) 有机溶剂、乙烯工业原料

有机溶剂用于榨油，乙烯是塑料工业的基本原料。

2. 石油的成因

目前就石油的成因有两种说法：①无机论，即石油是在基性岩浆中形成的；②有机论，即各种有机物如动物、植物特别是低等的动植物，像藻类、细菌、蚌壳、鱼类等死后埋藏在不断下沉缺氧的海湾、泻湖、三角洲、湖泊等地，经过许多物理化学作用，最后逐渐转化为石油。

因原油本身的特性以及周围岩性的变化，原油呈现非常丰富的颜色，有红、金黄、墨绿、黑、褐红甚至透明，原油的颜色是它本身所含胶质、沥青质的含量，含量越高颜色越深。原油的颜色越浅其油质越好。透明的原油可直接加在汽车油箱中代替汽油。原油的成分主要有：油质（主要成分）、胶质（一种黏性的半固体物质）、沥青质（暗褐色或黑色脆性固体物质）、碳质（一种非碳氢化合物）。

14.2 石油生产流程

石油赋存于沉积盆地的地下岩层中，浅的几百米，深的3 000米以上，发现有商业开采价值的区域称为油田，我国的大庆油田位于松辽盆地，辽河油田、胜利油田、冀东油田都在渤海湾。要将石油从地下开采出来，首先要发现油藏，发现油藏的过程叫地质勘探，地下埋藏有商业开采价值油藏的地区又叫油田。油田开发就是设计和布置生产系统，建设好生产系统之后，进入石油开采过程。从发现石油到开采石油的每一个环节，都因为不能直接观测到油藏而采用各种技术手段，包括地球物理技术、信息处理技术、钻井技术、压裂技术，甚至用到核磁共振技术，为了实施这些技术手段发明了各种精密仪器设备，同时推动了地质科学、地球物理科学、信息科学、力学等学科的发展。众多尖端技术的应用，使得石油工业成为技术密集型行业。

14.2.1 石油上游生产流程[1]

在整个石油上游生产系统中，分工是比较细的，主要有如下生产环节。

1. 物探工程

物探工程利用各种物探设备，结合已有的地质资料，获取可能含油气的区域的地层信息。物探相当于地质家的眼睛，通过物探工程获得的地层信息，经过地质家的解释，会"看清"地层的构造，以及油气资源的赋存状况，为进一步钻井打下基础。最常用的物探工程是人工地震和地震波的采集。借助于地震波在地层中的传播规律，在地表布置一系列人工震源，制造人工地震波，地震波遇到地下底层界面会返回到地表，用多台地震仪接收这些反射波信息，用大型计算机处理这些地震波信息，推断出地下地层、构造的展布情况。

2. 钻井工程

油井是从地表通向油藏的通道，利用钻井机械设备穿透岩层，通向目的层。以寻找油气为目的的井叫勘探井，发现商业开采价值的勘探井可以改造成开发井。以开采石油为目的的井叫开发井，还有注水井。另外，在含油气的区域钻资料井，录取该地区的地质资料。

3. 油田生产系统建设

发现有商业开采价值的油气藏，就要建设必要的生产系统，包括补充钻井，修路、通电、通水、铺设油管，建设处理原油的联合站、生活服务区等。

---

[1] http://baike.baidu.com/view/16263.htm

4. 井下作业

对油井的完井、压裂、设备安装、油井的维护、修理统称井下作业。作业队利用井下作业设备在地面向井下放入各种井下设备，使该井正常产出原油或天然气，安装检测触头以录取该井的各项技术资料，并负责油井的日常维护。

5. 采油、集输作业

在石油井的正常生产过程中录取石油井的各项生产资料并对石油井的生产设备进行日常维护。为了使石油从地下流向地表，要采取必要的注水、注气等生产措施。

集输负责将分散的油井采出的原油集中到联合站，处理后输送到外输管线，或者外运车站。

14.2.2 石油和油品的储运

油田一般远离城市，处理石油的炼厂一般建在城市，炼厂出来的成品油还要输送到用户。油田到炼厂、炼厂到用户都需要储运过程。管道运输方式是油品最方便的运输方式，但管道建设投资较大，在没有管道的地方，只能选择铁路、公路运输方式。为了缓解各生产环节不平衡给运输带来的压力，在各个运输方式的交接点都要设有储罐。石油和油品的储运生产流程如下。

1. 管道建设

我国最早的原油管道是大庆—秦皇岛原油管道，后来，胜利油田、新疆油田也先后建成了通往炼厂的原油管道。近年来，我国加快推进国家能源战略通道和骨干管网建设。目前，兰州—郑州—长沙成品油管道工程、锦州—郑州成品油管道工程、中俄原油管道、大庆—锦西原油管道工程、兰州—成都原油管道工程、独山子—乌鲁木齐—鄯善原油管道工程都在建设中。

管道建设的第一步是地质勘查，选择合适的铺设线路，一般设计与公路平行，以方便铺设和维护。同时在工厂预制钢管，运输到现场焊接成整体管线。如果管线较短，设计两端泵站，若管线较长，则除了两端泵站外，还加设中间泵站。

目前，中国石油管道建设采用两个主体、三个责任方的管理体制。两个主体是管道建设项目经理部和EPC（Engineering Procurement Construction）总承包商，三个责任方分别是项目部、分包商和监理。此管理模式的推行，引领管道建设新的变革，明确了业主与EPC等各方面的管理界面、工作职责和管理权限等一系列问题。具体来说，管道建设项目经理部代表中国石油承担业主责任，是管道建设项目的发包方，履行项目建设全过程的管理职责；EPC总承包商对分包商的管理负责，工程监理受业主委托对现场实施全面监管，具有"说一不二"的权威。其中，项目经理部承担管道建设管理的主要责任，其主要职责是：

（1）负责管道工程项目前期工作，包括可行性研究的组织、项目核准和报批的准备工作；

（2）负责管道建设全过程组织工作，根据股份公司有关规定选择咨询、设计、施工、采办、监理等承包商和供应商；

（3）负责管道建设项目进度、质量、安全和投资控制，并承担相应责任；

（4）负责组织工程项目资料的收集、整理、归档工作；

（5）负责组织投产方案的编制和投产，以及运营管理人员、设备操作人员的培训工作。

2. 管道运营

历史上，原油管道运营都是点对点的服务，就是从油田到炼厂的原油运输。而且，油田和炼厂属于一家石油公司，管道运营公司相当于石油公司的一个车间。管道运营管理的专业性很强，管道都是由专业的运营公司管理。随着我国油品管道建设，油品管网逐渐形成，以后可能出现管网运输承运公司，任何人付费都可以得到相应的油品运输服务。管道运营的日常管理主要工作有：

安全生产，防范管网设备的自然腐蚀与泄漏，防范人为的偷盗泄漏事件的发生，一旦发生及时处理。为此，要定期检测管道、油泵，定期做防腐处理；

生产调度，根据生产要求，以最经济的营运方式满足生产运输任务，安排好运输和检修的轮换时间。

3. 成品油的配送

成品油从炼厂到市场附近的油库叫作一级配送，从油库到加油站叫作二级配送。部分一级配送通过管道，多数以铁路运输方式，二级配送采用公路油罐车运输。从整体上讲，我国油品的生产在东北和西北，油品配送的主要流向是从西北到内地和西南，从东北到东南沿海地区。由于配送环节多、战线长，我国南方有时因调运不及时出现油品紧张局面。

14.3 石油勘探生产管理

所谓石油勘探，就是为了寻找和查明油气资源，而利用各种勘探手段了解地下的地质状况，认识生油、储油、油气运移、聚集、保存等条件，综合评价含油气远景，确定油气聚集的有利地区，找到储油气的圈闭，并探明油气田面积，搞清油气藏情况和产出能力的过程。

14.3.1 石油勘探步骤[①]

石油勘探，就是考证地质历史，研究地质规律，寻找石油天然气田。要经过四大步骤：第一步，确定含油盆地的范围；第二步，查出可能生成石油的凹陷；第三步，在可能生油的凹陷周围寻找有利于油气聚集的地质圈闭；第四步，选择最可能发现油气的圈闭进行钻探，查证是否有石油或天然气，并搞清有多少储量。

1. 确定含油盆地的范围

石油是在古代的湖泊或海洋的沉积物中生成的，如果发现有商业开采价值的油气藏，就称之为油田。因此，找油的第一步是确定古盆地所在及其范围。确定古湖古海的地质依据，主要是研究岩石和化石。

2. 查明生油凹陷的位置

不论是湖相盆地或者海相盆地，面积都很大，如新疆的塔里木盆地，面积超过 50

---

① http://hi.baidu.com/paul/blog/item/f7274f4a8699422009f7ef22.html

万平方千米。盆底的形态也是凹凸不平,很不规则,较低的部分称之为凹陷,高的部位称之为凸起或隆起,一般水中的生物遗体比较容易富集在盆底的低处,所以凹陷被认为是盆地中有利于生油的部位,较深的凹陷可能找到油气藏。

3. 寻找地质圈闭

寻找地质圈闭是寻找油田的中心环节。地质圈闭有大有小,有深有浅,形态各异。例如,大庆油田有的圈闭面积达千余平方千米,是迄今为止我国找到的最大储油圈闭。当然也有小到不足一个平方千米的,有的单独的含油圈闭只有一口油井。地质圈闭有的部分地露出地面,甚至一座高山即为一个完整的地质圈闭;有的埋藏很深,地表完全看不出来。现在我国有能力探测到的圈闭埋深,在五六千米深左右,在这个深度以内,用人工地震的方法可以查得比较准确,钻井也能够得着。寻找圈闭自然也是一个由浅入深的过程。找到地质圈闭以后,还要对圈闭进行是否具备储油条件的研究和评价工作。一般来说,在靠近生油凹陷的地质圈闭,有利于油气运移进去,成为有希望的油田,而对其他地方的圈闭,评价就要低一些。各个圈闭本身的保存是否完整,可储藏油量的大小等情况也需要进行研究和评价。

4. 钻探油气田

对所找到的地质圈闭,在没有钻井验证之前,一般很难断定其中是否储藏着石油或天然气。因此,对地质圈闭进行钻探,是寻找油田的最后一个步骤。这个步骤中所采取的一切技术和手段,都关系到一个油田能否顺利诞生及其实际命运。

在油田发现史上有不少这样的情况:一个圈闭本来是充满了石油的,但因钻探技术及方法不当,而没有发现其中的油气,直到若干年后,人们再次认识,再次钻探时才证实是个油田。还有的在首次钻探中就发现了油层,但其中油气就是出不来或油气产量很低、结果评价为没有工业开采价值而弃置一旁,可是以后重新钻探或经过一定的技术措施,又喷出了高产油气流。可见,钻探是发现油气田至关重要的一步,与前面的工作关系如同十月怀胎与一朝分娩那样,所以必须十分认真对待。

在盆地内或一个圈闭上第一口或第一批探井应该打在什么位置,是要综合考虑多种资料以后才能确定的。其实,第一口井就找出油田来的可能性是比较小的,如新疆克拉玛依因为旁边有黑油山可以看得见,它就是第一号探井生油的。至于我国东部在覆盖区找油田,就不那么容易了,大庆油田的第一口出油井是松基3井,说明在此以前至少已有了两口空井。胜利油田的第一口出油探井是华8井,说明在此之前曾经至少打了7口干井。当一个地质圈闭经钻探后,有一口井获得了有工业开采价值的油气流,这就算是找到了一个油田。但是,还必须进一步把这个油田的具体范围和出油能力搞清楚。因此,在钻探过程中发现油气之后,就应立即查清油层的层数、深度、厚度,并要搞清油层的岩性和其他物理性质,还要对油层进行油气生产能力的测试和原油性质的分析。然后再进行扩大钻探,进一步探明圈闭含油气情况,算出地下的油气储藏量有多少。这样,对孤立的油田来说,其初步勘探工作就算结束了。

14.3.2 石油勘探工程管理

上述石油勘探步骤多数是由技术人员根据地质资料在室内研究完成的,只有地震采集工程和钻井工程必须在野外完成。所以,石油勘探生产管理分两路,一路是室内的科学研究，一路是野外的勘探工程，野外的工程为室内的科研提供必要的资料，室内的研究为野外的工程提供指导，如在什么位置布置勘探线，做 2D（二维地震勘探）还是 3D（三维地震勘探），在哪里打井。室内研究和室外工程相互配合，最终以找到和圈定油藏的具体位置、明确油藏的特性为目的。室内的研究按科研项目管理，分专业立项、审批、验收。下面讲一下野外勘探和钻井管理。

1. 石油勘探生产管理

石油勘探的目的是"看清"地下岩层的层位、地质构造的展布，地质家通过这些信息画出地层的剖面图，为找油做必要的准备。工程的关键工序有制造震源、安放地震接收仪、采集。为了采集到真实的数据，震源和接收仪器的位置一定要准确，震源要发射出合格的地震波，接受仪器要排除干扰，接收到需要的地震波，为此，震源地点和接收地点都要将浮土、浮沙清除干净，这是一项艰苦的工作，野外的工作非常劳累，有时也无人监督，随便放上去也能接收到地震波，但是解释出来与实际的地层相差甚远。并且，劳动效果的好坏当时看不出来，只有等到计算机解释出来，钻井之后才能验证。也就是说，随意的勘探信息不仅得不到想要的真实信息，还造成巨大的解释、钻井的投资，每米钻井的投资都在 1～2 万元以上。地震勘探工作，表面上没有什么技术含量，其实不然，包含着巨大的责任。为了得到好的结果，地震的野外采集工作采用专业化队伍，甲乙方合同管理，选择有信誉的队伍。我国石油工业培养出来的东方物探（BGP），总部位于河北省涿州市，多年来，以质量取胜，占领全球 30% 的市场份额。另外，我国东方物探（BGP）的再一个优势是采集和解释一体化，它拥有功能仅次于国家气象局的巨型计算机用于解释地震资料。国外通常是采集用一个公司，解释用另一个公司。

2. 钻井工程管理

钻井是往地下开凿通道，勘探井以验证地震解释的结果为目的。勘探井的使命结束后，如果发现有商业开采价值的油藏，勘探井还要改造成开发井。在钻进的过程中，靠岩浆支护井壁，钻完后，要将井壁用钢管支护起来，这一工序叫完井。开采时，还要压裂，就是制造油井通向油藏的通路，安装采油设备，进入常规采油阶段。

钻井生产过程一般划分为：生产准备过程、基本生产过程、辅助生产过程、生产服务过程。

1) 生产准备过程

钻井的生产准备基本上是搬迁或称转场。一口井钻完，要将设备和材料转移到另一个井场。这项工作如果在平原交通方便的地区会很容易，遗憾的是，钻井工作一般是在大漠荒原、山区，荒无人烟，需要修路、发电、运水上去。这些辅助工作往往延误钻井时间。

2) 基本生产过程

基本生产过程就是钻机的钻井过程。准备过程安装好了井架、钻机，钻井的主要部分是钻杆和钻头，钻头的前端镶有金刚石，钻头的旋转将岩石切成粉末。钻杆是中空的，能向钻头处输送钻井液，钻井液带上岩削在钻杆和井壁之间的空隙中返回地表，这样，在钻进过程中，钻杆顶着钻头旋转，不断向地下深入，在井架处，钻杆一根根接上去，钻杆不断延长，就能钻进到 3 000 米深处。

3) 辅助生产过程

在钻进过程中,同时进行着测井、录井工作,就是持续地检测地下岩层的各种信息,必要时,还取出岩芯供地质家研究。钻井的一系列工作由钻探公司完成,中国石油现在有长城钻探公司、大庆钻探公司、渤海钻探公司、川庆钻探公司和西北钻探公司。钻井生产管理的要点很简单,就是钻机不能停,其他工作积极配合。钻机开动起来,24小时连续工作,其他的材料供应,泥浆供应,测井、录井配合钻机完成各自的工作。钻井的重要生产环节还有搬迁或称转场,一口井钻完,要将设备和材料转移到另一个井场。这项工作如果在平原交通方便的地区会很容易,在大漠荒原、山区,这些辅助工作往往延误钻井时间。

4) 生产服务过程

钻井常常在野外展开,人员的生活、材料的供应都需要有序展开。钻井队既有直接生产人员,也需要材料供应、食堂的服务人员。生活服务岗位技术含量低,如果自己组织,服务岗位的待遇也不能过低,为了降低生产成本,生活服务一般委托生活服务公司组织。

3. 钻井成本构成

钻井成本由如下项目构成:

(1) 探区临时工程费;

(2) 钻前准备工程费;

(3) 征用土地费;

(4) 临时房屋费;

(5) 井场修建费;

(6) 搬迁、安装费;

(7) 钻井工程费:

① 主要材料费;

② 工资及福利费;

③ 设备折旧费;

④ 井控、固控装置摊销。

(8) 录井、测井作业费:

① 固井工程费;

② 施工管理费;

③ 试油工程费。

14.4 石油开发生产管理

所谓油田开发,就是依据勘探成果和必要的生产试验资料,在综合研究的基础上设计布置油田生产系统。油田开发的目标是提高采收率,降低生产成本,为此,要制订合理开发方案,经济有效地建设生产系统。

从生产管理角度讲,油田开发就是建立采油生产系统。加工制造业的生产系统可以选择靠近原料产地,也可选择靠近市场,如果运输量不大,还可以选择在人力资源密集度的地方建厂生产。石油开采没有其他选择,哪里有油藏就在哪里建设生产系统,可能位于海滩,也可能处于大漠之中。油田开发的关键是设计出好的开发方案。开发方案的选择考虑技术和经济两方面的因素。

14.4.1 油田开发方案选择

油藏的赋存条件是千变万化的,油田开发方案要适应油藏条件要求。在某一特定的油藏条件下,也有多种技术方案可供选择,当然,各技术方案产生的经济效果是不同的。开发方案选择的基本原则是技术上安全可靠,回采率高,经济效果好。虽然我国石油资源还没有有偿使用,但发现石油的成本就很高,油藏不仅要分摊自身的勘探、钻井成本,还要分摊前期的风险勘探,多次无功而返的勘探费用。提高采收率就是珍惜现有的勘探成果,最大限度地将地下油藏开采出来。另外,从技术角度,提高采收率难度很大,目前的技术水平,采收率只能达到 $50\%\sim60\%$,一部分石油还不能采出来。

1. 油田开发方案的主要内容

(1) 分层系开采的油藏要合理划分与组合开发层系;
(2) 不同开发层系经济合理的井网密度;
(3) 油藏的驱动方式及油井的采油方式;
(4) 生产井的合理工作制度;
(5) 需注水开发的油藏,还要确定不同层系的合理注水方式,注水井的合理工作制度及最佳注水时机;
(6) 保持压力水平;
(7) 合理采油速度,预测稳产年限及最终采收率;
(8) 对断块油田,分开发单元研究其静、动态特征及各单元油藏工程技术对策;
(9) 对低渗透油田,要研究裂缝方位与井网优化配置和采用水平井整体注水开发裂缝性低渗透油藏;
(10) 对于稠油油田需研究热采问题;
(11) 开发区经济技术指标,预测油田开发趋势;
(12) 各种开发方案的分析对比,提出最优方案。

2. 油田开发方案所需资料

编制油田开发方案需大量的静、动态资料,对开发区掌握情况越多,编制的开发方案越符合该区的实际状况,在编制一个区的油田开发方案时需以下资料:

(1) 地质特征资料;
(2) 室内物理模拟实验资料;
(3) 压力、温度系统及初始油分布资料;
(4) 动态资料;
(5) 一些特殊资料。

储量集中、丰度较高的整装储量油田的合理开发程序是把油田开发的过程划分成几个阶段,合理地安排钻井、开发次序和对油藏的研究工作,尽可能用较少的井、较快的速度,取得对油田的基本认识,编制油田开发方案,指导油田逐步地投入开发。

由于不同油田的沉积环境和油层特征千差万别,一个油田从初探到投入开发具体应该划分几个步骤,各个步骤之间如何衔接配合,每个步骤又如何具体执行等,应根据每个油田的具体情况而定,下面以大庆油田为例介绍整装储量油田的合理开发程序。

14.4.2 油田开发准备

1. 开辟生产试验区

油藏的赋存非常复杂,为了确定合理的开发技术方案,需要先开辟生产试验区,通过试验区验证开发方案的可行性,或者修改开发方案。

1) 开辟生产试验区的目的

进一步认识油田的地质特点,油藏的流动性、储层的渗透性;进一步落实油藏储量;研究不同类型油层对开发部署的要求,可为编制开发方案提供本油田的实际数据。

2) 开辟生产试验区的原则

(1) 生产试验区开辟的位置和范围对全油田应具有代表性。试验区一般不要过于靠近油田边沿,所开辟的范围也应有一定的比例;

(2) 试验区应具有相对的独立性,把试验区对全油田合理开发的影响减小到最小程度;

(3) 试验项目要抓住油田开发的关键问题,针对性要强,问题要揭露清楚,开采速度要高,使试验区的开发过程始终走在其他开发区的前面,为油田开发不断提供实践依据;

(4) 生产试验区要具有一定的生产规模,要使所取得的各种资料具有一定的代表性;

(5) 生产试验区的开辟应尽可能考虑地面建设、运输条件等方面的要求,以保证试验区开辟的速度快、效果好。

2. 钻开发资料井

开发的再一项准备工作是分区钻开发资料井。

1) 钻开发资料井的目的

其目的是研究解释单油层物性参数,全面核实油层参数,为充分运用生产试验区的解剖成果,掌握新区地质特征打好基础,以逐步探明扩大开发的地区。了解不同部位、不同油层的生产能力和开采特点。在钻完开发资料井以后,要进行单层和各种多层组合下的试油试采、测压力恢复曲线等,并了解新区的生产能力和开采特点。

2) 开发资料井的部署原则

开发资料井的部署主要针对那些组成比较单一、分布比较稳定的主力油层组。开发资料井的部署应考虑到油田构造的不同部位,使其所取得的资料能反映出不同部位的变化趋势。开发资料井应首先在生产试验区邻近地区集中钻探,然后再根据逐步开发的需要,向外扩大钻探。

14.4.3 油田开发的重要技术参数

1. 部署基础井网

1) 基础井网的部署对象

油层较多,各类油层差异大,分布相对比较稳定,油层物性好,储量比较丰富,上、下有良好的隔层，生产能力比较高，具备独立开采条件的区块可以作为基础井网布置的对象。

2）基础井网的任务

基础井网是开发区的第一套正式开发井网，它应合理开发主力油层，建成一定的生产规模；勘探开发区的其他油层，解决探井、资料井所没有完成的任务，搞清这些油层的分布情况、物理性质和非均质特点。

3）基础井网的部署

基础井网的部署应该在开发区总体开发设想的基础上进行，要考虑到将来不同层系井网的相互配合和综合利用，不能孤立地进行部署。掌握井网在实施上要分步进行，基础井网钻完后，暂不射孔，及时进行油层对比，搞清地质情况，掌握其他油层特点，核实基础井网部署，落实开发区的全面设想，编制开发区的正式开发方案，并进行必要的调整。

2. 砂岩油田注水方式

油田注水方式：油水井在油藏中所处的部位及其之间的排列关系。目前国内外应用的注水方式或注采系统，主要有边缘注水、切割注水、面积注水和点状注水四种方式。

3. 开发方案的其他参数

(1) 采油速度和稳产期限；

(2) 确定开采方式；

(3) 确定开发层系；

(4) 确定开发步骤；

(5) 确定合理的采油工艺技术和储量集中、丰度较高的增产增注措施。

4. 开发方案的实施

在开发方案的实施中，一个关键问题是怎样提高渗透率较低、分布不够稳定油层的开发效果问题。一个合理的开发程序，只是指导了油田上各开发层系初期的合理开发部署，指导了油田合理的投入开发，为开发油田打下了基础。但在油田投入开发以后，地下油水就处于不断的运动状态之中，地下油水分布时刻发生变化，各种不同类型油层地质特征对开发过程的影响将更加充分地表现出来。因此，在开采过程中，还需要分阶段有计划地进行调整工作，以不断提高油田的开发效果。

14.4.4 油田开发经济评价

经济评价是从事石油勘探开发工作的重要组成部分，是企业现代化经营管理的标志之一。经济评价的结果是企业领导进行决策的重要依据，有了经济评价，就能使领导者对企业的经营方向和目标、经营方法和经济效益以及企业的经营状况进行定量分析，从而果断地作出正确的决策。

1. 经济分析的目的

经济分析的主要目的是依据油田开发的方针和原则，在确保获得最高的油田最终采收率的前提下，选择节省投资、经济效益好的开发设计方案。

进行油田开发经济分析或计算的基本方法是统计法。按照统计方法所找出的规律或所建立的经验公式，特别是其中的经验参数往往与不同油田的具体条件有关，因此，不同油田在使用这些经验公式时,应根据本油田的具体情况加以校正,以使经济指标的计算更为准确。

2. 经济评价的任务

油田开发经济评价是分析开发技术方案的经济效益,从而为投资决策提供依据。结合油气田开发工程的特点,油田开发经济评价的主要任务有以下三个方面。

1) 进行工程技术方案的经济评价与可行性研究

油田开发经济评价应配合各级生产管理部门和设计部门做好工程技术方案的经济评价与可行性研究,为提高工程投资项目的综合经济效益提供决策依据。主要包括:新区开发方案;老区调整方案;中外合作开发方案;未开发储量经济评价等。

2) 开展油田开发边际效益分析

为了分析技术方案或技术措施的经济极限,开展油田开发边际效益分析,在实践中,需分析的问题是:①极限产能或极限单井日产量;②合理井网密度分析;③单井极限含水率;④热采极限汽油比。

3) 开展油田开发经济动态预测与分析

为了预测油区中长期开发规划的经济效果或分析油田开发经济动态,需分析的问题是:①中长期开发规划的经济效果预测;②油田开发经济动态分析等。油田开发经济评价与分析的工作内容将在实践中不断扩展。

3. 经济评价的原则

当前我国实行社会主义的市场经济,项目经济评价应在国家宏观经济政策指导下进行,同时又要充分结合石油工业部门的特点,建立适合本部门的经济评价方法。经济评价应遵循以下原则:

(1) 必须符合国家经济发展的产业政策、投资方针以及有关法规;
(2) 经济评价工作必须在国家和地区中长期发展规划的指导下进行;
(3) 经济评价必须注意宏观经济分析与微观经济分析相结合,选择最佳方案;
(4) 经济评价必须遵守费用与效益的计算具有可比基础的原则;
(5) 项目经济评价应使用国家规定的经济分析参数;
(6) 经济评价必须保证基础资料来源的可靠性与时间的同期性;
(7) 经济评价必须保证评价的客观性与公正性。

4. 经济评价的步骤

经济评价工作贯穿于方案实施的各个阶段,随研究对象的不同而有所区别,但就其具体工作而言,大体可分为以下步骤:

(1) 确定评价项目;
(2) 研制或修改计算机软件;
(3) 核定基础数据和计算参数;
(4) 运转程序,计算;
(5) 输出计算结果,编写评价报告。

5. 经济评价的依据

油田开发经济分析的首要任务,是对不同油田开发方案进行技术经济指标的分析、计算和综合对比,以获得选择最优开发方案的凭据。因此,进行经济分析的基本数据就是油田开发方案中各项主要技术指标,以及与这些技术指标有密切关系的储层和流体物性情况、开采的工艺设备、建筑工程设施以及油田的自然地理环境等。

每一个完整的油田开发方案,都可根据油田的地质情况及流体力学的计算和开采的工艺设备,得出该开发方案下的技术指标。开发方案不同,这些技术指标也就各有差异,进行经济分析,就是要对不同设计方案的技术指标进行经济分析,并最终算出全油田开发的经济效益。对于注水开发油田,进行经济分析或计算所依据的主要技术指标是:

(1) 油田布井方案,特别是油田的总钻井数、采油井数和注井数;
(2) 油田开发阶段的采油速度、采油量、含水上升百分数;
(3) 各开发阶段的开发年限及总开发年限;
(4) 不同开发阶段所使用的不同开采方式的井数,即自喷井数及机械采油井数;
(5) 油田注水或注气方案,不同开发阶段的注水量或注气量;
(6) 不同开发阶段的采出程度和所预计的最终采收率;
(7) 开发过程中的主要工艺技术措施等。

6. 评价经济指标

经济评价包括盈利能力分析和清偿能力分析,以财务内部收益率、投资回收期、资产负债、财务净现值等作为主要评价指标。此外,根据项目特点和实际需要,还要计算投资利润率、投资利税率、资金利润率、借款偿还期、流动比率、速动比率及其他价值指标或实物指标,以便进行辅助分析。

项目的清偿能力分析,主要考察计算期内各年的财务状况及偿债能力,它依据资产负债表、资金来源与运用表、借贷还本付息估算表,计算项目的资产负债率、流动比率及固定资产投资借款偿还期。

7. 最优方案的选择

在计算油田开发技术指标时,设计不同的井网、井距、井别、注水方式、层系划分、采油速度、驱替方式及层系接替,可以组合到多个技术指标不同的方案,将技术上可行的一些方案进行经济评价,计算其投资、成本、税金、利润等各项经济指标,并进行综合分析对比,采用打分办法进行优选,各方案的分数为决策的依据,得分高则方案优,反之则差。

例如,八个技术上可行的油田开发方案,其经济技术指标见表 14-1,从表中看出,方案Ⅱ为最佳,其累计利润、投资利润率、投资利税率均高于其他方案。

表 14-1 开发方案经济指标汇总表

方案	Ⅰ	Ⅱ	Ⅲ	Ⅳ	Ⅴ	Ⅵ	Ⅶ
总投资/万元	53 984	46 715	36 885	46 715	46 715	46 715	46 715
累计产油量/万吨	353.7	409.9	300.7	374.9	368.8	328.9	438.6
平均采油成本/(元/吨)	317.17	265.67	284.57	278.36	278.65	277.84	330.37
内部盈利率/%	18.21	27.29	27.2	25.05	25.15	18.31	32.67
投资回收期/年	3.99	3.12	2.9	3.22	3.18	4.36	2.55
累计净现值/万元	25 808	44 057	31 365	37 280	36 863	24 540	51 358

续表

方案	Ⅰ	Ⅱ	Ⅲ	Ⅳ	Ⅴ	Ⅵ	Ⅶ
净现值率/%	47.81	94.36	67.14	79.8	78.91	52.53	109.94
累计利润/万元	39 044	53 619	37 545	46 768	46 175	37 773	50 223
投资利润率/%	7.23	11.48	10.18	10.01	9.88	8.08	10.24
投资利税率/%	19.93	21.49	19.16	18.84	18.59	15.37	20.94
建百万吨产能投资/万元	107 969	93 429	73 771	93 429	93 429	93 429	93 429

前面谈及的开发方案集中在主要生产环节，如井网、井距、井别、注水方式、层系划分、采油速度、驱替方式及层系接替等。除此而外，还要有相应的辅助生产系统，如集输系统，原油处理系统，即联合站、道路、供电、供水系统、生活区。集输系统就是将油井采出来的原油集中输送到联合站，管线的布置要兼顾每一口井，并使得整个管网管线最短。联合站是处理原油的车间，集中了油、气、水分离设备，供水设备，还承担油气的储藏和外输任务。一个独立的油田生产系统构成一个完善的生产车间，称作采油厂或作业区。虽然它展布在上百平方千米的范围内，但每一口油井都需要通电、通水、通路。油田一般远离城市，因此，要建立职工生活区，生活区常常建在联合站附近。生产系统还应包括通向城区的公路、石油管线等。塔里木油田为了开发塔中油田，修了500千米的沙漠公路。

14.4.5 油田开采管理要点

油田开发建设完成以后，就进入油田的正常生产阶段。油田远离城区，生产管理的主角是作业区。作业区经理全面负责生产管理工作，设置安全环保、技术、核算、综合等职能部门，基层有采油队、注水队、输油队、联合站值班人员。井下作业委托乙方队伍完成。后勤服务委托服务公司，不算作业区的正式编制。作业区的任务是完成上级下达的生产计划指标，不发生安全事故，控制成本，配合研究院采取技术措施防止油井产量下滑。

1. 健康安全环保工作（HSE）

健康安全环保工作是作业区的首要工作，这项工作涉及每个员工的切身利益，同时还影响油田企业的形象，影响企业和地方的关系。每个员工在安全问题上没有讨价还价的余地，出了安全事故，其他工作做得再好也等于零。

2. 采油队的日常工作

采油队的操作人员每天巡井，记录反应油井工况的仪器仪表的数值，取油样带回，发现特殊情况及时汇报，掌握油井的工作状况，提出设备预修计划建议。开始采油，油藏压力充足，原油借助油藏的压力通向地表，即自喷采油，自喷采油的地表部分只能见到采油树，采油树就是油管上面加上一些控制石油流出的阀门和测量仪表。随着原油的采出，油藏压力降低，原油不能自喷，就要用动力抽油，机械的抽油机就是常见的磕头机，深井和水平井用潜电泵抽油。

3. 注水队的日常工作

注水队的日常工作与采油队类似，只是其管理的是注水井。为了保证油藏的能量平衡，原油采出后用水注入保持油藏的能量，同时，通过注水驱动原油流向油井。当油田开采后期，油和水一起被采出，原油的含水率高达90%，降低了采油效率。

4. 输油队日常工作

输油队的日常工作是将油井出来的原油集输到联合站，多数油井都有管道直接通向联合站，输油队的职责是维护这些管道，防止管道漏油，发现问题及时维修。个别距离联合站较远的孤立井没有管道，要用油罐车运油，油罐车运输原油的困难是原油粘在罐壁，卸不干净，还可能出现原油丢失现象。

5. 联合站的日常工作

负责联合站的设备正常运转，保证油、气、水分离的质量，将处理好的原油、液化气外输，分离出来的水经处理再利用。

6. 保持产量的措施

在正常的开采条件下，油藏的压力不断递减，产量下降，为了保持油藏的压力，要采取必要的措施，注水是主要的措施，此外，还有稠油注蒸汽开采，注化学试剂开采。最先进的开采方式是凝析油的气举开采，凝析油在地下压力很大时以气态存在，到地表压力降低，凝析油就从气体中凝析出来，将凝析出来的油留下，气体再注入到油藏，这样实现自动化开采。

7. 成本控制

石油的勘探和开发建设阶段投资巨大，到采油阶段是成本回收的时期，这一时期的首要任务是多出油，尽量控制操作成本。石油成本按吨油成本核算，同样的投入，产量高成本就低，所以，采取一切可能的措施提高单井产量，石油开采作业的每一个环节都要精打细算。当然，提高产量一定要和提高油藏的最终采收率结合起来，一时的高产量而最终采出率低的方案是不可取的。为了鼓励作业区经理人员的积极性，将产量和成本都列入经理人员绩效考评的关键业绩指标。

案例

大庆油田建立了符合油田生产实际的 HSE 管理体系

大庆油田位于黑龙江省西部，松嫩平原北部，是我国目前最大的油田，也是世界上为数不多的特大型砂岩油田之一。由萨尔图、杏树岗、喇嘛甸、朝阳沟等48个规模不等的油气田组成，含油气面积约6 000平方千米。自1959年开发以来，大庆油田共为国家生产原油18.2亿吨，上缴各种资金并承担原油价差10 000多亿元，连续27年实现年产5 000万吨以上。

大庆油田的主要产品是石油和天然气，其品质、质量是先天生成的，勘探、开发过程中无法对产品质量进行改变（只能对采出和处理后的原油含水进行控制），顾客对这类产品的需要主要体现在价格上（即企业成本控制能力）。石油工业生产是以物探、钻井、井下作业、油田建设、科研设计等生产过程产出石油天然气产品，因此石油企业要在市场条件下站稳脚步，取得经济效益和发展，就必须狠抓勘探、开发过程的质量，按ISO 9000标准建立质量保证体系，对勘探、开发过程进行严格的质量控制，这是石油企业走向市场的有效管理手段，是油田生产经营走质量效益型发展道路的需要。

从1997年6月开始，大庆油田开始筹划ISO 9000质量管理体系的贯标认证工作。1998年，通过了长城质量认证公司的审核认证。到2003年大庆油田的22家二级单位已全部建立实施了ISO 9000质量管理体系。2001年以前，油田的各二级单位需要分别独立审核取证。从2001年开始，油田的22家单位有7家需要独立审核复证，其他单位作为油田公司整体开展审核复证工作，并开始着手开展ISO 9001：1994标准向ISO 9001：2000版标准的转换工作。到2003年，油田公司完成了ISO 9001：1994标准向ISO 9001：2000版标准的转换工作，并于2003年9月18日发布实施了油田公司第三版质量管理体系文件。

按照中国石油天然气行业标准《石油天然气工业健康、安全与环境管理体系》（SY/T 6276—1997），大庆油田建立了符合油田生产实际的HSE管理体系，于2000年12月20日发布了HSE管理体系文件，确定了"以人为本、科学预防、全员参与、持续发展"的管理方针，提出了"致力于不断提高健康、安全与环境绩效，努力追求无事故、无伤害、无污染"的管理目标，并作出了六项承诺对外予以发布。到2003年大庆油田的22个二级单位已全部编制完成了具有本单位专业特点的HSE管理体系文件，并在油田公司提供的3个类别、20多种文本总体框架指导下，按照岗位特点，分系统、按类别完成了"两书一表"（作业计划书、作业指导书和现场检查表）文本，涉及油气勘探、开发集输、储运销售、钻井、修井、录井、测试、射孔试油等系列专业，覆盖了22个二级单位。通过开展管理体系的建立和实施工作，在管理的系统化、科学化、规范化等方面取得了巨大成就，在树立企业形象、开拓外部市场、加快与国际管理接轨步伐等方面起到了至关重要的作用。

本 章 小 结

本章的石油企业生产管理展示给读者一个复杂的生产系统和生产管理过程，它不像机械制造那样规范，生产依赖于资源，生产系统在广大的空间上分布，设备多、投资大，生产系统建设周期长，多数野外作业，条件艰苦。与此类似的还有矿业、冶金工业。不管怎样复杂，生产管理也有生产准备过程、生产系统的建设过程、生产的计划组织过程，生产过程中的重要任务是提高产量、降低成本。石油上游生产的安全环保很重要，但原油的质量由自然条件决定，再加之石油大部分作为燃料，原油的质量主要是控制含水和杂质。

原油可以加工成汽油、煤油、柴油和燃料油，还可加工成化工原料，如乙烯、聚乙烯等。石油的成因有两种，有机成因和无机成因。

石油赋存于地下深处，首先要发现它，发现石油的过程叫石油勘探，勘探过程的主要工程是物探工程和钻井，物探技术和钻井技术的提高使得地质学家不断发现新的油气田。物探工程的主要工作是布置人工震源，采集地震波反射信息，通过计算机的解释描绘出地下底层的状态，通过研究找到可能存在石油的部位。为了得到好的结果，地震的野外采集工作采用专业化队伍，甲乙方合同管理，选择有信誉的队伍。钻井工程容易理解，通过机械手段穿透地层，通向油藏，以寻找油气为目的的井叫勘探井，以开采石油为目的的井叫开发井，此外，还有注水井、资料井。钻井生产过程有：生产准备过程；基本生产过程；辅助生产过程；生产服务过程。这些过程紧密衔接，保证钻机连续运转，减少不必要的钻机停顿时间,钻井生产管理要快速搬迁、组装,尽快投入正常生产。

发现有商业开采价值的油藏以后,就要布置生产系统,这一过程即为油田开发建设,油田开发重要的是选择合适的开发方案。开发方案主要涉及合理划分开发层系,合理布置井网,选择驱油方式和采油方式,选择生产井的工作制度,选择保持油藏压力的措施,选择合理的采油速度,保证达到较长时间稳产和提高最终采收率。

为了摸清油藏的特性,正式开采前要开辟开发试验区,以验证开发方案参数选择的正确性。在各个区域还要钻开发资料井,获取区域的第一手资料,具体确定区域开发方案。为了经济合理地开发油田,对选择的技术方案要做经济评价,经济评价的主要任务有:工程技术方案的经济评价与可行性研究,油田开发边际效益分析,油田开发经济动态预测与分析。经济评价要完成盈利能力分析和清偿能力分析,以财务内部收益率、投资回收期、资产负债、财务净现值等作为主要评价指标。此外,根据项目特点和实际需要,还要计算投资利润率、投资利税率、资金利润率、借款偿还期、流动比率、速动比率及其他价值指标或实物指标,以便进行辅助分析。

采油的日常管理有:健康安全环保工作、采油工作、注水工作、输油工作、联合站的值班监控工作,还要采取保持能量的措施。作业区的核心工作是在保证生产安全的条件下,尽量提高产量、降低成本。

讨论题

1. 原油可以加工出哪些石油产品?
2. 石油的上游包括哪些生产流程?下游又有哪些生产流程?
3. 物探工程的主要工作是什么?物探工程的工作成果是什么?
4. 钻井成本包括哪些?
5. 油田开采都有哪些工作?

练习题

14-1:某油田估计有可采原油储量 2 000 万吨,按回采率 50% 计算,分别计算产能为 40 万吨/年、50 万吨/年、60 万吨/年、70 万吨/年、80 万吨/年、100 万吨/年的开采年限。

14-2:某油田估计有可采原油储量 2 000 万吨,按回采率 50% 计算,100 万吨产能建设成本为 5 000 万元,吨油开采成本 1 000 元/吨,请选择适宜的生产能力与服务年限。

第15章

本章学习目标
1. 理解流程再造的意义和背景；
2. 熟悉生产流程再造的原理；
3. 了解生产流程的概念及特征；
4. 了解生产流程图的绘制方法；
5. 了解生产流程再造的评价方法。

生产流程再造

同样的产品可以选择多种生产流程生产，同样的商业业务活动，也可以用多种流程来实现。业务流程再造就是打破旧的业务流程，引入新的业务流程。生产流程再造就是打破旧的生产流程，引入新的生产流程。特别是信息系统和电子商务的实施，必须配合相应的流程再造才能发挥其作用。显然，对整个企业的业务和生产流程的再造称为企业流程再造。许多企业通过流程再造保持或增强了竞争力，吸引更多企业转向流程再造，以期通过在质量、成本、对市场的快速响应和用户服务等方面获得显著的改进来提高其竞争力。业务流程再造、生产流程再造和企业流程再造的原理是一样的，只是范围和对象不同。在这一章里，将对业务流程再造和生产流程再造的原理、特征、基于先进制造技术的生产流程的绘制及评价进行介绍。

15.1 生产流程再造理论

流程再造是由美国的咨询顾问哈默（Michael Hammer）博士首先提出来的，他在帮助一些企业进行信息化建设时发现，在没有理顺流程的情况下，企业贸然大规模地采用信息技术，其效果往往是不尽如人意的。1990 年，哈默博士在《哈佛商业评论》上发表了题为 Reengineering Work：Don't Automate，Obliterate 的文章，正式提出了流程再造的概念。他认为，企业应该全面刷新"笨重的"和"过时的"工作流程，在再造的基础上实现"用现代化的信息技术缔造的高速公路取代乡间小径"这一目标。

在系统介绍基本概念之前，先看几个再造成功的案例。第一个是花旗银行，在 1990 年初，进行了企业再造。该公司再造的作业流程是信用分析。在原有的流程下，信贷分析师需要花大量时间处理文书作业，而花在找寻商机的时间只有 9%。作业流程重新设计后，信贷分析师寻觅商机的时间增加至 43%。两年之后，公司利润增加了 7.5 倍。第二个是柯达公司，该公司有许多工作流程，其中最缺乏效益的是黑白底片冲印。从顾客下订单到交货为止，旧流程平均需时 42 天。低效的工作影响了冲印部门的效益和员工的士气，而事实上黑白底片冲印仍有相当的市场，尤其是工业和医疗方面需求仍很大。柯达公司对该流程进行了再造，经过改进后，缩短为 21 天。在顾客满意度方面，未再造前，每 3 件就有 1 件延误，流程再造后，每 20 件才有 1 件延误。可见，流程再造若执行得当，其效果非常显著。

达文波特（Davenport）博士对流程的定义为："流程是系列的特定工作，有一个起点，一个终点，有明确的输入资源与输出成果。"而流程再造意指："彻底分析流程，并予以重新设计，以在各项指标上有突破的进展。"其中运营指标包括：质量、反应速度、成本、灵活性、满意度等。

参照不同学者对业务流程再造所下的定义，周荣辅（2007）将生产流程再造定义为：以企业生产流程为对象，以生产战略为指导，对生产流程进行完善设计，以求生产系统在成本、质量、速度、柔性、顾客满意等方面取得显著成效。

15.1.1 流程再造兴起的原因

1993 年，哈默和钱皮（Champy）共同出版了《企业再造》，这是再造理论的奠基之作，书中将企业流程再造定义为："为了飞越性地改善速度、质量、成本和服务等重大的现代企业运营基准,对业务流程进行根本性重新思考和彻底再设计。对公司的业务流程、组织结构、文化进行彻底的、急剧的重塑,以达到绩效的飞跃。"在《再造手册》一书中他们又作了更为精确的表述:"再造就是对战略、增值营运流程,以及支持它们的系统、政策、组织、结构的快速、彻底、急剧的重塑,以达到工作流程和生产率的最优化。"他们提出流程再造就是要"针对竞争环境和顾客需要的变化",对业务流程进行"根本的重新思考"和"彻底的重新设计"。

流程管理的发展历程图如图15-1所示。

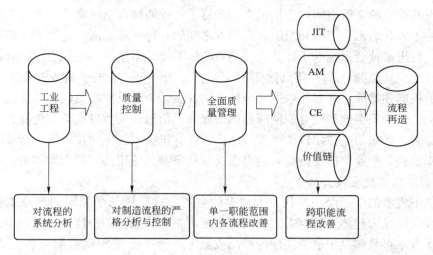

图15-1 流程管理思想的发展历程图

流程再造理论提出之后,随即成为席卷欧美等国家的管理浪潮。美国的一些大公司,如IBM、柯达、福特、施乐和AT&T等纷纷推行业务流程再造,试图利用它发展壮大自己。实践证明,这些大企业实施业务流程再造以后,大部分取得了巨大成功,企业界把它视为取得竞争优势的重要战略,看成一场工业管理革命。人们希望运用这一"新的工业管理理论"来加速企业自身的发展,提高企业的经济地位和在国际、国内两个市场的竞争能力。归纳起来,流程再造理论的兴起来源于企业外部和内部的驱动力。

外部的驱动力主要是由所谓的3C,即变化(Change)、竞争(Competition)、顾客(Customer)三个方面构成。组织外部环境发生了变化,经济一体化和技术更新速度的加快,既带来了广阔的市场空间和后来居上的机会,也带来了更激烈的竞争压力。同时,顾客需求的多样化、快速化、个性化、高标准高质量也让企业越来越注重外部市场的评价。

1. 环境变化变化带来组织变革

经济全球化使得市场空间从地区、国家转向全世界,全球性市场和区域性市场自由贸易区的逐渐形成,使组织的原材料市场、商品流通市场、资金市场等逐步扩展到全球范围。后来,人力资源、技术咨询、特许经营等知识型的服务活动也开始进入国际贸易范畴。经济资源的配置方式从本国或本地区走向全球配置。全球化为组织带来了巨大的市场机会、更广泛的客户群体、更有效的配置资源方式,但同时也蕴藏了更为剧烈的竞争。如当本田(Honda)发现雅马哈公司(Yamaha)也在争夺摩托车市场的霸主地位时，本田公司18个月就推出了81种新车型，而雅马哈公司推出了34种新车型，而之前两家公司开发的总车型还没有超过60种。全球化影响了组织的结构形态，越来越多的企业从传统的层级组织转向虚拟组织，通过只控制核心技术就获得低成本、快速化生产。

2. 技术更新带来竞争加剧

技术更新的主要原因是由于信息化所导致的。农业时代的技术平均寿命为120年，工业时代为50年，而到了信息化时代则只有几年，甚至更短。互联网和各种网络形成了一个不断扩大的交流空间，它从根本上跨越了传统的物理空间障碍，有力地扩大、增强、延伸了人和组织、组织和组织、人与人之间的各种信息交流，触发了人类知识智能的倍增，促进了社会系统基于计算机网络系统的整合。据统计，中国通过Internet进行电子商务的交易总额，2007年已达2.17万亿元。Internet和电子商务的发展给企业带来了新的机遇和挑战，随着互联网安全技术的发展，企业只要花费较少的费用，就能快速、方便、较为安全地享受互联网所提供的服务。信息化使信息流动、传播、吸收的速度大大提高，带来的是技术进步速度的加快，计算机技术、生物技术等高新技术体系更新的频率加快，产业化速度提高，使得新技术从研制到应用的时间大大缩短。

3. 顾客需求发生极大转变

在供不应求的市场经济时代，大规模的生产方式提供几乎相同的产品或服务，现在，个性化已成为趋势。顾客需求的变化呈现出三大特点：①个性化。随着生活水平的提高，顾客不再只满足于消费同样的产品或服务，而是希望产品或服务体现自己独特的需要，甚至能够代表自己的审美情趣。②高质量要求。顾客对产品或服务的质量要求越来越高。现代社会，顾客不只关注单纯的产品或服务的功能、技术指标，更看重附加在产品上的服务质量，从静态的产品出厂质量转向动态使用质量、从售前贯穿到售后、从企业内部融入到消费者共同体验。③服务变得非常重要。信息社会中，顾客把时间价值看得越来越重，时间作为一种无形成本影响了顾客的购买方式。顾客需求的变化对企业产生了重要的影响。企业逐渐转向多品种小批量生产、柔性化生产方式来满足快速多变的个性化需求，从设计、研发、生产、销售、服务等全过程入手，不断改进市场响应速度，企业必须提高服务速度并保证服务质量，才能有效地对顾客需求作出反应。

15.1.2 业务流程再造的主要观点

企业实施流程再造的目标是：推动组织战略的实现，提高组织绩效，最终建构"流程企业"。流程企业是一个着眼现在、面向未来的企业设计，在理论界没有现成的模板，但很多企业都大胆探索，如IBM等。这些企业的共同特点是：把流程放在组织和管理的中心，克服传统组织形式和管理方法在效率和灵活性上的局限。

业务流程再造的核心思想就是为达到一定的绩效而进行的流程再造，它是在企业整体流程活动的基础之上进行分析、研究，"彻底"寻找其缺陷，然后再加以改造。它要求打破企业按职能设置部门的管理方式，重新设计企业流程，企业流程再造和信息技术是密切相关的。

1. 以流程为核心

流程再造强调管理要面向业务流程，实现从职能管理到面向业务流程管理的转变，提高对顾客和市场的反应速度，要求彻底打破部门及组织的界限，以整体流程全局最优而不是局部最优为目标来设计和优化流程中的各项活动。

2. 以顾客为导向

流程再造所追求的根本目标是满足顾客需求，凡是不能满足顾客需求并为顾客创造价值的活动，均为流程再造改革的对象。

3. 重新思考及重新设计

重新思考是指对现有的作业方式，不应存有习惯成自然的心理，要经常反省一些根本的问题，通过思考这些问题，找出相关原因，制定更加合理有效的工作方法。重新设计是指企业必须打破陈旧组织架构及规章，重新设计及建构新的流程，而不是在原有组织架构上做些调整或修补的工作，说到底就是进行彻底性的流程重建。

4. 大幅度的绩效改善

流程再造的根本目标是通过业务流程的重组改造，追求组织绩效大幅度改善，不是单一目标的改善，而是同时在多方面获得大幅度改善，当然这种绩效的改善只是在理论上的假定，企业实际运作的情况大多很难达到这种程度。

5. 信息技术的运用

信息技术的一项重要功能是能突破时间及空间制限，通过信息技术的运用，可以改变信息处理和传递的方式，将集中式信息处理改变为分散式处理，提高系统反应能力，同时能够适时、适地将信息传给使用者，使流程中的信息能迅速地、准确地传送。

流程再造的原则是指那些指导变革方向并保证变革得以顺利进行的原则。很多调查表明，高达60%～70%的再造项目并未达到预期目标，再造未能取得成功，很大程度上是由于未能把握和理解这些原则。

6. 以企业目标为导向调整组织结构

在传统管理模式下，劳动分工使各部门具有特定的职能，同一时间只能有一个部门完成某项业务的一部分。流程再造打破了职能部门的界限，由一个人或一个工作组来完成业务的所有步骤。

7. 最高管理层的理解和支持

领导者必须从战略的高度和企业自身的利益去考虑其可行性，一旦决定要变革，必须要有最高领导的坚决支持，自上而下的改革才能成功。从操作层面来讲，最高管理层需要对变革的目标有个充分的认识，并且直接领导，明确目标，分配工作和资源，还要对改革的进程有全面的监督和控制。高层领导持续性的参与和明确的支持能明显提高流程再造成功的概率。因为业务流程再造是一项跨职能的工程，是改变企业模式和人的思维方式的变革，必然对员工及其工作产生较大影响。特别是流程再造常常伴随着权利和利益的转移，有时会引起一些人尤其是中层领导的抵制，如果没有高层管理者的明确支持，则很难推行。

8. 确认核心流程

在相互独立的部门背后，找出核心流程进行流程再造，建立清晰的流程模型，把流程放在前台。在一般情况下，企业有很多不同的业务部门，一次性再造所有业务会导致其超出企业的承受能力。所以在实施流程再造之前要选择好再造的对象。应该选择那些可能获得阶段性收益或者对实现企业战略目标有重要影响的关键流程作为再造对象，使企业尽早地看到成果，在企业中需要营造乐观、积极参与变革的气氛，减少人们的恐惧心理，以促进流程再造在企业中的推广。

9. 组织要进行相应的配套变革，尤其是组织结构

包括组织的各种基础体系，它们是结构、绩效评估、薪酬、信息系统和员工培训及企业文化的建设。

10. 建立畅通的交流渠道，持续改进

流程的管理和设计应该保持在不断改善的状态下，始终让企业的前端最大程度地给客户带来了满意，同时企业的内部建设要保持一个最优的水准。从企业决定实施流程再造开始，企业管理层与员工之间就要不断进行交流。

15.1.3 业务流程再造的方法和步骤

1. 流程再造的基本过程

业务流程是由一个个活动通过一定的逻辑关系所组成的，所以对于业务流程进行再造的过程就是改变这些活动及其逻辑关系的过程，也就是在提出新的流程活动的假设和规则的基础上，对组成现有流程的活动进行增删和改造，设计出新的流程。业务流程的分析改造技术可归结为消除、合并简化、集成、自动化的方法。其基本步骤如下。

1) 业务流程中非增值活动的消除

按照哈默的观点，业务流程中的各种活动可以分为三类：增值活动、不增值活动和空耗活动。增值活动是客户愿意为此付价的活动；不增值活动对于客户来说并无价值，但为了实现增值活动还需要它们；空耗活动既不增值，又不起促进作用。其中不增值活动和空耗活动都属于非增值活动。

2) 合并简化过程中的活动

在删除非增值活动的基础上，通过合并某些具有相似性的活动使过程中的活动数目减少，相应地活动之间的交互也相对减少，从而达到一定程度的过程优化。在过程模型中，相似性活动是指这类活动，它们接受相同的输入信息，经过一个或若干个活动后其产出是相同的。相似性活动在企业过程中可以被认为是重复的、附加的活动，应被简化和合并。

3) 集成多个活动

集成是指一个系统内元素之间关系的一种协调、综合和统一的状态，企业过程集成就是把企业过程中各个活动协调、综合和统一起来形成一个有机整体。企业过程集成是与企业组织结构的划分密切相关的，通常一个过程被人为地划分归为多个组织来执行过程的不同部分，组织间频繁地交互信息是导致整体过程性能低下的主要原因。依据企业过程划分组织结构，最好能实现组织间单点接触，而将包含多个反馈结构的部分划归为一个组织内通过共享信息和资源来达到过程的集成。

4) 改变流程活动间的逻辑关系

流程活动间逻辑关系的改变有两种方式：一是改变活动的先后顺序；二是变活动的串行为并行。此种再造方法可以在更大程度上缩短流程时间。

5) 过程自动化

在完成了对过程的删除、简化和过程集成之后，对部分过程进行自动化是非常必要的。使用信息技术（如 ERP、Workflow、MIS 等管理信息化软件）来实现企业管理过程的自动化；使用自动化设备（如数控中心、AV 小车等自动化加工设备）来实现企业生产过程的自动化，能极大地加速企业过程的运行，能为过程用户提供更高质量的服务。

企业的流程再造是个长期过程，当市场和顾客状况有小的变化时，流程会有所不同，不同学者对企业流程再造的步骤与模型有不同的总结，但其大致思路基本一致。

流程再造的实施流程图见图 15-2。

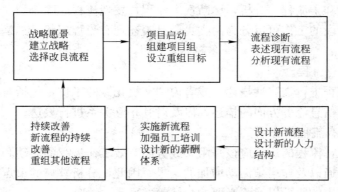

图 15-2 流程再造的实施流程图

2. 流程再造的几个阶段

1) 第一阶段：战略愿景

这个阶段是项目策划阶段，常被称为流程再造的建立"宏观模式"阶段。

(1) 建立企业愿景。

在对企业的现状进行客观评价的基础上，对企业未来的发展愿景进行展望，并确保组织中的每一个人对其都有正确的理解和认识，使其树立正确的流程观念，始终从流程的角度看待问题。

(2) 确保管理层的支持。

只有企业领导的支持才能确保流程再造的顺利进行。因此，可以通过一系列研讨会或借助咨询顾问，了解有关流程再造的基本概念和技术、实施流程再造的成败实例、流程再造的功效及具体行动计划等。

(3) 挖掘流程再造的良机。

在决定流程再造对象之前，高层管理者要根据企业战略战术对企业的经营状况做宏观分析，得到一系列将要进行流程再造项目的备选流程。

(4) 结合企业战略，选出流程再造的项目。

在充分评估和分析了各个备选流程之后，按照企业的战略目标、信息技术的可行性、风险大小等指标对各个备选流程进行排序，最终选出进行流程再造的流程。

2) 第二阶段：再造计划

企业确定需要进行再造的业务流程，设定清醒的再造目标，组建流程再造项目组以及制定详细的项目规划。计划阶段标志着流程再造工程的正式开始，其主要任务如下：

(1) 成立再造团队。

在得到了高层管理者的认可和支持后,管理层可以委任相应流程再造负责人对整个流程再造活动的运作和结果负责。而项目负责人的第一个任务就是组成一个流程再造工作小组,其职责是分析现有的流程,并负责设计和执行新的流程。

(2) 设定工作计划。

流程再造工作小组的第一个任务是,根据对核心流程的逐步分析,制定再造项目的日程表,确定再造计划,大致描述项目的资源需求、预算、历程以及要达到的目标。

3) 第三阶段:诊断分析现有流程。

对现有流程和子流程的分析,诊断现有流程,发现流程中的瓶颈,为业务流程设计定义基准。此阶段的工作可以分为两类:一是表述现有流程现状;二是分析诊断现有流程的问题。

(1) 记录现有流程。

即对现有流程进行文字性描述,或者说"文档化"的工作,包括对活动、控制、资源、业务规则和信息流等方面的描述,以及对其相互关系进行表达。

(2) 分析现有流程的弊端。

一般情况下,流程的病症应该是阻碍或分离有效工作流程的活动和业务政策,是官僚习气、缺乏沟通以及非增殖活动增加的结果。因此,分析弊病的重点应放在确认不需要的活动、活动中的瓶颈以及不必要的步骤等方面。

4) 第四阶段:重新设计流程。

在分析、诊断原有流程的基础上,设计新的流程或在原有流程上进行改进,并且设计与之匹配的技术手段和管理制度体系。此阶段的主要任务包括:定义新流程的概念;模型设计;新流程原型和细节设计;与新流程相配套的人力资源结构分析;设计新的信息系统等。

(1) 大胆提出方案。

开发设计工作的关键是充分释放再造小组的创造能力去思考、去发现,采取各种方法引导大家产生新的设计思想。找出并清除或彻底铲除非增值的活动;针对剩下的必要活动进行简化;经过简化的任务需要经过整合,以使之流畅、连贯并能够满足顾客需要。

(2) 明确流程设计的原则。

设计成功的关键是要经常问为什么这样做,谁对此项任务负责,采取什么信息技术支持新的流程。因此,必须要明确并遵循一些基本原则。

(3) 人力资源结构的设计。

流程再造可能引起组织结构的重大变化,因此,一个好的流程设计应该配备以一个好的人力资源架构设计。即包括以下内容:建立以团队为基础的管理模式,根据各自的特长安排相应的业务流程的工作;以团队整体的工作效果为业绩评价标准;激励机制和报酬结构以团队的整体行为和个人对团队的贡献为依据;向基层员工授权,允许员工自己控制流程。

(4) 宏观模拟新流程。

为了使上层领导在全面展开再造工程之前,能全面了解并掌握新流程的特征、流程过程、工作分配、信息技术结构和系统需求等方面的情况,需要对整个全新的流程、角色扮演、文件处理校验等场景进行模拟预演。

5）第五阶段：流程再造

在此阶段，组织上的变革容易遭到抵制，所以必须通过管理层和员工之间的广泛交流来化解抵制。同时，在实施新的流程过程中，主要完成以下工作：人力资源安排；教育培训；新的薪酬考核体系的实施等。

（1）改善管理。

即根据新设计的流程方案，制订新组织设计方案，内容包括业务单元的重新组织、组织与岗位重构、岗位转换、通过训练和教育程序向留下的员工授权以及改进工作质量等。

（2）重新组建。

这项工作着重于向新的组织结构过渡，包括组织重建、人员裁减、组建团队、工作交替以及职工培训等。

6）第六阶段：不断更新改进

流程再造绝不可"一劳永逸"。一次流程再造项目的实施并不代表公司改革任务已经完成，随着企业内部和外部环境的不断变化，业务流程需要进行持续改进，企业才能保持持续的市场竞争力。这种持续改善实际上就是不断对流程进行分析、评估和改变。

15.2 生产流程的特征和再造动因、步骤

15.2.1 生产流程的相关概念与特征

生产流程是企业为完成产品的生产而进行的一系列有序活动及相关运行机制的集合。生产流程再造也相应针对广义的生产流程而言，即从接受订单开始至成品出产为止所涉及的一系列活动所构成的流程。

生产流程与通常的生产过程不同，生产过程是指从生产技术准备开始到成品出产为止的过程，对生产过程的研究主要是从职能角度，将其分为生产技术准备过程、基本生产过程、辅助生产过程、生产服务过程，研究各环节生产能力的匹配性。而对生产流程的研究则抛开当前的职能划分，从工作流程角度，研究一系列活动之间的顺序、平行、冲突关系，研究如何处理好这些关系以充分发挥先进制造技术的效益。

生产流程具有如下特征。

（1）流程周期是指生产流程中的活动全部完成所需要的时间，它既和流程所包含的活动多少有关，也和每个活动完成时间有关。在基于时间竞争的生产战略要求下，该变量是反映生产流程质量的一个重要特征变量。

（2）活动的并行度是指生产流程所包含的各项活动并列进行的程度。先进制造技术的实施为开展并行工程创造了条件，活动的并行度可以反映生产流程是否充分利用了所采用的先进制造技术。

（3）信息的准确程度指维系各活动有序进行的信息与现实相吻合的程度。没有准确的信息，先进制造技术就不可能充分发挥其潜能。

（4）信息的共享程度指信息在不同部门、不同操作者间共同获悉和应用的程度。以网络通信技术为代表的信息技术使信息共享成为可能，信息的共享程度反映了生产流程

利用信息技术的特征。

(5) 对操作者的分权程度指操作者拥有决策权的程度。先进制造技术的应用对操作者提出了更高的要求，生产流程中对操作者的分权程度反映了生产流程运行机制的特征。

生产流程再造与生产流程改进：生产流程改进一般是针对个别生产流程环节（如产品设计、物资供应、生产制造等）所进行的改善，其涉及的范围相对较窄，改进目标比较单一。而生产流程再造则是针对整个生产流程，从成本、质量、速度、柔性和顾客满意等多个目标出发进行的完善设计。生产系统优化主要是从生产系统的硬件匹配角度出发，重点解决生产系统的生产能力瓶颈问题，而生产流程再造不仅要考虑生产系统的优化配置，也要研究生产过程中所涉及的相关管理流程。

15.2.2 生产流程再造的动因

1. 引起企业生产流程再造的主要因素

企业生产流程再造是适应内外条件变化而进行的、以改善和提高组织效能为根本目的的一项内生式活动。一般来说，引起企业生产流程再造的主要因素，可归纳如下。

1) 企业经营环境的改变

诸如国民经济增长速度的变化，国际、国内市场需求的变化和竞争的加剧，产业结构的调整，政府经济政策的改变，税收、金融等法令的变化，科学技术发展引起产品和工艺的改革，社会舆论对环境保护的要求等因素都可能导致企业组织结构发生局部乃至全局的变革。

2) 企业本身成长的需要

伴随企业发展的需要，在生命周期的不同阶段需要相应的组织结构作为企业发展的载体。企业在发展过程中，随着战略的转变或演进，组织本身要发生种种变化。比如，小型企业成长为中型或大型企业；单一品种企业成长为品种多样化的企业；单厂型企业成长为多厂型联合企业乃至企业集团；生产简单产品的企业成长为生产高技术产品的企业；面向国内市场的企业成长为以面向国际市场为主的企业等，企业的这种成长和发展，也必然引起组织结构的变革。

3) 企业内部条件的变化

(1) 技术条件的变化。例如，企业实行技术改造，设备的机械化、自动化水平有很大提高，引起集中控制的要求和技术服务部门的加强；高、精、尖产品及新产品的投产，引起技术、生产、营销等管理部门的深刻变化和调整等。

(2) 人员条件的变化。人员结构和素质的变化，如青年职工、高文化职工比重的增加，使人员的工作态度、工作作风、工作期望、价值观念等发生变化，从而影响到组织目标、结构、权力系统、奖惩制度的修正。

(3) 管理条件的变化。例如，推行各种现代化管理新方法，实行计算机辅助管理；深化企业改革，贯彻厂长（经理）负责制，完善经营承包责任制，改革干部制度、实行劳动优化组合等，从而要求企业组织结构作出相应的改革。

2. 需要进行生产流程再造的主要迹象

1) 企业经营成绩下降

市场占有率缩小，产品质量下降，消耗和浪费严重，企业资金周转不灵，经营利润连续下降，顾客意见增多等。

2）企业生产经营缺乏创新

面对市场激烈竞争，企业缺乏新的战略和适应性措施；在产品发展上，没有新观念，缺乏新产品，技术更新慢；管理上守旧，缺乏现代化管理意识，拿不出管理创新的方法，或新办法推行起来困难重重等。

3）组织结构本身病症的显露

如决策迟缓，指挥不灵，信息交流不畅，机构臃肿，职责重叠，管理幅度过大，扯皮增多，人事纠纷增加，管理效率下降等。

4）职工士气低落，不满情绪增加

某些职能部门的负责人，由于没有被赋予足够的权力和责任而要求调离企业，职工特别是管理人员的合理化建议减少了，员工的旷工率、病假率、离职率增高等。

15.2.3 生产流程再造的步骤

1. 基于先进制造技术的生产流程再造

先进制造技术与生产流程存在着密切的关系。一方面，先进制造技术效益的充分发挥有赖于合理的生产流程与其相匹配；另一方面，生产流程的优化也离不开先进制造技术的扶持。因此，基于先进制造技术的生产流程再造也同样具有这两个方面的内涵。

（1）基于先进制造技术环境再造生产流程时，必须要考虑企业先进制造技术的应用情况，以先进制造技术效益的最大发挥为再造的出发点和目标。

（2）基于先进制造技术手段再造生产流程时，必须以先进制造技术为手段。若没有先进制造技术的支持，生产流程的再造也难以取得突破性的成效。因此，企业进行生产流程再造时，要与先进制造技术的长远规划相结合。

2. 基于 AMT 的生产流程再造要解决的根本问题

基于 AMT（Automatic Manufactury Technology）的生产流程再造要解决的根本问题是 AMT 与生产流程的协同及 AMT 的充分应用问题。

1）信息处理机制问题

传统职能管理带来的一个问题就是各职能部门只是从本部门管理的角度出发去收集有关信息，部门之间的沟通不到位，企业高层管理者从各部门获得的同一对象信息有可能是不一致的，从而影响其正确作出决策。生产流程中集成技术的采用，要求信息采集的准确性、录入的及时性和使用过程的共享性。因此，基于 AMT 的生产流程再造要解决信息处理机制问题。

2）生产流程周期问题

生产领域的竞争已从成本、质量、柔性发展到时间的竞争，企业如果能缩短生产周期，就能在激烈的市场竞争中处于有利位置。因此，生产流程再造要重点解决生产周期过长的问题。

生产周期过长缘于三个方面。一是因为在生产流程中存在着非必要活动，非必要活动消耗了时间；二是个别活动的实现手段技术含量不高，使生产周期延长；三是在生产流程中存在着本可以并行的活动，而实际中仍按串行的方式来进行。因此，生产流程再造时需要分析活动存在的合理性，分析活动间的关系和采用先进制造技术的可能性。

3) 制造系统效率与质量问题

企业战略目标的实现离不开生产系统的有效运作。尽管随着顾客需求个性化和多样化、大规模定制和基于时间的竞争等新的生产管理模式和竞争理念备受企业推崇，但制造系统的效率与质量仍是企业竞争的基础。在先进制造技术环境下，要研究影响制造系统效率和质量的因素，通过生产流程再造来解决制造系统效率低质量差的问题。

4) 组织结构的调整与运行问题

生产流程再造方案设计主要解决活动实现的手段及活动之间的逻辑关系问题，若使再造方案有效实施，还必须同时解决组织结构与运行机制的问题。以分工理论为依据的科层级组织结构，在先进制造技术应用越来越多的制造企业中显得愈加不能适应；员工素质的提高使他们有更高参与管理、希望负责的需要，在生产车间更趋向于集权的组织运行机制也同样需要加以改革。

在先进制造技术环境下，生产流程再造应以系统论为指导思想，具体实施框架如图15-3所示。

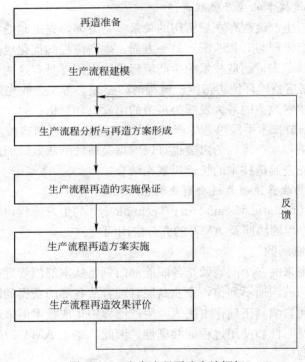

图15-3 生产流程再造实施框架

生产流程再造准备包括组建再造领导委员会、确定生产流程再造的指导方针和评价标准、确认使用信息技术的机会、制订工作计划等。

生产流程建模是对企业生产流程的抽象描述，是对现有流程进行分析与优化的必要前提。

通过对生产流程模型的分析，可发现其中存在的问题，在此基础上，依据生产流程再造目标确定再造方案。

生产流程再造方案的有效实施还需要相应子系统的支持保证。如生产战略的指导、组织结构的支持、人力资源管理的保障等。

生产流程再造的效果评价是根据评价目标，运用科学的方法评价再造取得的效果，巩固成绩，发现不足，以便更有针对性地进行下一轮再造。

15.3 生产流程建模方法

15.3.1 企业流程图的绘制方法

1. 企业流程图的选择

1）简单流程图

企业的一部分简单流程图可以用图 15-4 所示的方式去描述。

2）IDEFO 制图标准

这是流程再造流程图常用的标准。这个标准是美国国防部在 20 世纪 70 年代制定的。IDEFO 是国际定义（International Defination）的缩写。虽然这个标准开始时是作为软件开发工具制定的，但现在已经被各类制造业和服务业组织广泛地作为一般流程图工具使用，其描述形式如图 15-5 所示。

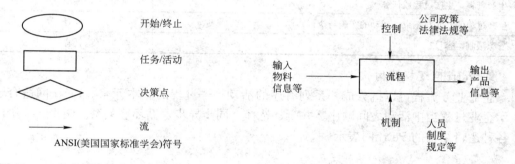

图 15-4 企业的简单流程图表示方法　　图 15-5 流程图的 IDEFO 描述方式示意图

3）ASME 流程图

对于展示细节的低层流程图，一般选择在制造业应用较为广泛的标准：ASME 标准，即美国机械工程师学会（American Society of Mechanical Engineers）标准，这个标准已经开始应用于办公室和服务环境下的流程描述。该方法有一个独特的优点，评价各个环节有否增值是一个体系的内在功能，其表现形式如图 15-6 所示。

4）Petri 网建模

企业是一个复杂的系统，用过程的观点来看，企业的组成元素是过程，过程的组成元素是活动。一个过程的属性由功能输入/输出，资源输入/输出，控制输入/输出等组成。一系列过程按某种逻辑次序连接在一起完成某种目标，就是一个业务流程。同时流程当中还包括许多资源，因为企业的每一项活动都需要资源的支持。对于 Perti 网而言，它也是许多元素按照一定的逻辑结构组成的逻辑系统。所以，要想实现从企业业务流程到 Perti 网的模型转化，首先要确定它们元素间的变换对应关系。表 15-1 给出了企业业务流程与 Perti 网之间的元素转化关系。

○ 操作：代表流程的主要步骤——分Ⓥ和○两种类型。一种是增值步骤，另一种是非增值步骤；
□ 检查：代表对数量或质量的检查；
↓ 输送：代表人员、物料、文件及信息等移动；
D 耽搁：代表在相继的操作之间暂时的存放、耽搁或停滞；
▽ 存储：代表受控存储如文件归档等。

步骤	Ⓥ	○	□	→	D	▽	时间	说明
步骤A								
步骤B								
步骤C								
步骤D								
步骤E								
步骤F								
步骤G								

图 15-6 企业流程图的 ASME 描述方法

表 15-1 业务流程与 Petri 网对应关系表

业务流程	Petri 网
生产资料，生产过程或任务	库所
生产过程的开始与结束，活动的实施与执行	变迁
资源限制，容量	托肯

2. Petri 网逻辑结构

企业业务流程可以拆分成一系列有序的活动——过程的基本元素。Petri 网适合于表示企业过程当中活动之间顺序、并行、选择、同步异步、循环等关系。图 15-7 给出了各种逻辑结构的 Petri 网表示。

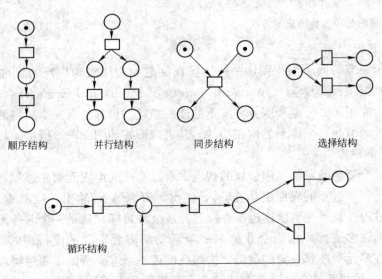

图 15-7 各种逻辑结构的 Petri 网表示

1) 顺序结构

顺序结构是业务流程当中最为常见,也是最简单的一种逻辑结构。任何企业在进行生产销售活动时都有一定的顺序安排,每个具体的环节都有其特定的次序。例如,某制造厂商的一次生产全过程包括:接收订单—采购原材料—生产加工—交付成品,这个简化的过程就是一个顺序结构。在 Petri 网中利用箭头的指向来表示顺序结构的次序,十分简洁明了。

2) 并行结构

并行结构在业务流程中有广泛的应用,它代表了多个工作可以同时实施的情况。流程再造当中一个重要的任务就是要通过设计新流程来提高企业并行处理事务的能力,因为并行工程可以大大提高企业的生产效率、缩短企业的生产周期、加快企业对市场和客户需求的反应速度等,从而提高企业的综合竞争实力。并行关系是描述当某一条件满足时,多种事件同时发生。通过 Petri 网的特性可知,Petri 网是描述并发控制活动的有效工具,在具体的业务流程中,通过改变流程或者引入信息技术来实现并行处理。

3) 同步结构

企业的实际运行当中经常会出现资源缺乏或者内部安排冲突的情况,这时候就要通过同步的方法来解决。例如,过去企业各部门之间的信息相互独立,有时是信息冗余造成浪费,有时又因为信息无法共享而延误商机。而现在利用计算机和网络技术,各个部门之间通过信息共享可以最大程度地节约成本,同时又保证了同步使用、同步处理。

4) 选择结构

企业在生存过程当中时时刻刻面临选择,生产活动中的选择也很多,例如,在采购环节中,是购买半成品还是购买原材料自行合成,多种加工工艺的选择等。Petri 网可以容易地表示这些选择关系。解决选择问题,要从客户的角度出发,利用面向客户的价值链理论来分析不同选择的好坏。

5) 循环结构

循环结构是指若干环节重复多次而形成的一个流程环路。在实际的企业活动过程中,经常会出现某些活动的循环,尤其是在生产子流程中,通常循环的过程就是整个子流程的关键与核心。在实际活动中,不可能进行无休止的循环,当循环满足一定的条件时应当跳出。为了模拟现实流程中这种有选择的循环,Petri 网将单纯循环与选择结构相结合来表达,如图 15-7 中的循环结构子图。

15.3.2 生产流程的绘制

制造企业的生产流程是众多流程中相对复杂的流程,从订单的审核到产品加工完毕的整个流程中,既包括诸如原材料、半成品和成品的物流,也包括有关生产的信息流,而对物流和信息流的再造是有差异的。因此,需要分析生产流程的结构。下面以流水生产制造企业为对象,将生产流程分为如下三个子流程。

1) 订单审核子流程

对一个生产制造企业而言,当营销部门获得订单以后,并不能安排订单的直接排产,即使是应用 ERP 系统的企业同样如此。在制订具体生产作业计划之前,必须对已获得的订单进行评审，以决定是否接受该订单。当确定接受该订单之后，接下来的工作即为生产部门根据订单的要求和各车间的生产能力情况，制订具体的生产作业计划。该子流程包含从营销部门接到订单起到确定接受订单并安排生产计划或不接受订单止的整个过程，主要处理的是信息流，主要解决的是信息的共享与协同工作问题。

生产计划制订流程简述如下。市场部从客户处接受产品订单，将订单内容交给生产部、工艺部和技术部审批，这三个部门的审批工作可以同时进行，在它们均签字通过后，将订单内容交给总经理办公室，经总经理签字通过后，由生产部负责制订具体的生产计划。生产部、工艺部、技术部和总经理办公室只要有一处没有批准，客户订单就认为失败被存档。

具体情况见图 15-8、图 15-9 和表 15-2。

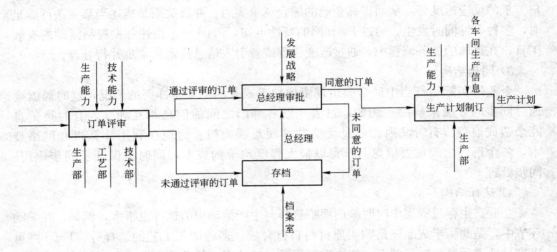

图 15-8 订单审核流程的 IDEF0 图

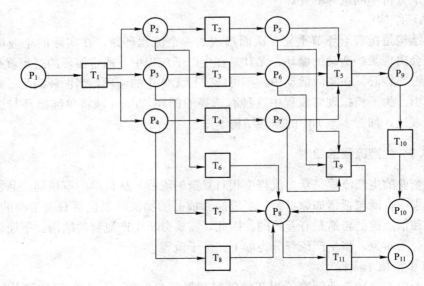

图 15-9 订单审核流程的 Petri 网图

表 15-2 状态库所、活动变迁及其含义

状态库所	基本含义	活动变迁	基本含义
P_1	客户订单	T_1	市场部接受订单
P_2	给生产部人员审批签字	T_2	生产部负责人批准
P_3	给技术部人员审批签字	T_3	技术部负责人批准
P_4	给工艺部人员审批签字	T_4	工艺部负责人批准
P_5	生产部将结果传给总经理办公室	T_5	总经理签字
P_6	技术部将结果传给总经理办公室	T_6	生产部负责人不批准
P_7	工艺部将结果传给总经理办公室	T_7	技术部负责人不批准
P_8	客户订单被拒绝	T_8	工艺部负责人不批准
P_9	接受的订单传给生产部	T_9	总经理否决
P_{10}	生产计划形成	T_{10}	生产部制订生产计划
P_{11}	存档的订单	T_{11}	订单存档

2）车间顺序生产子流程

企业接受订单以后，生产部门负责编制生产计划，然后各车间按产品加工的工艺流程顺次进行加工作业，构成车间顺序生产子流程。该子流程主要处理物流，主要解决的是产品在车间之间的物流畅通问题。

对顺序生产流程而言，假设产品经过 n 个车间顺次加工，其 IDEF0 模型见图 15-10，Petri 网模型见图 15-11，状态库所、活动变迁及其含义见表 15-3。

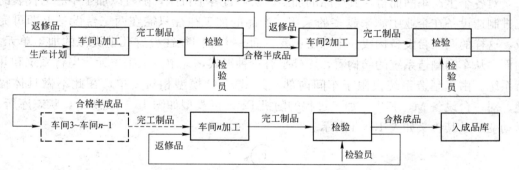

图 15-10 车间顺序生产流程的 IDEF0 图

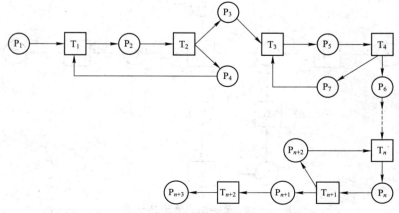

图 15-11 车间顺序生产流程的 Petri 网图

表 15-3 状态库所、活动变迁及其含义

状态库所	基本含义	活动变迁	基本含义
P_1	毛坯	T_1	车间 1 加工
P_2	车间 1 加工后的半成品	T_2	车间 1 检验
P_3	车间 1 检验合格的半成品	T_3	车间 2 加工
P_4	车间 1 检验不合格的半成品	T_4	车间 2 检验
P_5	车间 2 加工后的半成品	⋮	⋮
P_6	车间 2 检验合格的半成品	T_n	车间 n 加工
P_7	车间 2 检验不合格的半成品	T_{n+1}	车间 n 检验
⋮	⋮	T_{n+2}	成品入库
P_n	车间 n 加工后的半成品		
P_{n+1}	车间 n 检验合格的半成品		
P_{n+2}	车间 n 检验不合格的半成品		
P_{n+3}	可随时销售的成品		

3）车间制造子流程

该子流程主要完成对产品的加工，车间设备的类型、布置形式、完好状况直接影响到产品的生产效率。对该子流程的再造主要解决生产设备的合理布置和完好状况的保持问题。

对各个生产车间而言，其产品的加工顺次通过各个机床，随着以加工中心为代表的先进制造设备在企业中越来越多的采用，产品的加工往往只需在两三台设备上即可完成，这样的两三台设备构成一个加工单元，而一个车间往往设有几个类似的加工单元。因而，从车间制造系统的结构看，无外乎有三种形式，即单一加工单元、串行系统和并行系统。由于制造系统仅限于车间内部，其 IDEF0 模型相对简单，在此不做具体描述。对一台设备 M，其生产加工过程的随机 Petri 网模型如图 15-12 所示，状态库所、活动变迁及其含义如表 15-4 所示。

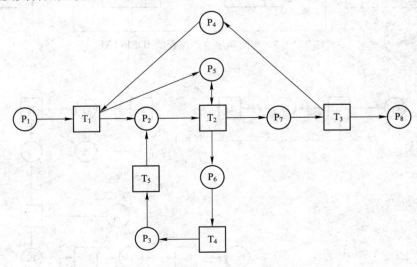

图 15-12 单一加工单元 Petri 网图

表 15-4　状态库所、活动变迁及其含义

状态库所	基本含义	活动变迁	基本含义
P_1	输入缓冲区	T_1	准备开始生产
P_2	准备开始加工	T_2	产品的加工处理
P_3	设备失效	T_3	产品加工处理完毕
P_4	设备空闲	T_4	系统进入故障状态
P_5	加工过程中缓冲区	T_5	设备维修
P_6	一个故障出现		
P_7	加工完毕		
P_8	输出缓冲区		

15.3.3　基于 Petri 网的生产流程再造步骤

对制造企业而言，订单审核子流程、车间顺序生产子流程、车间制造子流程共同完成了产品的生产。

（1）对生产流程所包含的三个子流程用 Petri 网建模。

（2）对订单审核、车间顺序生产两个子流程，根据 Petri 网的关联矩阵分析判断活动之间的关系；对车间制造子流程，根据随机 Petri 网的特性分析影响制造系统速率的因素。

（3）根据步骤（2）的分析结果提出相应的再造思路。

15.4　生产流程再造的评价

15.4.1　生产流程再造目标

生产流程再造目标为适应市场、降低成本。更进一步的解释是：通过对企业生产流程中管理方式、组织结构、技术措施、采购制度、设施规划布局的重新安排，使企业能够根据市场的需求，以市场能够接受的价格，在最短的时间内向市场提供高质量的产品。要实现以上目标，必须使生产流程的各环节合理化。

1. 采用以过程为核心的组织方式

以过程为核心就要求对一个企业的组织从完全不同的角度进行理解。采用以过程为核心的组织方式，其前提条件是：要坚决把产品制造过程中的各项活动进行跨部门的组织。无论是管理人员还是生产工人都必须从原来的企业职能中脱离出来，因为所有问题的核心是完成合同。为生产服务的部门，必须面对成本和市场竞争的压力，在采取恰当生产措施的同时，采用能适应销售和采购市场的、个性化的柔性组织结构及企业运作过程。

2. 从系统的观点来看待企业生产流程

生产流程是一个信息流、物料流、能量流有机结合的过程，必须把三者协调起来，系统的输出才能达到最优。通过建立计算机集成制造系统，一个企业中所有与加工制

造、采购库存等有关的部门都相互促进联系在一起了。生产过程可以从全局考虑进行优化，从而可降低成本和加工周期。同时，还可提高生产率、产品质量和柔性。

3. 采用新的技术措施和手段

生产中技术措施和手段是生产力最直接的体现。同时，由于新的生产流程必须以降低成本、适应市场变化为目的，所以必然采用许多有别于传统模式的新方法、新技术。主要包括：产品开发的新技术，如采用CAD、快速样机技术等；新的制造技术，如柔性制造系统、精益生产系统等。

15.4.2 生产流程再造评价指标

生产流程再造效果评价是根据评价目标，运用科学的方法评价再造取得的效果，巩固成绩，发现不足，以便更有针对性地进行下一轮再造。

遵照系统性、可操作性、相关性、独立性、可比性和层次性等原则，依据生产流程的特点，特别考虑到先进制造技术与生产流程的互动关系，构建的评价指标体系，参见图15-13，包括4个一级指标、11个二级指标。

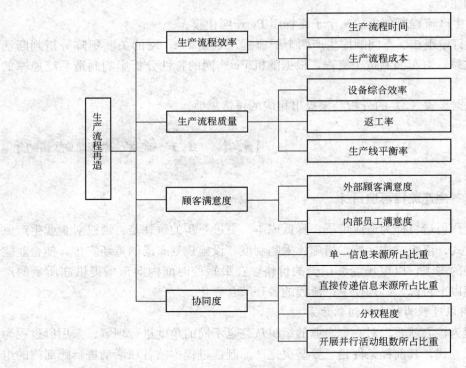

图15-13 生产流程再造评价指标

1. 生产流程效率

1）生产流程的时间

时间指标包括：流程周期时间，即生产流程执行一次任务运转的全部时间；流程执行时间，即生产流程执行一次任务的运转中执行时间的总和；流程等待时间，即生产流程执行一次任务中任务等待时间的总和；流程非活动时间，即生产流程执行一次任务中非作业时间的总和。

2) 生产流程成本

生产流程成本通过统计流程中所有执行过的作业成本得到。根据分析的目的不同，统计流程运行成本的方法也不同，可以按价值类型统计、按资源类型统计、按时间类型统计。

按价值类型统计。把业务流程中的作业分为增值作业和非增值作业两类，根据作业的类型分类统计，流程的总成本也由相应的两部分构成。

按资源类型统计。认为每个作业的成本由流程变动成本、流程长期变动成本、流程固定成本构成，流程的总成本也由相应的三部分构成。

按时间类型统计。每个作业的成本由标准成本和超时成本构成。标准成本是指作业在工作时间表之内处理事务所消耗的成本，而超时成本是指作业在工作时间表之外（加班）处理事务的成本，流程的总成本也由相应的两部分构成。

2. 生产流程顾客满意度

1) 内部员工满意度

内部员工满意度是指使用该生产系统的劳动者的满意程度。这是提高生产系统效率的关键。同时，员工的满意还影响到员工的士气。

2) 外部顾客满意度

先进制造技术对生产流程再造的目标之一就是要使外部顾客对企业的产出满意。外部顾客满意度低的原因很多，如流程输出不准确、提供的产品不合要求、返工率高，生产周期长、不能按期交货、需要处理的生产任务大量积压、产品成本高、质量差等。在流程的分析中，可以通过收集数据，计算出一些定量指标，如过去某一时段内有多少个产品被拒绝、多少项任务是延期的、多少时间是花费在改正错误上，等等，从中发现问题，找出原因，改进流程。

3. 生产流程质量

1) 设备综合效率

设备综合效率 OEE（Overall Equipment Effectiveness）是衡量维修效果好坏的指标。设备综合效率由 3 个性能指标组成，分别是设备时间开动率、性能开动率和合格品率。

$$设备综合效率 = 设备时间开动率 \times 性能开动率 \times 合格品率$$
$$设备时间开动率 = 实际生产时间 / 计划运行时间 \times 100\%$$
$$计划运行时间 = 总时间 - 外部因素停机时间 - 计划停机时间$$
$$实际生产时间 = 计划运行时间 - 延误时间 - 检修时间$$
$$性能开动率 = 生产数量 \times 理论加工周期 / 实际生产时间 \times 100\%$$
$$合格品率 = 合格品数量 / 生产数量 \times 100\%$$

2) 返工率

在实际生产中，时常会出现返工的情况，即当产品经过质量检测不合格时，有些可以返修达到合格。返修既要消耗人力，也要消耗动力和占用设备台时。而合格率是反映最终产品生产工作质量的一个指标，并不能真实地反映生产流程的质量，因此，有必要将返工率作为反映生产流程质量的一个指标。

$$返工率 = 返工品数量 / 全部产品数量 \times 100\%$$

3) 生产线平衡率

由于分工作业，各工序的作业时间在理论上和实现中都不可能完全相同，这就必然造成工序间作业负荷不均的现象,生产时除了造成无谓的工时损失外,还造成工序间在制品库存的堆积,严重时甚至造成生产线停产。为了解决上述问题就必须对各工序的作业时间进行平衡。生产线平衡率就是衡量生产线各工序作业时间平均化状况的指标,也是衡量生产线生产效率、考核生产成本的指标。

$$生产线平衡率 = \frac{各工序时间总和}{人数 \times CT} \times 100\% = \frac{\sum t_i}{人数 \times CT} \times 100\%$$

式中,t_i——生产线各工序的作业周期;

　　　CT——生产线中作业时间最长工序的作业周期。

4. 先进制造技术与生产流程的协同度

随着各种先进制造技术在企业中的应用,要求生产流程与其相匹配,先进制造技术与生产流程的协同既是生产流程再造的目标之一,也是评价生产流程再造效果的指标之一。根据先进制造技术与生产流程的互动关系,可以用以下四个指标来反映二者的协同度。

(1) 单一来源信息所占比重;

(2) 直接传递信息所占比重;

(3) 开展并行活动组数所占比重;

(4) 对一线工人的分权程度。

案例

波音公司生产流程再造

波音公司多年来一直在世界民机市场上占据霸主地位,这无疑与它具有国际一流的生产制造与管理技术密切相关。它从20世纪40年代起就大力推行工业工程技术,努力实现生产过程的规范化、标准化,积极应用计算机信息与自动化技术,仅自行开发的应用软件就达800多项。如此庞大复杂的飞机,从接到客户订单起,在12~16个月内交付,其管理组织效率令人瞩目。

但是,面对激烈的市场竞争,尤其是欧洲空中客车后起直追的形势,波音公司也深感竞争的压力。在20世纪90年代初,其认识到,只有在三五年内把飞机的价格再下降25%,交货周期再缩短50%,故障率再降低50%,逐步做到使客户100%满意,才能完全立于不败之地。

波音公司从研究实际存在的问题入手,对生产过程与管理做了全面细致的分析,归纳出以下对内影响有效组织生产、对外影响灵活迅速提供飞机的主要问题。

与生产工作密切相关的产品构型等定义工作归工程设计部门,与生产管理隔离,不便进行生产计划与管理。缺乏对多种生产类型混合生产的有效管理办法。多场地、多供应商、国际性器材物资供应管理的矛盾日益突出。生产过程的众多环节有待大大简化和优化。计算机系统平台环境繁杂,自行开发的应用软件数据管理不统一,维护日益困难,费用日趋昂贵。

为了从根本上寻找解决这些问题的方案,波音公司认为,必需从总体上对产品构型定义与制造资源管理进行彻底的反思,只有从生产流程再造这样一个总的思路出发,按照精益生产原理重新构造生产流程,实现以简化、优化为目标的全面技术改造,才能使生产面貌得到根本改变,从而实现公司总的经营奋斗目标。

民用客机在完成工程设计工作后,按照不同的客户要求,还要进行产品构型定义工作。在新的管理模式改造中,首先将构型定义工作从设计部门分离出来,划归制造工程部门,让产品构型与工艺过程定义、工装设计、数控编程、工艺文档工作组成一个大的定义工作阶段。这是管理体制上的一个大调整。

生产流程再造重点解决以下四个方面的问题。

(1) 简化构型管理。改变按产品图纸进行有效性管理的办法，而通过飞机制造顺序号和零件号来控制飞机构型，从而简化了构型更改管理。

(2) 重新分类与合理组织特定生产流程（TBS）。将情况繁多的飞机生产从大的方面分成三种生产类型：基本的、稳定的零组件备货生产流程（TBS1）；按客户订单但选件为现成品的装配生产流程（TBS2）；按客户订单但选件需重新组织设计的加工生产流程（TBS3）。所有生产活动都要区别类型，并要统一有效地组织。

(3) 全面改进与组织特定物料管理（TMM）。采用一种新方法、新工作方式来统一协调地组织满足三种生产流程类型的物料需求，满足多场地、多供应商的资源管理，适应准时生产（JIT）应用要求。

(4) 组织统一的生产信息数据库（SSPD）。按照以上三方面新的管理模式，统一管理生产过程的数据，保证信息内容的唯一性、完整性、协调性、有效性和无冗余。

波音公司从1992年开始酝酿，1994年正式形成并上马了称作DCAC/MRM（飞机构型定义控制与制造资源管理）的公司级大型工程项目，总投资几千万美元，到1997年完成。这一大型的全面技术改造项目是继波音工程设计领域全面推行"无纸设计"（全数字化产品定义）技术后的又一大计算机应用项目，是波音实现其经营目标的战略组成部分，意义十分重大，应引起国内制造界的充分重视。

这一项目的具体技术目标有：
- 创立一种能将生产合理分类的、规范的、特定的生产流程系统；
- 建立对每架飞机唯一的生产信息数据库；
- 建立以每架飞机制造顺序号为基础的飞机构型控制系统，取代原先工程图纸有效架次号管理；
- 对所有零件、工装、原材料的计划、订单、采购、库存采用一个系统实行统一管理；
- 按照在物料清单（BOM）表中的位置，确定零件、工装、原材料的采购或生产需求，并编制计划进度；
- 采用同样的程序和标准来处理公司内外的各种供应需求；
- 采用特定的物料管理系统来统一处理一个大的生产区域范围内的所有需求；
- 采用更改协调性模拟和负荷能力平衡分析方法来制订更精确、更协调的进度和资源计划；
- 统一采用集成的PDM和ERP系统，替代原先众多的应用程序，保证处理的协调性和有效性；
- 有效地采集生产现场和外部供应商的反馈信息，保证科学的决策，实事求是地编制计划，并提供准确的可见性图表状态信息；
- 组织机构从按功能划分变为按过程划分，从集中层次式管理模式变为"扁平"的管理模式。

波音公司认为，采用整套DCAC/MRM系统与工具来实现生产流程再造的过程，也就是实现飞机生产的精益生产过程。

本 章 小 结

本章对业务流程再造以及生产流程再造的思想理念、产生的原因、再造步骤、流程图的绘制以及生产流程再造的评价方法等进行了介绍。

> 流程是一系列的特定工作，有一个起点，一个终点，有明确的输入资源与输出成果。
>
> 流程再造意指："彻底分析流程，并予以重新设计，以在各项指标上有突破的进展。"其中运营指标包括：质量、反应速度、成本、灵活性、满意度等。
>
> 生产流程是企业为完成产品的生产而进行的一系列有序活动及相关运行机制的集合。
>
> 生产流程的特征有流程周期、活动的并行度、信息的准确程度、信息的共享程度以及对操作者的分权程度。
>
> 生产流程再造定义为：以企业生产流程为对象，以生产战略为指导，对生产流程进行完善设计，以求生产系统在成本、质量、速度、柔性、顾客满意等方面取得显著成效。
>
> 流程图的绘制方法有简单流程图、IDEFO制图标准、ASME流程图、Petri网建模等。
>
> 流水生产制造企业的生产流程可以分为订单审核子流程、车间顺序生产子流程和车间制造子流程。
>
> 基于先进制造技术的生产流程再造的评价指标有生产流程效率、生产流程顾客满意度、生产流程质量、先进制造技术与生产流程的协同度等。

讨论题

1. 为什么要进行流程再造？
2. 什么是业务流程再造？什么是生产流程再造？
3. 流程再造的基本目标是什么？
4. 流程再造的基本步骤有哪些？
5. 流程再造的评价指标有哪些？

练习题

15-1：参考表15-1，将图15-7的空白符号，填上业务内容。

15-2：参考图15-8，解释订单审核流程图。

15-3：生产线各工序的作业时间见表15-5，已知生产线人数为10人，生产线中作业时间最长工序的作业周期CT=0.5小时，计算生产线平衡率。

表15-5 生产线工序作业时间

工序	1	2	3	4	5
工序时间	0.1	0.2	0.3	0.3	0.5

参 考 文 献

[1] 马义飞. 管理学 [M]. 北京：北京交通大学出版社，2009.
[2] 张宝生. 运筹学：经营管理决策数量方法 [M]. 北京：石油工业出版社，1999.
[3] 丁慧平，俞明南. 现代生产运作管理 [M]. 北京：中国铁道出版社，2003.
[4] 陈荣秋，马士华. 生产与运作管理 [M]. 北京：高等教育出版社，1999.
[5] 张彦宁. 生产与运作管理 [M]. 中国企业联合会，中国企业家协会，1999.
[6] 刘广第. 质量管理学 [M]. 北京：清华大学出版社，1996.
[7] 吉多，克莱门斯. 成功的项目管理 [M]. 张金成，译. 北京：机械工业出版社，2004.
[8] HEIZER J，RENDER B. Operations management. 6th ed. Prentice Hall，2001.
[9] 任丽颖. 中油旅游饭店集团发展战略研究 [D]. 北京：中国石油大学，2008.
[10] 施郁文. 加油站选址研究 [D]. 北京：中国石油大学，2007.
[11] 区钰珍. 论工程项目的动态管理. 山西建筑，2007（22）：5-6.
[12] 王毅达. 知识管理在工程项目管理中的运用. 建筑，2005（9）：18-19.
[13] 高辉. 国外选址理论及超市选址实践. 商场现代化，2004（9）：16-17.
[14] 杨先知. 准时生产方式及应用 [J]. 企业改革与管理，2002（12）：45-46.
[15] 李士清，陈良猷. 准时生产制的关键技术及实施 [J]. 航天工业管理，1995（2）：27-29.
[16] 蔡斯. 运营管理 [M]. 9版. 北京：机械工业出版社，2006.
[17] 徐田波. 准时生产制在中小型企业中的应用 [J]. 价值工程，2008，1：93-95.
[18] 水兴. 准时生产与准时供应 [J]. 中国乡镇企业，2003，2：33-35.
[19] 倪伟英，杨光薰. 准时生产与虚拟单元制造系统 [J]. 航空维修与工程，2000（6）.
[20] 汪定伟，徐昌国. 物料需求计划与准时生产制的对比分析 [J]. 自动化学报，1993（3）：370-378.
[21] 张佩珍. 生产管理系统中准时生产技术应用研究 [D]. 南京：河海大学，2007.
[22] 蒋学栋. 日本丰田汽车公司的"准时生产制"[J]. 世界经济，1979（06）：49-52.
[23] 颜光华，刘光周. 企业再造 [M]. 上海：上海财经大学出版社，1998.
[24] 王玉荣. 流程管理 [M]. 北京：机械工业出版社，2004.
[25] 董炜. HC机械加工厂生产管理的流程再造研究 [D]. 南京：南京航空航天大学，2008.
[26] 梅绍祖，TENG J T C. 流程再造：理论、方法与技术 [M]. 北京：清华大学出版社，2004.
[27] 王璞. 流程再造 [M]. 北京：中信出版社，2002.

[28] 李霞. 业务流程再造失败原因分析及对策研究 [D]. 天津：天津科技大学，2005.

[29] 麦琼丹，蒋华. 企业生产流程再造和管理改进对策研究 [J]. 广西质量监督导报，2008（12）：64-65.

[30] 周荣辅，王晓亚. 基于灰聚类原理的制造企业生产流程再造效果评价 [J]. 生产力研究，2007（16）：120-122.

[31] 周荣辅. 基于先进制造技术的制造业生产流程再造研究 [D]. 秦皇岛：燕山大学，2007.

[32] EERL M J，BUSHRA. How new is business process redesign [J]. Europe Management Journal，1994，12：20-30.